高等职业教育城市轨道交通专业教材
GAODENG ZHIYE JIAOYU CHENGSHI GUIDAO
JIAOTONG ZHUANYE JIAOCAI

URBAN RAIL
TRANSIT

CHENGSHI GUIDAO JIAOTONG CHELIANG JIANXIU

城市轨道交通车辆检修

主　编　王治根 李宏菱
副主编　禹建伟

重庆大学出版社

内 容 提 要

本书以"基础理论适度、强化应用"为编写指导思想,旨在培养学生检修车辆能力、按项目式教学方式编写,专业针对性强,并以丰富的实例反映本学科技术科学领域的现状及发展。

全书分7个项目,深入浅出地介绍了城市轨道交通车辆检修的概念,简要叙述了车辆检修的生产组织及生产条件,详细描述了车辆检修各修程的流程、内容及方法,同时对车辆检修所需的常用工器具的使用进行了归纳总结,对城市轨道交通车辆检修模式未来的发展进行了辩证的阐述。

本书既可作为职业院校城市轨道交通专业的教学用书,同时,还可供从事城市轨道交通车辆专业工作的广大科技人员学习参考。

图书在版编目(CIP)数据

城市轨道交通车辆检修/王治根,李宏菱主编.—重庆:重庆大学出版社,2013.11(2022.7重印)
高等职业教育城市轨道交通专业教材
ISBN 978-7-5624-7739-6

Ⅰ.①城… Ⅱ.①王…②李… Ⅲ.①城市铁路—铁路车辆—车辆检修—高等职业教育—教材 Ⅳ.①U279.3

中国版本图书馆CIP数据核字(2013)第226909号

城市轨道交通车辆检修
主 编 王治根 李宏菱
副主编 禹建伟
策划编辑:鲁 黎
责任编辑:文 鹏 邓桂华 版式设计:鲁 黎
责任校对:贾 梅 责任印制:张 策
*
重庆大学出版社出版发行
出版人:饶帮华
社址:重庆市沙坪坝区大学城西路21号
邮编:401331
电话:(023) 88617190 88617185(中小学)
传真:(023) 88617186 88617166
网址:http://www.cqup.com.cn
邮箱:fxk@cqup.com.cn (营销中心)
全国新华书店经销
POD:重庆新生代彩印技术有限公司
*
开本:787mm×1092mm 1/16 印张:11.75 字数:293千
2014年1月第1版 2022年7月第5次印刷
印数:6 001—7 000
ISBN 978-7-5624-7739-6 定价:32.00元

前言

地铁车辆是城市轨道交通中承载旅客的运输设备，在地铁运营中的地位非常重要，其安全、可靠、高效的运营关系到国家财产安全和人民生命安全，对地铁运营起着至关重要的作用。地铁车辆在运营过程中，配件磨耗、电气老化等问题随着运行时间的积累不断增加，车辆运行品质和行车安全将受到威胁，因此对城市轨道交通车辆进行有效、高质量的检修工作，才能维持或恢复车辆的运行品质。

《城市轨道交通车辆检修》是高等职业教育城市轨道交通专业规划教材，本书既可作为职业院校城市轨道交通专业的教学用书，同时，还可供从事城市轨道交通车辆专业工作的广大科技人员学习参考。本书编写指导思想是：基础理论适度、强化基础及共性的知识、专业针对性强、以培养能力为主、反映本学科技术科学领域的现状及发展。

本书按项目式教学方式编写，共分7个项目，深入浅出地介绍了城市轨道交通车辆检修的概念，简要叙述了车辆检修的生产组织及生产条件，详细描述了车辆检修各修程的流程、内容及方法，同时对车辆检修所需的常用工器具的使用进行了归纳总结，对城市轨道交通车辆检修模式未来的发展进行了辩证的阐述。

本书由王治根、李宏菱任主编，禹建伟任副主编，参编人员有：郭永峰、刘杰、刘海、支斌。在编写过程中，得到了西安地铁各专业技术人员的大力支持，在此一并深表感谢。

由于编者水平和时间有限，本书不足甚至是错漏之处在所难免，欢迎读者批评指正。

编　者

2013年5月

目录

项目 1

城市轨道交通车辆检修概论

【项目描述】

车辆购置费及车辆段设施投资在城市轨道交通建设项目中占有较大的比重。在实际工程设计中,地铁车辆的检修制度常用于计算确定配属车辆数、各修程的车辆年检修工作量等,以及确定车辆段的建设规模;在线路投入运营后,车辆检修制度用于车辆段编制年度车辆检修计划、材料备品订购计划、劳动力组织和设备使用计划等,是地铁公司生产经营管理的重要依据。因此,车辆检修体系是地铁建设和运营的重要技术数据和依据。

【学习目标】

1. 熟悉城市轨道交通车辆检修的基本概念。

2. 熟悉城市轨道交通车辆检修制度。

【技能目标】

1. 能了解车辆检修制度,掌握车辆检修制度的要点。

2. 能对车辆检修修程内容进行比较。

3. 能了解城市轨道交通车辆的检修基地,掌握车辆检修基地的设施设备以及具备的功能。

任务1　城市轨道车辆检修的基本概念

【活动场景】

在城轨车辆生产车间或检修现场教学,或用多媒体展示城市轨道交通车辆的基本概念。

【任务要求】

1. 了解车辆检修基地的功能。

2. 了解车辆检修的主要工作范围。

3. 了解城市轨道交通车辆的检修方式。

【知识准备】

目前,全国各大城市都处于城市轨道交通建设高峰期，而车辆的运用、检修工作则是城市轨道交通系统的重要组成部分。随着城市轨道交通的发展，城市轨道交通网络的逐步形成，交通网络统一化、总体化的综合管理得到广泛重视。建立庞大的城市轨道交通网络化检修管理，必须有良好的轨道交通网络检修保障系统，设施设备的检修是确保设备安全、可靠、经济运行的重要措施，因此，做好轨道交通网络综合检修是非常重要的。

1. 城市轨道交通车辆检修基地的功能

城市轨道交通中的车辆检修基地通常是指车辆段或车辆检修中心，是轨道行车系统中的重要组成部分。在这个场所，可以有效地对多条线路车辆进行检修保养、维修、停放、车辆清洁、动态调试，车辆检修基地在城市轨道的运行管理中也有很重要的作用。车辆检修基地可以下设各个单位（部门）运行检修车间，运行检修车间也可以下设若干个检修点。在这些场所，对车辆进行日常的检修、临时检修和大架修等。

（1）车辆检修基地具备的检修设施设备

1）车辆检修基地运用检修设施

主要有：停车列检库、静调库、洗车库、不落轮镟修库、检修库、吹扫库、空压机站、蓄电池充电间、内燃机车轨道车库、试车线以及设备维修车间、救援设备存放间、备品备件库等。

2）车辆检修基地运用检修工艺设备

主要有：数控不落轮机床、列车自动清洗机、架车及移车台、内燃机车、起重运输设备、电源设备、专用工艺装备、机电检修检测设备、仪器仪表电器/电子检测设备、通用机电设备、清洗设备、转向架检修/检测设备以及救援设备等。

（2）车辆检修基地具备的功能

1）车辆停放及日常保养功能

地铁车辆的停放和管理；车辆的外部洗刷、内部清扫及定期消毒；驾乘人员每日出、退勤前的技术交接；对运用车辆的一般性日常检修（包括日检和双周检、月检、年检）及一般性临时故障的处理等。

2）车辆检修功能

依据地铁车辆的检修周期，定期完成对地铁车辆的计划性修理（包括架修和大修）。

3）列车救援功能

列车发生事故（如脱轨、颠覆）或接触网中断供电时，能迅速出动救援设备起复车辆，或将列车牵引至邻近车站或地铁车辆段，并排除线路故障，恢复行车秩序。

4）系统设备/设施的维护、保养和检修功能

对地铁各系统，包括供电、环控、通信、信号、防灾报警、综合监控、自动售检票、给排水、自动扶梯等机电设备和房屋建筑、轨道、隧道、桥涵、车站等建筑设施进行维护、保养和检修等。

5）材料物资供应功能

负责地铁系统在运营和检修过程中，所需各种材料、设备器材、备品备件、劳保用品以及其他物资的采购、储存、保管和供应工作。

6）技术培训功能

负责对地铁各系统的工人、技术人员和管理人员进行培训。

2. 车辆检修单位(部门)的主要工作范围

①负责地铁车辆及车辆检修工艺设备日常运用、维护、维修和突发事件的抢险,工程车辆车体及走行部定期检修等工作。

②组织制订地铁车辆各修程检修计划、车辆检修工艺设备各修程维修计划和工程车辆检修计划,为地铁运营提供质量良好的运用车辆。

③负责车辆检修基地轨道机动车辆的维护保养,提供安全、可靠的地铁运营车辆和工程车辆,以满足运营客运服务和线路维修的总体要求;同时负责对新到车辆及检修设备的调试验收工作。

3. 城市轨道交通车辆的检修方式

借鉴国外先进经验,我国城市轨道交通车辆的检修模式,在车辆检修资源共享、综合利用、统一管理方面得到迅速发展。其主要表现为:车辆设备及零、部件检修方式采用自主修复及互换修方式。

(1)现车修

现车修是指将待修车上的零部件,经过修理消除其缺陷后,仍安装在原车上。这种作业方式,除报废零件需要更换外,其他零部件均等待修理后,装回原车。其优点是可减少备用零部件的数量,缺点是常因等待零件而延长停修时间。

(2)换件修

换件修又称互换修,是指将待修车上分解下来的零部件,用合格的备用零部件装上去。现车拆卸下来的零部件经修理后可以装到其他车辆上。换件修优点是最大限度地缩矩停修时间,提高修车效率,其缺点是要求有足够的备用零部件。

从提高修车效率出发,车辆检修采用以换件修为主,部分零部件现车修为辅的检修作业方式。

实现车辆检修基地共用的同时,合理分配车辆运用、车辆维护保养、车辆检修工作,提高了车辆检修的质量与效率,降低了检修成本。

【任务实施】

进行车辆检修生产安排时,必须掌握车辆检修单位(部门)主要工作范围及车辆维修基地的功能。认识车辆在检修的各种方式。

【效果评价】

评价表

项目名称	城市轨道交通车辆检修概论	学生姓名	
任务名称	任务1　城市轨道车辆检修的基本概念	分　数	
项　目		分　值	考核得分
1. 车辆维修基地的相关知识、图片的搜集、整理		10	
2. 是否有小组计划		5	
3. 车辆检修单位(部门)工作范围		20	
4. 城市轨道交通车辆常见检修方式及各自特点的认知情况		25	

续表

项　目	分　值	考核得分
5. 对生产安排认知情况	25	
6. 编制学习汇报报告情况	10	
7. 基本素养考核情况	5	
教师简要评语： 教师签名：		

任务2　城市轨道车辆的检修制度

【活动场景】

在城轨车辆生产车间或检修现场教学，或用多媒体展示城市轨道交通车辆的检修制度。

【任务要求】

1. 熟悉城市轨道交通车辆检修制度。
2. 掌握城市轨道交通车辆检修修程。

【知识准备】

城市轨道交通车辆是机电一体化的产品，地铁车辆的维修成本较高，约占整个地铁维修成本的40%，建立经济合理、切实可行的车辆检修制度，对确保车辆安全运行、降低运营成本和延长车辆寿命有十分重要的意义。我们应以最小的设施规模与最少的检修人员发挥最大的检修效能；充分研究并采用先进的检修工艺，尽可能缩短车辆库停时间，有效提高车辆周转率，从而达到减少车辆配属数量、减少检修设施规模、降低运营和维修成本的目的。

1. 城市轨道交通车辆的检修制度

车辆检修制度是城市轨道交通车辆可靠运行基本而重要的保障，也是确定车辆检修体制，保证车辆检修工作顺利进行的基础。车辆检修制度对车辆运营公里(时间)、车辆修程、检修等级、车辆检修时间、修竣车辆、车辆的验收作出具体规定。当车辆运营公里(时间)达到规定范围，符合检修要求时，根据车辆检修规程、按照车辆部件检修工艺标准，对车辆及部件进行检查、维护或修理，这就是通常所讲的城市轨道交通车辆检修制度。

城市轨道交通车辆检修制度一般分为预防性计划检修和状态修两种。由于城市轨道交通对车辆的安全性和可靠性要求非常高，考虑到目前我国车辆的总体运用检修水平，车辆检修采用按车辆运行周期进行计划检修的预防性检修制度。但在整体采用预防性计划检修的前提下，应对部分有条件的系统和部件(如电气和控制系统等)实行状态修。

(1)计划检修

计划预防修是指在尚未发生故障之前就对车辆进行修理,消除车辆零部件的缺陷和隐患,预防车辆故障的发生。这种修理制度的修理作业是定期的,修理范围一旦确定也是固定的;其修理所需设备和工装也相对较固定,无需作大的变更或增减;全年的任务是可以计算出来的,可以提前准备检修所需的材料、零件、设备及人力。

(2)状态修

状态修就是借助于先进的检测与技术诊断设备,在车辆或部件不解体的情况下,检查和测量各主要零部件的技术参数,从而掌握车辆的技术状态;并根据事先掌握的车辆的实际状态,有计划地适时安排适度维修,即在应该进行修理的时机修理,在应该进行修理的部位进行恰到好处的修理,从而快速、经济、有效地达到消除隐患与故障,确保车辆良好技术状态的目的。

2. 城市轨道交通车辆检修周期

通常,车辆的检修周期是依据车辆各零部件设计的使用寿命和磨耗情况,再结合车辆的实际运营的千米(时间)确定的。以西安地铁轨道交通2号线为例说明车辆的检修周期(见表1.1)。

表1.1 西安地铁轨道交通2号线车辆检修周期

检修级别	时间间隔	走行千米	检修停时	主要检修内容和要求
日　检	1日	400~500千米	40 min	系统功能检查,保证车辆运行安全
双周检	2周	6 000~8 000千米	1 d	系统功能检查,易损件检查更换,保持车辆状态
月　检	1月	1.2~1.6万千米	1 d	系统功能检查,主要部件状态检查测试
年　检	1年	14~18万千米	11 d	大型部件细致检查、测试、修理、旋轮,保持车辆整体主要性能
架　修	5~6年	70~90万千米	23 d	大型部件细致检查、测试、修理、换件、旋轮,保持车辆整体主要性能
大　修	10~12年	140~180万千米	35 d	对车辆包括车体在内进行全面的分解、检查及整修,结合技术改造对部分系统进行全面的更换

3. 车辆各检修修程的主要作业内容

根据车辆计划检修方式制订出日常检修和定期检修。日常维修范畴主要分为:日检、双周检、月检;定期检修修程分为:定修(年检)、架修、大修。

(1)日检

每日运营列车入库后在整备线上进行,主要进行车辆外部检查,以保证次日列车的正常运营。检查项目有车体、车辆走行装置、车辆制动系统、车门传动装置、受电弓、照明等装置。

(2)双周检

对主要部件运用状态进行技术标准检查。如轮对运用尺寸、蓄电池电解液高度、牵引电机电刷长度、制动闸瓦厚度等。

(3)月检

对列车进行全面、细致检查;更换接近使用限度的易损、易耗件;并对主要部件的技术状态进行检查、测试和保养。

(4)定修(年检)

主要进行车辆的各系统状态检查、检测;各部件全面检查、清洁、润滑以及部分部件的修理及车辆的调试。主要检修内容是对受电弓、空调机、电气控制、牵引、制动、走行部等关键部件进行局部检查、修理、测试,检修后进行静、动态调试。

(5)架修

对车辆的重要部件,特别是走行部进行分解,全面检查、修理,并更换部分部件。对车辆各系统进行全面检测、调试及试验。架车后对转向架、受电弓、空调机、空压机、牵引电机、制动系统、车钩缓冲装置、车门、坐椅和各种电气控制装置等部件进行分解、检查、修理、更换、试验,对仪表仪器进行校验,对车体及其余部件的技术状态进行检查修理,检修后对车辆进行静、动态调试。

(6)大修

对车辆包括车体在内进行全面的分解、检查及整修,结合技术改造对部分系统进行全面的更换,对车辆各系统进行全面检测、调试及试验。车辆各修程均以整列车为一检修单元,采用定位检修作业,部分零部件根据检修工艺需要采用流水作业。

【任务实施】

进行车辆检修周期的生产安排时,必须掌握车辆检修级别、时间间隔、走行公里数、检修停时及主要检修内容。

【效果评价】

评价表

项目名称	城市轨道交通车辆检修概论	学生姓名	
任务名称	任务2　城市轨道车辆的检修制度	分　数	
项　目		分　值	考核得分
1. 车辆检修周期的相关知识、图片的搜集、整理		10	
2. 是否有小组计划		5	
3. 不同周期的车辆检修内容		20	
4. 城市轨道交通车辆检修级别的认知情况		25	
5. 城市轨道交通车辆检修内容的认知情况		15	
6. 城市轨道交通车辆检修走行公里的认知情况		10	
7. 编制学习汇报报告情况		10	
8. 基本素养考核情况		5	
教师简要评语: 教师签名:			

项目小结

通过本章学习，了解我国轨道交通车辆检修概论基本知识，包括车辆维修基地基本功能、车辆检修单位（部门）的主要工作范围、城市轨道交通车辆的检修方式及车辆各检修修程的主要作业内容，进而对轨道交通车辆检修概论有一个整体的认识。

思考练习

1. 车辆维修基地的主要功能是什么？
2. 叙述车辆检修单位（部门）的主要工作范围。
3. 城市轨道交通车辆的检修方式有哪几种？
4. 叙述架修修程中的检修内容。

项目2 城市轨道交通车辆检修生产组织

【项目描述】

目前国内外城市轨道交通根据各自发展情况的不同,有着不同的检修生产体系。但从总的发展方向来看,检修生产组织体系都在本着车辆“无维修化”的方向发展。规范生产管理手段,提高车辆检修质量、检修工作效率及车辆运用效率。

【学习目标】

1. 了解城市轨道交通车辆检修生产组织的模式。
2. 了解城市轨道交通车辆检修调度。

【技能目标】

1. 能够分析城市轨道交通车辆检修生产组织的差异。
2. 能够叙述城市轨道交通车辆检修调度的基本要求。

任务1 城市轨道交通车辆检修的生产组织模式

【活动场景】

在城轨车辆生产车间或检修现场教学,或用多媒体展示城市轨道交通车辆的生产组织模式。

【任务要求】

1. 了解车辆检修单位(部门)生产工作范围。
2. 了解车辆检修单位(部门)生产模式。
3. 掌握车辆检修单位(部门)生产模式的特点。

【知识准备】

国内城市城轨车辆的维修制度基本上仍然采用以整列城轨车辆为维修目标,采用“计划性维修”和“状态性维修”两种维修模式,因此车辆检修单位(部门)的生产调度(生产室)根据这两种维修模式结合车辆检修日常的生产任务及车辆运用的状态编写当日生产计划向车辆检修单位(部门)的维修班组下达车辆维修计划。

1. 城市轨道交通车辆检修单位(部门)生产工作范围

①车辆检修单位(部门) 生产调度(生产室)根据列车的需用计划,制订相应的列车检修、清洁计划。制订列车检修、清洁计划时应考虑列车的修程和车辆检修条件,在保证列车运输需求和运行质量的前提下制订计划。

列车检修计划出台后,车辆检修单位(部门) 生产调度(生产室)应认真组织实施。车辆检修单位(部门)作业检修人员按照检修工艺进行检修,检修、清洁作业经检验合格后与车辆运用单位(部门)运用调度进行列车交接。运用单位(部门) 运用调度将已交付的列车纳入运用列车范围。

②在每日列车运营结束后,车辆检修单位(部门) 的生产调度(生产室)安排回库列车进行日常检查、维护、清洁工作。经检查、维护和修理恢复良好技术状态的列车,检修单位(部门) 的生产调度(生产室)交运用单位(部门) 运用调度,并作为次日运用列车。

③运营列车在途中发生故障时,若在列车司机处理范围之内,并经司机处理恢复良好运用状态的列车,可继续运营;列车司机若不能处理时,应尽量避免救援。当列车需要进一步检修,将车辆转为临修进行修理。

2. 城市轨道交通车辆的检修生产管理模式

目前,国内城市轨道交通车辆的检修工作的生产管理模式有两种:一种是车辆的检修工作由车辆检修单位(部门)进行管理,车辆的运用工作由运用单位(部门)管理; 另一种是车辆的检修和运用工作由车辆检修单位(部门)统一管理。

模式一

车辆检修生产管理由车辆段控制室(车辆控制中心)组成,简称DCC。主要由车辆检修单位(部门)的生产调度与运用单位(部门)运用调度联署办公。车辆检修单位(部门)的检修任务统一由生产调度根据列车运营的情况组织各维修班组进行计划性、故障性维修。车辆的运用及车辆段内的动车计划的审批统一由运用调度负责。

列车越过出段信号机进入正线运营线路后,统一由运营公司的调度控制中心指挥(OCC),列车按照运行图运行。

(1)该管理模式的优点

①车辆技术专一,人员要求相对简单。

②工作性质单一,涉及其他专业较少。

③联署办公信息传递通畅。

④统一办公地点,作业审批单传递迅速,工作效率高。

(2)该管理模式的不足

①管理部门多,协调沟通不便。

②生产作业工作量不均衡。

③临时性的出收车计划变更响应时间较长。

④车场内列车转轨计划需多部门审批,接口过多、效率较低。

模式二

车辆检修、运用生产管理直接由车辆检修单位(部门)的生产调度组织完成(运用调度及信号楼作业人员统一由生产调度负责管理),包括车辆的检修、车辆运用、动车计划、施工计划等。列车越过出段信号机进入正线运营线路后,统一由运营公司的调度控制中心指挥(OCC),列车按照运行图运行。

(1)该管理模式的优点

①生产调度层级少,中间环节少,信息传递畅通。

②一体化办公优化工作流程,提高工作效率。

③人员统一管理合理安排,均衡工作量。

④为司机提供“一站式服务”,故障报修反应迅速,及时准确传递故障信息。

⑤工作协调中减少部门与部门的中间环节,提高工作进度。

(2)该管理模式的缺点

①管理项目多,涉及专业多,要求人员有较高的综合素质。

②削弱中间监督力度。

③车辆部安全生产方面压力大,缺少分担责任单位(部门)。

城市轨道交通车辆的检修生产管理模式目前国内应用最多的是模式一,模式二是根据城市轨道交通的发展,车辆检修生产管理模式进入了新的时期,车辆检修、车辆运用生产管理单位(部门)为一线生产员工、司机提供了“一站式服务”,解决了在实际生产中层级问题,信息传递畅通,减少单位(部门)之间的环节,提高了检修、运用的工作进度。

【任务实施】

进行车辆检修生产任务安排时,必须根据车辆检修单位(部门)生产工作范围及城市轨道交通车辆的检修生产管理模式合理地进行安排。

【效果评价】

评价表

项目名称	城市轨道交通车辆检修生产组织	学生姓名	
任务名称	任务1　城市轨道交通车辆检修的生产组织模式	分　数	
项　目		分　值	考核得分
1. 车辆检修生产的相关知识、图片的搜集、整理		10	
2. 是否有小组计划		5	
3. 对生产工作范围认知情况		20	
4. 对生产管理模式一认知情况		10	
5. 对生产管理模式二认知情况		15	
6. 对生产管理模式优缺点认知情况		10	
7. 结合所学知识对生产管理模式认知情况进行对比		15	
8. 编制学习汇报报告情况		10	
9. 基本素养考核情况		5	
教师简要评语: 教师签名:			

任务2　城市轨道交通车辆检修调度

【活动场景】

在城轨车辆生产车间或检修现场教学，或用多媒体展示城市轨道交通车辆的检修调度。

【任务要求】

1. 了解车辆检修调度的基本要求。
2. 了解车辆检修调度的工作职责、工作内容。
3. 掌握车辆检修调度的基本原则。

【知识准备】

车辆检修调度作为车辆检修单位（部门）的生产调度，是实施生产作业（进度）控制，进行日常生产管理，以实现生产作业计划的责任管理者在生产中起到决定性的作用。

1. 检修调度基本要求

检修调度工作的基本要求是快速和准确。所谓快速，是指对各种生产的异常表现发现快，采取措施处理快，向车辆检修单位（部门）上级管理人员和有关单位（部门）反映情况快。所谓准确，是指对情况的判断准确，查找原因准确，采取对策准确。为此，就必须建立健全生产调度机构，明确生产调度工作分工，建立一套切合实际和行之有效的调度工作制度，掌握一套迅速查明异常产生的原因，采取有效对策的调度工作方法。对生产调度工作的其他要求如下所述：

①检修调度工作必须以生产进度计划为依据，这是生产调度工作的基本原则。生产调度工作的灵活性必须服从计划的原则性，要围绕完成计划任务来开展调度业务。同时，调度人员还应不断地总结经验，协助计划人员提高生产进度计划的编制质量。

②检修调度工作必须高度集中和统一。生产情况千变万化，讲管理就必须讲统一一致，统一指挥，建立一个强有力的生产体系。各生产调度应根据同级领导人员的指示，按照作业计划和临时生产任务的要求，行使调度权力，发布调度命令。各级领导人员应充分发挥调度部门的作用，维护调度的权威。

③检修调度工作要以预防为主。调度人员的基本任务是预防生产活动中可能发生的一切脱节现象。贯彻预防为主的原则，就是要抓好生产前的准备工作，避免各种不协调的现象产生。在组织生产的过程中，不仅要抓生产计划的落实，还要抓生产过程中的环节，防止只抓后不抓前的做法。只有做到“抓前保后”，才能取得调度工作的主动权。

④检修调度工作要从实际出发，要经常深入生产现场，掌握第一手资料，及时了解和准确地掌握生产活动中千变万化的情况，摸清客观规律，深入细致地分析研究所出现的问题，动员生产人员自觉地克服和防止生产中的脱节现象，出主意想办法，克服困难，积极完成生产任务。只有这样，才能防止瞎指挥，使调度工作达到抓早、抓准、抓狠、抓关键、一抓到底的要求。

2. 车辆检修调度的工作职责

①车辆检修调度负责车辆检修单位(部门)的周生产计划和日生产计划制订、生产指标统计、运输生产对外协调工作。

②车辆检修调度负责车辆检修单位(部门)颁布的各项规章制度。根据部下达的生产任务和现场实际,合理制订车间生产计划并督促实施。

③车辆检修调度负责组织安排车辆的计划性维修及临时性维修的生产,并监督其进度和质量。

④车辆检修调度负责组织车辆突发事件的救援组织工作。

⑤车辆检修调度负责专用办公用品的管理工作。

⑥车辆检修调度负责车辆配属电客车钥匙及办公、设施设备的钥匙管理工作。

⑦车辆检修调度负责对车辆出现的疑难故障,配合车辆检修单位(部门)技术人员分析故障原因,提出整改措施。

⑧车辆检修调度负责地铁车辆计划性维修的作业控制及进度。

⑨车辆检修调度负责地铁车辆故障性维修和技术改造的作业控制及进度。

⑩车辆检修调度负责根据行调命令,及时组织地铁列车满足正线运营服务。

⑪车辆检修调度负责车辆维修基地内所有车辆的调车作业制订。

⑫车辆检修调度负责地铁车辆登车作业及安全防护的监控。

⑬车辆检修调度负责车辆部管辖范围各库相关施工作业请点与销点的核查、批准。

⑭车辆检修调度负责日常生产信息的收集、统计,定期对生产指标完成情况统计分析,积累各项运用工作资料,为车辆检修单位(部门)生产安排提供依据。建立完善的检修台账,作好各种有关记录。

⑮车辆检修单位(部门)负责处理好与其他单位(部门)调度之间的工作关系,及时协调、处理生产中出现的问题,搞好联劳协作。

⑯车辆检修调度完成车辆检修单位(部门)各项临时性工作。

3. 车辆检修调度的工作内容

①检修调度实行 24 h 不间断轮值工作制,按照四班两运转模式进行。

②检修调度到岗后进行工作交接,以保证工作的连续性和严密性。交接时,交班检修调度应尽量详细记录和传达交班内容。接班检修调度、应在相应的日志上签名,对不清楚的情况应主动询问了解;交接完毕后,交班检修调度才能退勤。

③检修调度负责组织车辆检修单位(部门)日交班会。

④交班后当值检修调度认真核对检修计划及交班日志,根据检修计划安排班组进行相关工作。

⑤检修调度接到运营调度通报运营车辆故障时,应详细记录事件过程,向司机提供技术支持。需救援时,按救援程序执行。

⑥检修调度接到运营调度发出的事故救援命令后,检修调度要快速组织救援队伍赶赴现场救援。

⑦对于车辆上存在其他专业性故障时,检修调度根据故障信息通知其他专业单位(部门)

生产调度。

⑧夜班当值检修调度原则上在首列车出库前2 h将符合运营的车辆交付给运用调度。

⑨当值检修调度应全面负责其他生产相关的调度、协调等生产及现场管理职能。负责当值班次作业的安全防护监督工作，特别是涉及隔离开关和静调电源柜等被列入危险源的作业，必须严格按相关操作规程执行，对操作过程进行卡控并作好记录。

⑩当值检修调度负责车辆清洁计划的具体实施。

⑪当值检修调度积极跟进各项车辆维修作业进度，合理安排班组完成生产任务。

⑫当值检修调度接到设备、设施故障信息，应及时向相关部门报修。

【任务实施】

生产调度，是实施生产作业（进度）控制，进行日常生产管理，在管理中必须掌握检修调度的工作内容、工作职责及基本要求，结合实际生产情况进行生产组织。

【效果评价】

评价表

项目名称	城市轨道交通车辆检修生产组织	学生姓名	
任务名称	任务2　城市轨道交通车辆检修调度	分　数	
项　目		分　值	考核得分
1. 车辆检修调度相关知识、图片的搜集、整理		10	
2. 是否有小组计划		5	
3. 对车辆检修调度基本要求认知情况		20	
4. 对车辆检修调度工作内容认知情况		10	
5. 对车辆检修调度工作职责认知情况		15	
6. 生产管理中对生产组织认知情况		10	
7. 结合所学知识对车辆检修调度工作内容认知情况进行对比		15	
8. 编制学习汇报报告情况		10	
9. 基本素养考核情况		5	
教师简要评语： 教师签名：			

项目小结

通过本章学习，了解我国轨道交通车辆检修生产组织的基本要求及发展的模式，初步掌握车辆检修调度的基本要求及生产组织模式。

思考练习

1. 叙述车辆检修单位(部门)的主要工作范围。
2. 叙述城市轨道交通车辆的检修、运用工作管理模式有哪几种?
3. 叙述城市轨道交通车辆检修调度的基本要求。
4. 叙述城市轨道交通车辆检修调度的职责的检修基地分类及各检修基地的功能。

项目 3
城市轨道交通车辆检修生产条件

【项目描述】

本项目描述城市轨道交通车辆检修生产的诸多条件，主要包括车辆检修基础设施条件、检修人员素质要求、车辆检修劳动保护要求等。进行城市轨道交通车辆检修生产，必须满足车辆检修基础设施的硬件条件，同时检修作业人员须满足相应的素质要求，为保证安全生产也要满足车辆检修劳动保护要求。

【学习目标】

通过学习城市轨道交通车辆检修生产条件，了解车辆检修各基础设施的作用并熟悉检修生产环境；了解检修生产人员素质要求；掌握检修常用劳动保护用品的使用方法。

任务 1　城市轨道交通车辆检修基础设施条件

【活动场景】

在城轨车辆生产车间或检修现场教学，或用多媒体展示城市轨道交通车辆的各种基础设施条件。

【任务要求】

掌握城市轨道交通车辆检修基地的功能；各线路和各库房的作用；了解常用检修基础设备。

【知识准备】

1. 城市轨道交通车辆检修基地的功能

城市轨道交通车辆检修基地是城市轨道交通车辆停放、检查、维修、保养和检修的场所,是保证城市轨道交通车辆良好的技术状态和城市轨道交通正常运营的重要基础,也是车辆检修人员工作的主要场所。简单地说,车辆检修基地是一个具有车辆维修能力的停车场或车辆段。

停车场主要负责城市轨道交通车辆的停放、清洁、日检等工作。各城市的轨道交通按其线路长度和配属车辆的多少,合理设置停车场满足全线车辆的停放及检修。停车场一般配备车辆运用和日常检修的基础配套设置,主要有停车列检库、洗车库、镟轮线、架车线、出入段线、试车线、牵出线、存车线等。

车辆段主要承担所属线路的车辆停放、清洁、一般性日常检修、架大修及车辆部件的检测和修理工作。与停车场相比,车辆段内的基础设施更加完备,主要有停车列检库、运用库、静调库、架大修库房、洗车库、油漆库及各种辅助线路。

车辆段还具备了综合检修基地的功能,除车辆各专业的检修工作外,通信、信号、机电设备等专业的维修基础设施设备也配置在车辆段内,有利于协调各专业的衔接关系,对各专业检修工作进行有效的协调管理,满足城市轨道交通系统管理的需要。

2. 轨道交通车辆检修基地的主要线路

(1)停车线

停车线应为平直线路,一般设成车库,主要用于停放车辆,大多数城市称其为停车列检库。停车线还兼具着车辆检修功能,有尽端式和贯通式两种,贯通式便于列车的灵活调度,但考虑到停车列检库作业环境温度、检修基地的地理位置等因素,仍有很多城市采用尽端式设计。

(2)出入段线

出入段线是供车辆出、入车辆检修基地的线路,一般设置成双线,并避免切割正线,根据行车和信号的要求留有必要的段(场)线路与运营正线的转换长度。

(3)牵出线

牵出线适应段(场)内调车,牵出线的长度和数量根据列车的编组长度和调车作业的方式和工作量确定。

(4)静态调试线

静态调试线一般设置在静态调试库内,对刚入段的新车或经过高级修程需要静态调试的车辆在静态调试线上,检车各系统部件的技术状态。静态调试线必须设置有地沟、检修平台和车间牵引电力电源。因为要对车辆进行标准尺寸、水平度等测量,要求静态调试线必须经过认证的水平零轨(轨道高差精度等标准较高的线路)。

(5)试车线

试车线提供通过年检、架修、大修等高级修程或需要对列车牵引制动进行试验的列车进行动态调试的线路。设置长度应满足列车正线运营最高运行速度。试车线上设置有检查坑,便于列车在试车线上进行临时车底检查。试车线还设置有信号的地面装置,可进行列车车载信号装置的试验。试车线旁设置试车线调试用房,内设信号控制和试车需要的有关设备、设施和仪器。因试车线上列车运行速度较高，一般试车线采用隔离措施。

(6)洗车线

洗车线供列车停运后的洗车作业，北方城市因天气寒冷，设置有洗车库。洗车线设置为贯通式，尽量与停车线相近，可以减少列车行走时间。洗车线在安装洗车机位置必须保证至少一列车长度的直线段，以保证列车平顺进行洗车作业。

(7)检修线

检修线为平直线路，一般均设置有地沟(采用第三轨受电方式的线路除外)。布置在检修、定修、架修、大修库内。在架修、大修库内设置的检修线间距较大，便于布置架车机等检修设备。

(8)镟轮线

镟轮线一般设置在停车列检库内，为平直线路。镟轮线长度为正常停放列车线路的两倍，中间基坑内安装有镟床。镟轮线不设置接触网或接触轨，镟轮过程通过公铁两用车进行牵引。

3. 城市轨道交通车辆检修各库房

(1)停车列检库

停车列检库负责车辆的停放、整备、清扫、日检、司机出乘等功能，因此停车列检库除设置有停车线外，还设有运用工班(负责车辆日常检修的工班，部分城市轨道交通企业称为轮值工班)、调度室、乘务待班室以及车载信号工班。库内还设置有架空接触网或接触轨，接触轨加装有防护措施。每条库线两端和库外线之间均设置有隔离开关，可以为每条停车线的接触网(接触轨)独立断、送电。在停车列检库内应有一段平直硬化地面，作为消防、运输通道，通道两端设置卷闸门，平时封锁，必要时使用。

(2)检修库

为提高检修效率、节约用地，目前大多数城市轨道交通企业将检修库与停车列检库修建成同一库房。检修库内设置有双周检、月检、静态调试线路。消防、运输通道与停车列检库相连。

双周、月检、静态调试线路均设置有三层检修平台，可供车顶、车体两侧、车底的检修作业。

(3)定修库

定修库房主要负责车辆的年检工作，设置有地沟，两侧设置三层检修平台，车间牵引电力电源，不设置接触网或接触轨。部分城市轨道交通企业在定修库房内设置有起重机。

(4)架修、大修库

架修、大修库房主要负责车辆的架、大修作业。具体布置根据车辆检修工艺流程确定。一般设置有地下式架车机、移车台、桥式起重机、移动式架车机、公铁两用车、各种工作平台等。地铁车辆分解的各部件检修均在架修、大修库房内的辅助检修车间进行，一般设置有转向架及轮对工班、电机工班、空调工班、电器和电子工班、车门工班、受电弓工班等。

(5)其他库房

1)蓄电池间

蓄电池间主要负责对地铁车辆或其他运输车辆的碱性蓄电池进行充放电及维修工作。

蓄电池间配置相应的试验、充电设备和通风、给排水和防腐设施。碱性和酸性蓄电池操作间要分开设置,防止酸气进入碱性蓄电池,酸、碱发生中和作用,影响蓄电池的质量。蓄电池间要单独设置,布置在长年主导风向的下风侧,有防爆措施。

2)洗车库

如图 3.1 所示,洗车库负责列车清洗工作,洗车线通过洗车库,库内设置有自动洗车机,可对列车端部和侧面进行化学洗涤剂和清水洗刷。库内设置有接触网或接触轨,列车通过自身动力通过洗车机。

图 3.1　洗车库

【任务实施】

(1)检修设备的分类

根据设备的性质,可分为通用设备和专用设备。通用设备包括:起重运输设备、机械加工设备、探伤设备、动力设备和计量化验设备。专用设备包括:拆装设备、检测试验设备、专用切屑设备、清洗设备、起重提升设备、救援设备、非标设备和专用工装。

根据设备的工作对象和作业方式可分为 6 种:起重及平面移动设备、架车设备、轮对检修设备、转向架检修设备、电气试验设备和清洗设备。

(2)一般性日常检修的设备配置

一般性日常检修主要包括日检、双周、月检、年检。

配置的大型专用设备包括:不落轮镟床、地面(移动式)架车机(如图 3.2 所示)和自动洗车机。

图 3.2　移动式架车机

小型专用设备包括:蓄电池充放电设备、空调机组专用检测设备、空调机组抽真空冲液设备、悬臂吊、列车运行在线检车装置(测量轴温等)、各种专用测量仪器仪表和各种专用试验台。

通用设备包括:常用的车、钳、刨、铣等金属切割设备,动力设备以及调车用机车,蓄电池运输车,电瓶车,叉车等。

(3)架修和大修的设备配置

根据架修和大修工艺的过程,配置的大型专用设备包括:地下固定式架车机(如图 3.3 所示)、移车台、转向架升降台、转向架清洗机、构架测试台、构架翻转台、轮对压装机、电焊机等。

图3.3　地下固定式架车

小型专用设备包括：公铁两用车、液压载重升降台、悬臂吊、轴承清洗设备、空调冷媒充放设备、空调检修套装工具、空调焊接专用工具、车载碱性蓄电池的充放电设备和蓄电池拆装工具等。

专用试验设备包括：转向架试验台、一系弹簧试验台、减震器试验台、直流牵引电机试验台、交流牵引电机试验台、空压机电机试验台、空压机试验台、空气阀门试验台、电器部件综合试验台、功率电子试验台、逆变器试验台、空调机组试验机、受电弓试验台、车钩对接试验台、门控装置试验台和车体称重装置等。

通用设备包括：折弯机、剪板机、冲剪机、弯管机、车床、磨床、刨床、铣床、镗床、压床、钻床、车轴探伤机、大型叉车、电机吹扫清洗设备、油漆工艺设备、动力设备以及调车用机车、蓄电池运输车、电瓶车和叉车等。

【效果评价】

评价表

项目名称	城市轨道交通车辆检修生产条件	学生姓名	
任务名称	任务1　城市轨道交通车辆检修基础设施条件	分　数	
项　目		分　值	考核得分
1. 检修基础设施的相关知识、图片的搜集、整理		10	
2. 是否有小组计划		5	
3. 检修基地功能的认知情况		20	
4. 接触网断送电流程及要求的认知情况		50	
5. 编制学习汇报报告情况		10	
6. 基本素养考核情况		5	
总体得分			
教师简要评语： 教师签名：			

任务2　城市轨道交通车辆检修人员素质要求

【活动场景】

用多媒体展示城市轨道交通车辆检修人员应具备的素质要求。

【任务要求】

了解车辆检修生产人员各级别的素质要求。

【知识准备】

城市轨道交通车辆检修工负责车辆的接受、检修及调试工作,分初级工、中级工、高级工、技师4个等级,技能要求一次递进,高级别涵盖低级别内容。车辆检修人员在工作中不断提升个人专业素质,合理规划职业发展。一般在运营企业中具有初级工级别以上素质要求的检修人员方可上岗作业,部分工作内容对检修人员的素质级别也有相应的要求。

【任务实施】

1. 城市轨道交通车辆检修初级工素质要求

(1)专业知识

①了解城轨车辆的分类和特点。

②了解城轨车辆的编组及连挂方式。

③了解城轨车辆运行的各种模式。

④熟悉车体、车门、车钩、贯通道、转向架、受电弓、牵引系统、制动系统、空调系统、辅助系统、控制系统及乘客信息系统的基本组成、所在位置及系统参数。

⑤熟悉电、气制动力的分配原则。

⑥熟悉再生制动、电阻制动的工作原理。

⑦掌握电路图基本知识。

⑧掌握气路图基本知识。

(2)专业技能

①能使用PTU对牵引系统、制动系统、空调系统、辅助系统、控制系统及乘客信息系统的数据进行读取和存储,并进行简单分析。

②能按照技术规范对车门系统进行测量及调整。

③能按照技术规范对列车走行部进行测量。

④能够正确判断走行部的故障现象。

⑤熟练掌握各系统易损易耗件的更换方法。

⑥能够处理简单的牵引系统、制动系统、空调系统、辅助系统的故障。

⑦掌握列车控制电路故障查找及处理方法,能够处理简单的故障。

⑧熟练掌握车辆高压回路、牵引系统、辅助系统、走行部等检修生产过程中的安全防护方法,正确做好相关防护。

2. 城市轨道交通车辆检修中级工素质要求

(1)专业知识

①熟练掌握车体、车门、车钩、贯通道、转向架、受电弓、牵引系统、制动系统、空调系统、辅助系统、控制系统及乘客信息系统各部件的位置、名称、工作原理、系统参数和作用。

②掌握车辆限界、设备限界和建筑限界之间的关系。

③掌握车辆牵引理论基本知识。

④熟练掌握车辆空气压缩机、干燥器、模拟转换阀、称重阀、中继阀、紧急制动电磁铁、防滑电磁阀、基础制动单元的结构和工作原理。

⑤掌握空调制冷回路、制冷剂在制冷系统中的各种状态。

⑥熟练掌握列车电路图及气路图。

⑦掌握各系统中电子板的功能。

⑧掌握列车高压回路各元器件的工作原理以及各系统之间线路的连接原理。

⑨掌握列车的网络控制及故障诊断的功能逻辑。

(2)专业技能

①能合理运用各种检修工具(如轮缘轮径尺、万用表、示波器等)对牵引系统、制动系统、空调系统、辅助系统、控制系统及乘客信息系统进行故障处理。

②熟练使用PTU对牵引系统、制动系统、空调系统、辅助系统、控制系统及乘客信息系统的记录数据进行读取和存储,并进行故障分析,确定系统故障原因。

③能综合运用列车电路图进行故障分析及查找。

④掌握车门的拆装及各部件的分解与组装。

⑤会使用车钩等各种专用测量和拆装工具。

⑥掌握转向架重要部件的拆卸及安装要求。

⑦掌握制动系统各种压力的测量和调整方法。

⑧掌握空气压缩机、基础制动单元的拆装工艺及专用工具的使用方法。

⑨能按照技术规范对列车走行部进行测量,能准确判断和分析列车走行部的故障现象及原因。

⑩掌握空调试验设备、真空泵的使用方法。

⑪掌握制冷剂添加的方法,压缩机保护单元功能的测试方法,冷凝风机、送风机的维修方法。

⑫能够熟练使用专用工具对列车高压系统电路进行测量。

3. 城市轨道交通车辆检修高级工素质要求

(1)专业知识

①能根据原理图、逻辑图进行板块的测量和分析。

②对简单的电子板块,能根据板块的元件,绘制出原理图,并能进行原理分析。

③掌握列车控制软件基本逻辑,并初步了解列车网络控制标准。

④掌握各种制动模式下集中状态的制动力的特性及分配。

⑤熟悉车辆所用的各种润滑油、润滑脂的基本常识和使用状态分析。

(2)专业技能

①掌握对车体、车门、车钩、贯通道、转向架、受电弓、牵引系统、制动系统、空调系统、辅助系统、控制系统及乘客信息系统进行各部件的拆装方法、疑难故障查找及处理方法。

②熟悉车体、车门、车钩、贯通道、转向架、受电弓、牵引系统、制动系统、空调系统、辅助系统、控制系统及乘客信息系统的相关试验设备的操作方法。

③熟练掌握构架检测方法。

④熟悉轮对的压装原理及其压装要求。

⑤熟悉轴承清洗、质量检查、检测、选配的方法。

⑥熟练掌握联轴节、轴承的拆卸和安装及其简单工装的设计方法。

⑦熟悉减震器试验及其可能的故障判别。

⑧熟悉一系弹簧的更换和选配静态沉降的要求。

⑨熟悉掌握空气压缩机、基础制动单元和各种阀类元件的分解、组装及测试方法。

⑩熟练掌握受电弓的分解与组装及部件测试方法。

⑪熟练掌握车门各部件的分解与组装及部件测试方法。

⑫熟练掌握车钩部件的各种测试方法。

⑬熟练掌握使用专用工具及工装完成通道装置的分解与组装。

⑭掌握空调膨胀阀的调节方法。

⑮掌握空调机组压缩机冷冻油的更换方法。

⑯能对牵引电机、高速断路器进行分解，更换牵引电机轴承等损耗件、损坏件，能在相关人员指导下进行空载试验、堵转试验等。

⑰掌握牵引、辅助、控制和信息系统各模块的拆装、维修、测试方法。

⑱熟练掌握列车上各电子电路、电力电子等板块上元器件的疑难故障查找及处理方法。

4.城市轨道交通车辆检修技师素质要求

(1)专业知识

①能编写部件检修工艺(如接触器、高速断路器、部分电路板、阀类、基础制动单元、空气压缩机、空气干燥剂等)。

②熟练掌握列车的高压系统技术、诊断测试技术，能独立设计列车的测试工艺方案，能对测试数据的准确性及误差进行判断。

③熟悉牵引系统各板块之间内部的逻辑关系。

④熟悉制动控制单元各板块、各种阀类之间内部的逻辑关系。

⑤熟悉空调各部件之间的逻辑关系。

⑥掌握电空联合制动的计算方法。

⑦能结合检修，对各系统中各部件寿命进行初步分析。

(2)专业技能

①熟练掌握列车车体、车门、车钩、贯通道、转向架、受电弓、牵引系统、制动系统、空调系统、辅助系统、控制系统及乘客信息系统疑难惯性故障的查找及处理方法，针对故障原因，制订改进方案。

②掌握对列车车体、车门、车钩、贯通道、转向架、受电弓、牵引系统、制动系统、空调系统、

辅助系统、控制系统及乘客信息系统进行各部件的分解以及重新装配的方法，针对生产实际，设计相关辅助工装。

③掌握车辆系统质量关键点，对于常发性或周期性故障懂得制订预防性维护方案。

④熟悉各系统检修规程、检修工艺和车辆验收标准，能结合检修工作实际及系统故障率对检修规程、检修工艺提出改进意见。

⑤能指导高级工、中级工、初级工开展相关检修工作，完成列车故障处理、部件维修等工作。

【效果评价】

评价表

项目名称	城市轨道交通车辆检修生产条件	学生姓名	
任务名称	任务2　城市轨道交通车辆检修人员素质要求	分　数	
项　目		分　值	考核得分
1. 是否有小组计划		5	
2. 检修初级工素质要求的认知情况		20	
3. 检修中级工素质要求的认知情况		20	
4. 检修高级工素质要求的认知情况		20	
5. 检修技师素质要求的认知情况		20	
6. 编制学习汇报报告情况		10	
7. 基本素养考核情况		5	
总体得分			
教师简要评语： 教师签名：			

任务3　城市轨道交通车辆检修劳动保护要求

【活动场景】

用多媒体展示城市轨道交通车辆检修劳动保护要求。

【任务要求】

了解城市轨道交通车辆常见劳动保护用品的种类和使用环境；了解城市轨道交通车辆检修库内接触网断送电。

【知识准备】

1. 城市轨道交通车辆检修劳动保护用品

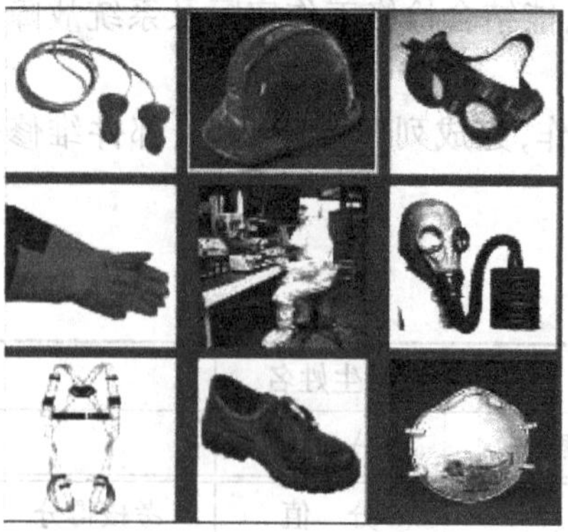

劳动保护用品是劳动者在生产过程中为免遭或减轻事故伤害和职业危害，个人随身穿（佩）戴的用品。国际上称为PPE（Personal Protective Equipment），即个人防护器具。城市轨道交通车辆检修劳动保护用品按照防护部位不同，分类如下：

头部防护，如安全帽等。

眼面部防护，如护目镜等。

听力防护，如耳塞等。

呼吸防护，如口罩、防毒面罩等。

手部防护，如防酸碱手套等。

足部防护，如防砸安全鞋等。

躯体防护，如各种防护服等。

坠落防护，如安全带等。

皮肤防护，如皮肤防护膜等。

本项目主要讲述安全帽、安全鞋、安全带这类具有特种防护性能的劳动保护用品在检修生产作业中的用途。

（1）安全帽

安全帽是防止冲击物伤害头部的防护用品，由帽壳、帽衬、下颏带和后箍组成。帽壳呈半球形，坚固、光滑并有一定弹性，打击物的冲击和穿刺动能主要由帽壳承受。帽壳和帽衬之间留有一定空间，可缓冲、分散瞬时冲击力，从而避免或减轻对头部的直接伤害。冲击吸性性能、耐穿刺性能、侧向刚性、电绝缘性、阻燃性是对安全帽的基本技术性能的要求。目前国内城市轨道交通企业通常采用轻质安全帽作为作业人员头部的防护用品，主要防止在车辆下部检修作业时头部磕碰到转向架等部位，以及高空坠物的伤害。

安全帽的使用维护要求：

①严禁私自在安全帽上打孔、私自拆卸帽子部件和调整帽衬尺寸、随意改变安全帽任何结构，严禁在帽衬上放任何物品，严禁随意碰撞安全帽，严禁将安全帽充当器皿使用，严禁将安全帽当板凳坐，以免影响其强度。

②安全帽严禁放置在有酸、碱、高温、日晒、潮湿或化学试剂的场所，以免其老化、变质。

③对热塑料制的安全帽，虽可用清水冲洗，但不得用热水浸泡，更不能放入浴池内洗涤，也不能在暖气片、火炉上烘烤，以防止帽体变形。

（2）安全鞋

安全鞋是安全类鞋和防护类鞋的统称，一般指在不同工作场合穿用的具有保护脚部及腿部免受可预见的伤害的鞋类。安全防护鞋属于高技术含量及高附加值的鞋类产品（如图3.4所示）。

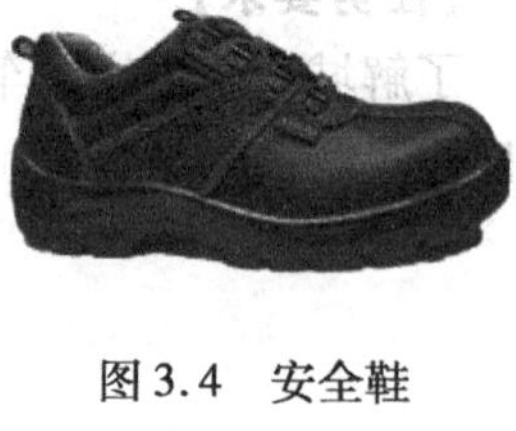

图3.4 安全鞋

安全鞋需要正确的使用和保养，才能确保发挥应有效能及维持使用者的足部健康，因此下列事项应多加注意：

①不得擅自修改安全鞋的构造。

②穿着合适尺码的安全鞋，有助维持穿者的足部健康及鞋具的耐用期。

③注意个人卫生，使用者应维持脚部及鞋履清洁干爽。

④定期清理安全鞋，但不应采用溶剂作清洁剂。此外，鞋底亦须经常清扫，避免积聚污垢物，因鞋底的导电性或防静电效能会受粘附污垢物多少和摺曲情况而影响。

⑤贮存安全鞋于阴凉、干爽和通风良好的地方。

(3)安全带

检修生产中使用的安全带主要是防止高处作业人员发生坠落或发生坠落后将作业人员安全悬挂的个体防护装备。由带子、绳子和金属配件组成，总称为安全带。(如图3.5所示)检修生产中车顶受电弓检查、空调检查时必须佩戴安全带，防止高空坠落。

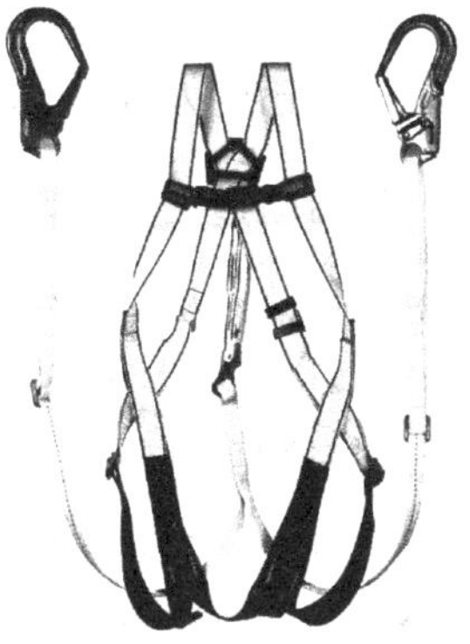

图3.5　安全带

安全带的使用维护要求：

①使用前要检查。

②高挂低用，注意防止摆动碰撞。

③不准将绳打结使用，也不准将钩直接挂在安全绳上使用，应挂在连接环上用。

④安全带上的各种部件不得任意拆掉。更换新绳时要注意加绳套。

⑤安全带使用两年后，按批量购入情况，抽验一次。

⑥使用频繁的绳，要经常作外观检查，发现异常时，应立即更换新绳。带子使用期为3至5年，发现异常应提前报废。

⑦使用时避免触碰有钩刺的工具。

⑧安全带应储存在干燥、通风的仓库内，不准接触高温、明火、强酸和尖锐的坚硬物体，也不准长期曝晒、雨淋。

正确使用劳动防护用品，是保障从业人员人身安全与健康的重要措施。为此要注意以下几点：

①生产经营单位应当建立健全有关劳动防护用品的管理制度。要加强劳动防护用品的购买、验收、保管、发放、更新、报废等环节的管理，监督并教育从业人员按照使用要求佩戴和使用。

②提供的防护用品必须符合国家标准或者行业标准。不得以货币或者其他物品替代劳动防护用品，也不得购买、使用超过使用期限或者质量低劣的产品，确保防护用品在紧急情况下能发挥其特有的效能。

③在佩戴和使用劳动防护用品中，要防止发生以下情况：

a.从事高空作业的人员，不系好安全带发生坠落。

b.从事电工作业(或手持电动工具)不穿绝缘鞋发生触电。

c.在车间或工地不按要求穿工作服，穿裙子或休闲衣服；或虽穿工作服但穿着不整，敞着前襟，不系袖口等，造成机械缠绕。

d.长发不盘入工作帽中，造成长发被机械卷入。

e.不正确戴手套。有的该戴不戴，造成手的烫伤、刺破等伤害。有的不该戴而戴，造成卷住手套把手甚至连胳膊也带进机械的伤害事故。

f. 不及时佩戴适当的护目镜和面罩,使面部和眼睛受到飞溅物伤害或灼伤,或受强光刺激,造成视力伤害。

g. 不正确戴安全帽。当发生物体坠落或头部受撞击时,造成伤害事故。

h. 在工作场所不按规定穿用劳保皮鞋,造成脚部伤害。

i. 不能正确选择和使用各类口罩、面具,不会熟练使用防毒护品,造成中毒伤害。

在其他需要进行防护的场所,如噪声、振动、辐射等,也要正确佩戴和使用劳动防护用品,从而保护自己的人身安全和健康。

2. 城市轨道交通车辆检修库内接触网断送电

采用接触网供电的线路对车辆进行车顶检修或第三轨供电的线路对车辆的车顶和车底进行检修时,为保证作业安全,作业人员均要进行断电作业。尤其是对接触网进行断送电作业,劳动保护要求极高。目前国内城市轨道交通在总结多年来变电站防误闭锁装置开发、研究、生产经验的基础上,根据各地电力部门、铁路部门的要求,在确保电力运行人员、城市轨道检修人员安全操作设备的同时,切实减轻其劳动强度,运用新技术、新工艺,消化吸收国内外先进技术开发了微机防误闭锁系统。

城市轨道交通车辆检修对接触网进行断送电大多采用五防锁,五防锁系统配置结构图如图3.6所示,五防锁是一种高压开关设备用锁。该锁强制运行人员按照既定的安全操作程序,对电器设备进行正确的操作,从而避免了误操作事故的发生,充分满足"五防"要求:

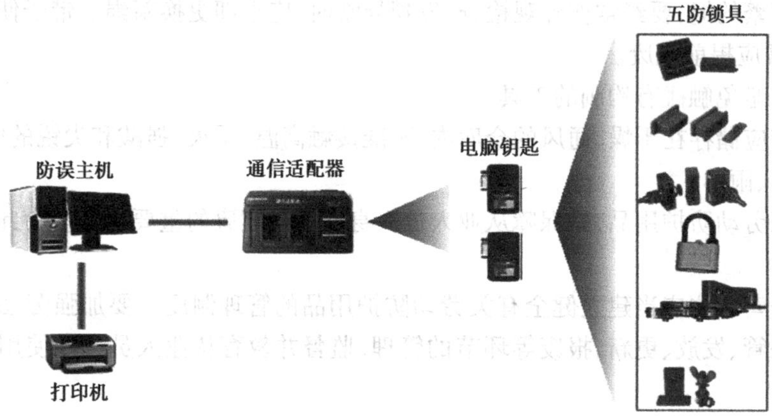

图3.6 五防锁系统配置结构图

①防止误拉合开关。

②防止带负荷拉合隔离刀闸。

③防止误入带电间隔。

④防止带电挂接地线。

⑤防止带地线(接地刀闸)合闸。

隔离断送电作业人员属特种作业工种,隔离开关操作要求两人进行,一人负责操作,一人负责监护。两人必须经过理论和实操培训,考试合格后获得资格证,方可进行本岗位的工作。

【任务实施】

1. 接触网断送电作业流程

需作业时，监护人去DCC检修调度提出接触网作业申请。检修调度根据检修任务在电脑上模拟作业工作票并传送到电子钥匙，同时打印作业申请单，完毕后交付给监护人。

监护人根据电子钥匙和申请单提示进行隔离开关断送电作业。

(1)断电流程

1)作业准备

隔离开关操作人员到存放柜处取验电器、穿戴好防护用品，使用前对验电器、防护用品进行检查，确认验电器、防护用品完好。

2)隔离开关分闸

用电子钥匙打开隔离开关箱挂锁，确认箱内外观无异常，空气开关处于闭合位，模式开关处于当地位，操作分闸按钮进行分合闸作业，确认上部刀闸分到位后，锁闭隔离开关箱挂锁。

3)验电

用电子钥匙打开验电接地端电子挂锁，将验电器导流线接地端子套在接地螺栓上，旋紧蝶形螺母，锁闭电子挂锁。再将验电器端头挂接触网上进行验电。

4)取接地线

到存放柜处用电子钥匙打开电子挂锁，取接地线。需检查接地线导线是否破损，接地棒是否超出允许使用期限范围。

5)接挂地线

用电子钥匙打开接地端电子挂锁，将接地线接地端子套在接地螺栓上，旋紧蝶形螺母，锁闭电子挂锁。再将接地线挂在所需进行检修作业股道接触网上。

注：接地线挂接前必须先验电在挂接接地线(如图3.7所示)，接地线挂号后才能拆除验电器。

图3.7　挂接地线

6)取验电器

隔离开关操作人员在挂接接地线后，用电子钥匙打开验电器接地端挂锁，取下验电器。

7)操作汇报

隔离开关断电完毕后，操作人员将验电器和劳保防护用品归放到原位，监护人向检修调度汇报，并交回电子钥匙和申请单。由检修调度将信息回传到模拟屏，并在申请单上签字确认。

(2)送电作业

1)作业准备

隔离开关操作人员到存放柜处穿戴好防护用品，使用前对防护用品进行检查，确认防护用品完好。

2)三层平台确认

操作人上三层平台检查平台无人作业、工器具已出清、受电弓已降下，用电子钥匙到平台终端位置检测锁处进行确认，然后锁闭相应轨道电子挂锁。

3)拆除接地线

先取下接地棒,再用电子钥匙打开接地端电子挂锁,拆下接地棒,锁好挂锁。

4)锁闭接地线

打开接地线存放柜挂锁,锁闭接地线。

5)隔离开关合闸

用电子钥匙打开隔离开关箱挂锁,确认箱内外观无异常,空气开关处于闭合位,模式开关处于当地位,操作合闸按钮进行分合闸作业,确认上部刀闸合到位后,锁闭隔离开关箱挂锁。

6)操作汇报

隔离开关送电完毕后,操作人员将劳保防护用品归放到原位,监护人向检修调度汇报,并交回电子钥匙和申请单。由检修调度将信息回传到模拟屏,并在申请单上签字确认。

2. 接触网断送电作业要求

(1)工具及劳保要求

作业前,操作人需对高压绝缘手套和高压绝缘靴外观进行检查,查看是否破损、残缺,并要求未超出检定日期。作业中,操作人和协助人必须正确穿戴安全防护用品。

作业前,操作人需对接触网验电器进行外观检查,查看是否超出检定日期,外观应无破损、残缺,接线头及线缆无破损。

(2)操作要求

隔离开关操作由监控人负责整个过程的监控和设置好作业现场安全防护措施。

【效果评价】

评价表

项目名称	城市轨道交通车辆检修生产条件	学生姓名	
任务名称	任务3　城市轨道交通车辆检修劳动保护要求	分　数	
项　目		分　值	考核得分
1. 检修劳动保护的相关知识、图片的搜集、整理		10	
2. 是否有小组计划		5	
3. 检修劳动保护的认知情况		20	
4. 接触网断送电流程及要求的认知情况		50	
5. 编制学习汇报报告情况		10	
6. 基本素养考核情况		5	
总体得分			
教师简要评语: 教师签名:			

项目小结

结合现场参观有利于更好地学习本项目,要求能够了解城市轨道交通车辆检修基地的库房和主要设备,熟悉检修生产的作业环境以及基本的安全注意事项,了解接触网断送电的基本要求,了解检修人员素质要求等,为深入学习城市轨道交通车辆检修打下坚实的基础。

思考练习

1. 简述城市轨道交通车辆检修基地的功能。
2. 简述城市轨道交通车辆检修基地的主要线路有哪些?
3. 简述城市轨道交通车辆检修基地的主要库房有哪些?
4. 简述城市轨道交通车辆检修设备配置的分类。
5. 试述城市轨道交通车辆检修劳动保护用品按照防护部位的分类并举例。
6. 试述五防系统的五防内容。

项目4

城市轨道交通车辆的一般性日常检修

【项目描述】

城市轨道交通车辆的一般性日常检修的基本任务是确保运营车辆具有良好的技术状态，尽量做到能及时发现并消除潜在故障，防止运营事故，保证行车安全。车辆的一般性日常检修主要包括日检、双周检、月检（或三月检）、年检（或半年检）及专项修。各级修程主要按车辆的运营里程和运营时间进行区分，维修内容参照各系统部件维修周期，遵循高一级别的修程包含低一级别修程内容的原则进行制订。各城市轨道交通企业及其车辆的不同，检查维修周期及检修项目也都不同。即使同一企业，由于车辆制造厂家的不同，车辆特性和设计上的差异，也会制订出不同的检查维修周期和检修项目。

【学习目标】

通过本模块的学习，要求掌握以下基本知识：

1. 了解一般性日常检修中各级修程如何区分。
2. 掌握一般性日常检修中各级修程内容及工艺流程。

【技能目标】

1. 能进行各级修程中司机室功能检查。
2. 能对各级修程项目进行区分。

任务1 日检的工艺流程及作业方法

【活动场景】

在城市轨道车辆生产车间或检修现场教学，或用多媒体展示日检工艺流程及作业方法。

【任务要求】

1. 熟悉城市轨道交通车辆的日检主要作业范围。
2. 熟悉日检工艺流程。
3. 掌握并训练日检中重点部件的检查项目。

【知识准备】

1. 日检概述

日检是城市轨道交通车辆一般性日常检修中最初级的修程，一般安排在每天的运营结束后对车辆进行检查。日检的目标是保证车辆正常安全的运营，所以日检的检修维护内容主要涉及运营安全的基础部件及电客车的各项功能检查，如转向架构架、轮对、闸瓦、齿轮箱及联轴节、空气管路、车体箱体锁闭、车钩、贯通道、司机室侧门、间壁门、灭火器、牵引及制动功能、列车广播及乘客信息显示系统、车门控制系统等。

各城市的轨道交通车辆日检内容大致相同，但因车辆选型不同在检查项目上有所区别。如仅采用第三轨受电方式的轨道交通车辆，因轨道带电在日检中不进行车辆下部的检查。

大多数城市的轨道交通车辆日检的检修周期均为一天，因线路及运营时间情况，运行里程有所差别。由于要保证正常运营车辆的供应数量，所以大多数城市轨道交通运营企业的大规模车辆日检一般都安排在夜间车辆完成当日运行图回库后到次日投入运用前进行日检作业，而运营初期或客流很小的线路日检作业较为灵活。因检修时间有限，作业时间为每列车40 min左右。

日检作业质量保证期为本次日检作业结束至下一个日检前的这段时间。

2. 日检作业工艺流程及作业方法

日检作业工艺流程主要是指各城市的轨道交通车辆检修作业人员在日检中遵循的作业顺序，各地铁线路根据自身特点编制合理的工艺流程，对检修作业人员标准化作业、轨道交通车辆的质量控制具有重要意义。

日检一般按作业空间可分为车下检查、车体两侧检查、司机室功能检查、客室检查等，按检修用电情况又可分为无电作业和有电作业。某些城市轨道交通车辆仅采用第三轨受电方式，因受流器在车下安装且轨道带电，日检作业项目中不进行车下检查，如北京、广州等部分线路。本项目中各级修程均按目前国内采用最多的接触网供电的车型进行描述。

日检作业过程中检查空间有限，不能许多人挤在一起作业，所以必须规定作业人员的作业项目，又因为日检作业时间有限，所以多个车辆的日检作业必须以作业小组为单位同时进行。大多数城市的轨道交通车辆日检按2～3人一组作业，每人职责分工不同。原则上先进行无电作业，再进行有电作业。无电作业时，作业小组人员分别进行车辆下部检查和车体两侧检查，待作业完毕后，同时上车进行有电作业，主要进行司机室功能检查和客室检查。

日检作业主要采用3种作业方式：目测、耳听及操作。目测是采用最多的检修作业方法；耳听主要用于空气制动管路检查以及广播系统功能检查；操作主要指司机室功能检查中验证各系统功能的操作。

日检作业所需主要工作量具包括：

所需工器具：手电筒。

劳保用品：安全帽、绝缘防砸鞋。

以采用接触网供电电客车日检作业工艺流程为例：

(1) **日检作业流程**(如图4.1所示)

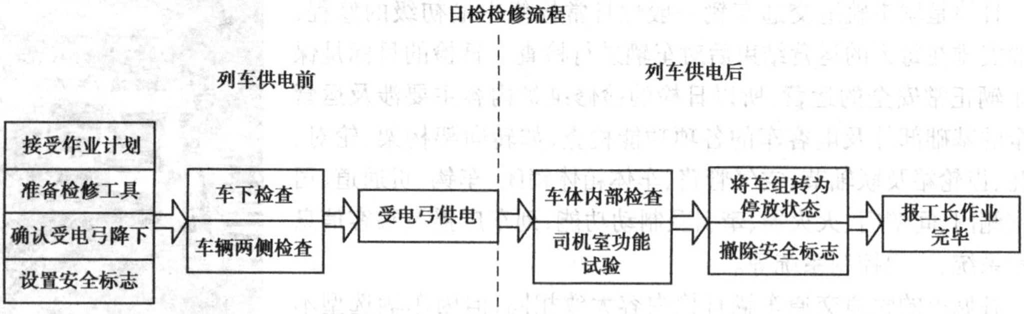

图4.1　日检检修流程图

(2) **两人日检作业分工**

日检作业小组设人员两名，按①②号编排，自检自修。

①号为作业组长，负责领取司机室钥匙，设置防护信号、监督检查本组作业人员安全并组织全组人员进行检修作业，①号负责列车两侧、一端司机室功能检查及客室检查：包括转向架两侧面、车体及连接、司机室设备、相关性能试验、车内设施等，②号负责列车下部、另一端司机室功能检查：包括转向架下部、车下电器、司机室设备、相关性能试验等。

(3) **3人日检作业分工**

日检作业小组设人员3名，按①②③号编排，自检自修。

①号为作业组长，负责领取司机室钥匙，设置防护信号、监督检查本组作业人员安全并组织全组人员进行检修作业，①号负责列车内部：包括车内设施、司机室设备、相关性能试验，②号负责列车两侧及另一端司机室功能检查：包括转向架两侧面、车体及连接、司机室设备、相关性能试验，③号负责列车下部及列车内部：包括转向架下部、车下电器、车内设施等。

【任务实施】

目前国内电客车由于没有统一规范，车体结构、配件等均有差异，以西安地铁2号线电客车的日检为例进行阐述。

*【注意】

因各地铁车辆设备均存在差异，检修限度的差别也很大。城市轨道交通车辆的一般性日常检修中日检、双周检、月检及年检列举的检修限度均以西安地铁二号线为例。

1. 车底检查

在日检作业中车体两侧及车下检查统称为车底检查，同一设备因安装位置和检查角度不同，在车体两侧及车下检查中都需要进行作业。因此车底检查内容以部件为单位进行阐述。车底检查过程中必须在车辆无电状态下进行。

(1) **转向架**

转向架关系到车辆的运行安全，是日检作业中重点的检查部位。转向架的作业需要车体两侧及车下两个位置进行检查，因此检查转向架时列车必须停放在有地沟的检修线上。车下作业人员在地沟内,仰面检查转向架的各个部位。车体两侧作业人员围绕转向架两侧检查转向架的各个部位。检查过程中作业人员手持手电筒便于对转向架进行仔细检查。

1)构架

图4.2为空气弹簧及高度调整机构。

图4.2　空气弹簧及高度调整机构

①转向架构架外观良好,各部状态正常。各螺栓、螺母、销子等紧固件安装良好,无松动、损伤,防松线清晰无错位;开口销角度在60~70°。构架悬挂件(牵引拉杆、牵引电机)安装座无裂纹。

②牵引中心销上、下端固定良好,牵引拉杆两端底部锁紧板处螺栓无松动。油压减震器、横向挡等部件安装良好。

③空气弹簧无漏泄、无划伤,无化学品和油附着,裂纹、磨损深度不过限。轴箱弹簧外观完好,连接螺栓无松动,无损伤、变形,无油污。

④头车排障器安装固定螺栓无松动。

⑤高度调整阀安装良好,无泄漏。调整杆、水平杆及连接点状态良好,开口销无丢失,防护拉环无断裂。

⑥安全钢索安装状态良好,关节轴承球头无卡死现象。止动垫片及防松螺母无松动。

⑦油压减震器无漏油。横向挡橡胶件无龟裂,无异常磨耗、无损伤。差压阀无泄漏。

⑧车体与构架间的接地线良好。

2)轮对轴箱装置

①车轮踏面擦伤、剥离不超过限度,否则进行镟修加工。

②轮对降噪阻尼器外观无异常。固定铁丝无断裂。

③轴箱箱体无裂纹,无漏油,端盖的固定螺栓防松铁丝无断裂;轴箱上防滑速度传感器探头、ATP速度传感器测速电机、各电缆线无异常,线卡子固定正常。

3)牵引传动装置

牵引传动装置是仅安装在动车上的系统部件。拖车因没有动力,不安装牵引传动装置。后文中牵引传动装置不作复述。

①牵引电机下部安装座螺栓无松动,电机冷却风进口无异物。通往电机的电源线连接良好,无磨损,电机接地线良好、无松动、无老化。

②齿轮箱无漏油,油脂无乳化且油位在上、下标之间。

③联轴节防护罩正常。

④齿轮箱连接处无渗漏。

⑤接地回流装置安装正常,接线端子无松动。

⑥各连接螺栓防松线清晰无错位。

4)基础制动装置

①基础制动装置状态正常,单元制动缸无泄露,闸瓦托横穿销及外侧开口销正常,手动缓解拉链无断裂损伤,通气管无破损。

②闸瓦无裂纹,闸瓦销安装牢固。目视检查闸瓦厚度不过限。

(2)空气制动装置

制动系统是车辆的安全关键,检查空气制动装置除设备本身的安装固定情况外,有无漏气现象也是重点检查项目。要求检修作业人员在检查中用手电筒观察设备的同时,采用耳听漏气的方式辅助进行作业。

①空气压缩机、冷却器吊挂良好,吊挂螺栓无松动。空压机进气口无异物堵塞,无漏油现象。

②各空气管道、风缸、连接软管以及各设备配管接头紧密,无泄漏。

③制动控制箱体锁闭密封正常,吊挂无松动,箱体无变形,接线插头无松动。

④防滑阀外观及固定正常、无漏气,制动系统各截断塞门位置正常。各测试口密封正常,J6 接线保护完好。

(3)车钩缓冲装置

①车钩外观无裂痕、弯曲变形,气路连接管无泄漏,各安装螺栓、螺母无松动,接地线无松动脱落。橡胶支撑块无裂纹、松动且位置正常,风管折断塞门位置正常,车钩与车体连接螺栓无松动。

②压溃管触发指示器完好。

③半自动车钩:风管口无异物。钩舌与中心销之间充满润滑油脂,图 4.3 为半永久牵引杆。

图 4.3　半永久牵引杆

(4)车下电器箱及连线

车下电气箱日检中原则上不进行开箱作业。箱体主要包括牵引电气箱、辅助逆变器箱、高速断路器箱、主接触器箱、电阻箱和蓄电池箱等。车下联线大多布置在线槽内,但仍有部分可见的箱体连线。具体检查内容如下:

①车底悬挂的各电气箱,安装状态良好,手柄处于锁闭位置。箱体无变形损坏,无异味。所有进出线正常,绝缘保护无老化、脱落。

②车下各箱体及吊挂件无裂纹,各螺栓防松线清晰无错位。制动电阻绝缘瓷瓶无裂损。

③车端电气连接器插头固定支架状态良好,连接器无裂纹,防松线清晰无错位。

④车下所有可见连线无破损,线卡无松动,接头螺栓紧固、接触良好,绝缘保护无老化、脱落、松动。接地线连接正常、无缺失。

⑤车下所有布线槽盖板安装紧固,螺栓无松动。

(5)车体外观

对车体的外观检查仍作为车下检查的项目内容,主要包括外部玻璃、车体外观、贯通道等。

①前挡风玻璃及逃生门玻璃、司机室车窗玻璃和客室玻璃无裂纹、破损,密封胶密封良好。

②车体外观无异常,无撞击破损。

③车端、车侧显示灯灯罩无破损。

④外紧急解锁装置无异常。

⑤雨刷安装正常。

⑥贯通道折棚无破裂,连接状态正常。

2. 客室内部检查

客室内部检查须在有电状态下进行。检查内容如下:

①客室内所有装饰板、地板布、扶手立杆、吊环、广告板、座椅、灯罩、幅流风机格栅等状态良好,安装螺栓外饰扣无缺失。

②安全锤罩板铅封完好,固定良好。

③灭火器压力正常(指针处于绿色区域),安全锤、乘客报警装置以及紧急解锁罩板状态良好。

④车门动作正常、外观无异常。

⑤车内各指示灯显示正常,乘客报警作用完好。

⑥客室照明亮度正常,无闪烁和不亮的灯管。

⑦客室空调机组、幅流风机运转时无异响。

⑧电热器罩板锁闭正常,无大的变形,罩板孔无异物堵塞。

⑨电子动态地图、LCD 显示器显示正常,播音正常。

⑩客室及司机室内各空调柜、电气柜锁闭状态良好,柜体无裂纹、破损。

⑪车内贯通道的锁紧密封良好,渡板、顶板、侧护板正常且处于正确位置,无翘起。

⑫司机室侧门、后端门作用良好。开关正常无卡滞,门扇锁闭机构功能正常。

⑬司控台及侧屏状态良好,仪表在有效期内,标签粘贴良好。司控台及侧屏、司机室控制柜内所有按(旋)钮安装可靠、符合标准。

⑭司机座椅作用良好。司机室照明、通风作用良好。紧急逃生门锁闭正常,逃生梯状态正常,锁扣牢固。

3. 司机室功能检查

①司机室内电气柜内的空气开关、操作按钮等通、断正常。

②用司控器钥匙激活司机台,闭合司机台上的蓄电池开关,记录蓄电池电压。

③打开司机室后部的电气控制柜,按下试灯按钮,检查司机台上指示灯有无异常;检查控制柜内旁路开关铅封有无破损。

④检查列车监控系统显示屏:外观无变形、损伤,查看界面及故障记录,抄录两 Tc 车列车监控系统显示的公里数。

⑤鸣笛,操作司机台上的升弓按钮进行升弓,启动空压机,打开客室照明和司机室照明。操作方向手柄,检查前照灯、防护灯正常。

⑥司机台各种指示灯动作亮、灭正常。

⑦操作幅流风机运转正常。暑(冬)季,操作空调(采暖)集控功能正常,效果良好。

⑧雨刷机构喷水动作平滑,检查水箱水位,必要时给水箱补水。

⑨广播系统功能检查,司机对讲正常,人工广播正常,列车报站正常;客室扬声器声响正常;司机监听及按钮功能良好。

⑩开关门检查:两端司机室操作开关车门动作(左门/右门)正常,列车监控系统显示车门功能正常。

⑪制动功能检查:将方向手柄推到向前位(HB 处于关闭状态),检查列车的 B1 ~ B7 级制动、快速制动功能,紧急制动功能,同时观察列车监控系统屏显示的各级 BC 压力应在规定范围内。

⑫牵引功能检查:(HB 处于关闭状态)操作方向手柄向前/向后,观察列车监控系统屏显示方向一致;缓解紧急制动后,牵引手柄推至牵引位,观察列车监控系统屏上有牵引信号。

4. 日检作业检修限度

(1)转向架

①空气弹簧气囊的裂纹深度超过 1 mm 或长度超过 30 mm 不得使用;气囊的磨损深度超过 1 mm(帘布外露)不得使用。鼓包:除非脱离不超过两处,气囊鼓包直径小于 ϕ20 mm;或者是脱离只有一处,直径小于 ϕ30 mm;如果出现一群颗粒状的脱离,则不能使用。

②轴箱弹簧臭氧裂纹:深度超过 3 mm,黏结裂纹深度不超过 3 mm,长度不超 30 mm。由于蠕变更换(空车时)橡胶弹簧的高度小于 215 mm。

③达到下述标准时,车轮应当镟修:

擦伤限度:a. 1 处以上长度大于 40 mm;b. 两处以上的在 20 ~ 40 mm;c. 4 处以上的在 15 ~ 20 mm;d. 擦伤深度大于 1.5 mm。

剥离限度:1 处剥离在圆周方向超过 30 mm 的持续长度、深度大于 1.5 mm;两处及以上剥离在圆周方向超过 20 mm 的持续长度并且间隔不小于 15 mm、深度大于 1.5 mm。

④齿轮箱油位在上、下标之间。

⑤闸瓦厚度小于刻线(15 mm),需更换闸瓦。

(2)司机室功能检查

①蓄电池电压应大于 82 V。

②接触网网压应不大于 1 800 V。

③制动功能检查:西安地铁 2 号线采用 Nabtesco 公司生产的车控式制动系统,表 4.1 为各级位的制动压力值,制动功能试验时,作业人员观察列车监控显示系统上的制动压力值,不允许压力值超标。

表 4.1 各级位的制动压力值

主控手柄位	BC 压力(kPa)公差 ±20 kPa		
	Tc	Mp/M	T
B1	32	37	31
B2	64	74	61
B3	96	111	92
B4	129	149	123
B5	161	186	154
B6	193	223	184
B7	225	260	215
FB/EB	255	296	245

④外温低于 19 ℃时,不得启动空调制冷。

【效果评价】

评价表

项目名称	城市轨道交通车辆的一般性日常检修	学生姓名	
任务名称	任务1　日检工艺流程及作业方法	分　数	
项　目		分　值	考核得分
1. 日检的相关知识、图片的搜集、整理		10	
2. 是否有小组计划		5	
3. 日检作业范围的认知情况		20	
4. 日检工艺流程及作业方法的认知情况		50	
5. 编制学习汇报报告情况		10	
6. 基本素养考核情况		5	
总体得分			
教师简要评语： 教师签名：			

任务2　双周检的工艺流程及作业方法

【活动场景】

在城市轨道车辆生产车间或检修现场教学,或用多媒体展示双周检工艺流程及作业方法。

【任务要求】

1. 熟悉城市轨道交通车辆的双周检主要作业范围。
2. 熟悉双周检工艺流程。
3. 掌握并训练双周检中重点部件的检查项目。

【知识准备】

1. 双周检概述

双周检是城市轨道交通车辆一般性日常检修中仅高于日检的修程,对运营两周的车辆进行基本的检修维护。检修维护内容在涵盖日检作业内容的基础上,进行车顶受电弓及空调的检查。仅采用第三轨受电的电客车因无受电弓,不进行车顶受电弓检查。

因为新车故障较多,对其性能掌握不够,所以在运营初期时,各城市的轨道交通车辆大多采用双周检作业项目,通过对车辆的频繁检查和发现问题,更好地维护车辆状态和掌握车辆信息。在运营一段时间之后,车辆性能逐渐稳定,双周检作业延长检修周期并增加个别检修项目,改为每月一次。

双周检一般所需时间为一天,所以要占用车辆投入运营时间。为了缩短留车时间,部分运营企业双周检只需半天。

双周检检修作业质量保证期为本次双周检作业结束至下一个双周检或双周检以上级别修程开始前的这段时间。

2.双周检作业工艺流程及作业方法

双周检按检修用电情况又可分为无电作业和有电作业。无电作业时主要进行车下检查、车辆两侧检查和车顶受电弓检查(第三轨受电车辆除外)。车辆供电后进行车内检查及司机室功能试验。

双周检级别以上修程由于修时较长,一个作业班组仅对一列车进行检查,所以工班一般按无电和有电两个时间段进行作业,在阶段作业中将人员合理分组,每组人员作业位置不同,每人职责分工不同。原则上先进行无电作业,再进行有电作业。双周检作业方式与日检大致相同,采用最基本的目测、耳听及操作3个作业方式。

在双周检作业过程中由于各作业小组平行作业,为保证生产安全,必须注意作业的检修条件。

(1)断电检修:车顶、车下、车侧作业

检修条件:接触网已断电、受电弓已降下、断开蓄电池开关、作业人员做好个人安全防护,并按规定设安全标志。车顶作业、高压作业须按规定穿戴劳保用品。

受电弓检修条件:受电弓检查前,须切断气源,同时将气囊进气口位置的球阀关闭,使受电弓不能升起。

(2)供电检修:客室检查和司机室功能检查

检修条件:接触网已供电、司机台已激活、受电弓已升,在列车监控系统屏常规—总体菜单中确认HB处于分断位。作业人员做好个人安全防护,并按规定设安全标志。

双周检作业所需主要工作量具包括:

所需工器具:手电筒、直尺(游标卡尺)。

劳保用品:安全帽、绝缘防砸鞋、安全带。

消耗性材料:酒精、抹布。

以采用接触网供电电客车双周检作业工艺流程为例:

1)双周检检修流程(如图4.4所示)

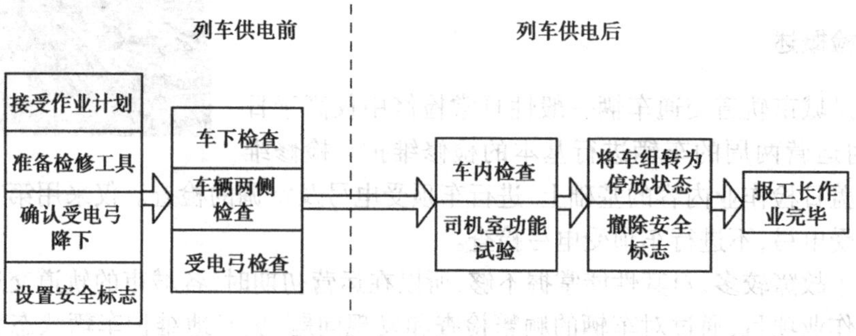

图4.4 双周检流程图

2）双周检作业分工

每个作业组至少3人，3名人员分别定义为①，②，③号，自检自修，①（有隔离开关操作证）号负责列车顶部受电弓和空调盖板的检查，配合③号进行轮对相关尺寸的测量，负责列车内部包括车内设施、司机室设备、相关性能试验及维修。②号负责列车两侧：包括转向架两侧面、车体及连接处的检查，并负责列车自动监控系统数据下载。③号负责列车下部机械部件车下电器部件的相关检查，负责列车内部包括车内设施、司机室设备、相关性能试验及维修。①号负责本作业组人员安全。

【任务实施】

目前国内电客车由于没有统一规范，车体结构、配件等均有差异，以西安地铁2号线电客车的双周检为例进行阐述。

1. 受电弓

采用接触网供电的电客车在双周检以上修程中均要在车顶对受电弓进行检修，如图4.5所示，双周检修程中主要包括外观状态、安装紧固以及清洁维护3个方面的内容。

图4.5 受电弓检修

①碳滑板紧固螺栓和其他安装螺栓，螺栓紧固无松动。

②接线头及铜导线无损坏，外观状态良好，螺栓紧固。

③绝缘子、弓头、气囊，外观完好，无损坏。高度止挡应水平。

④清除顶部碎屑及杂物并检查避雷器压力脱扣是否动作，如动作，更换避雷器。

2. 空调机组

对空调机组的双周检以滤网清洁为主要工作，空调机组滤网清洁两周一次。因空调滤网材质不同，使用寿命均有不同，具体按厂家提供维护手册适时更换滤网。破损的滤网也应及时更换。

①清洁空调滤网。

②空调机组盖板螺栓紧固正常。

3. 车体外观

双周检中车体外观检查与日检作业检查内容一致。

①前挡风玻璃及逃生门玻璃、司机室车窗玻璃和客室玻璃无裂纹、破损，密封胶密封良好。

②车体外观无异常，无撞击破损，油漆脱落明显应补漆。

③车端、车侧灯罩无破损。

④车门开启时，车外侧显示灯显示正常（供电状态）。

⑤外紧急解锁装置无异常。雨刷安装正常。

4. 车钩缓冲

①车钩外观无裂痕、弯曲变形,气路连接管无泄漏,各安装螺栓、螺母无松动,接地线无松股、断线、脱落。橡胶支撑块无裂纹、松动且位置正常,风管截断塞门位置正常,车钩与车体连接螺栓无松动。

②压馈管无裂损、变形。触发指示器完好。

③半自动车钩:钩舌、拉簧等零件无损伤、松脱,风管口无堵塞。钩舌与中心销之间充满润滑油脂。

5. 车体连接部

①贯通道折棚无破裂,连接状态正常。

②车内贯通道的锁紧密封良好,渡板、顶板、侧护板正常且处于正确位置,无翘起。

③车端电气连接器插头固定支架状态良好,连接器无裂纹,连接线安装紧固,无异常。

6. 转向架

①转向架构架外观良好,各部状态正常。各螺栓、螺母、销子等紧固件安装良好,无松动、损伤,防松线清晰无错位;开口销角度在60～70°。构架悬挂件(牵引拉杆、牵引电机)安装座焊接点无裂纹。

②牵引中心销上、下端固定良好,牵引拉杆两端底部锁紧板处螺栓无松动,防松铁丝无断裂,油压减震器、横向挡等部件安装良好。

③空气弹簧无漏泄、无划伤,无化学品和油附着,裂纹、磨损深度不过限。轴箱弹簧外观完好,无损伤、变形,无油污,连接螺栓无松动。

④头车排障器安装固定螺丝无松动。

⑤高度调整阀安装良好,无泄漏。调整杆、水平杆及连接点状态良好,开口销无丢失,防护拉环无断裂。

⑥安全钢索安装状态良好,关节轴承球头无卡死现象。止动垫片及防松螺母无松动。

⑦油压减震器无漏油。横向挡橡胶件无龟裂,无异常磨耗、无损伤。差压阀无泄漏。

⑧车体与构架间的接地线良好。

7. 轮对轴箱装置

①车轮踏面形状符合规定,擦伤、剥离不超过限度,否则进行镟修加工。

②轮对阻尼器外观无异常。铁丝无断裂。

③轴箱箱体无裂纹,无漏油,端盖的固定螺栓防松铁丝无断裂;轴箱上防滑速度传感器探头、ATP速度传感器测速电机、各电缆线无异常,线卡子固定正常。

8. 牵引传动装置

①牵引电机下部安装座螺栓无松动,电机冷却风进口无异物,滤网无堵塞。通往电机的电源线连接良好,无磨损,电机接地线无松动、无老化。

②齿轮箱无漏油,油脂无乳化且油位在上、下标之间。

③联轴节安装正常。联轴节与牵引电机、齿轮箱连接处无漏油。接地回流装置安装正常，接线端子无松动。

9. 基础制动装置

①基础制动装置状态正常，单元制动缸无泄露，闸瓦回位簧状态正常，闸瓦托横穿销及外侧开口销正常，手动缓解拉链无断裂损伤，通气管无破损。

②闸瓦无裂纹，闸瓦销安装牢固。目视检查闸瓦厚度不过限。

10. 空气制动装置

①空气压缩机、冷却器吊挂良好，吊挂螺栓无松动。空压机进气口无异物堵塞，空压机油位符合标准，无乳化、无漏油现象。

②各空气管道、风缸、连接软管以及各设备配管接头紧密，无泄漏。

③制动控制箱体锁闭密封正常，吊挂无松动，箱体无变形，接线插头无松动。

④防滑阀外观及固定正常、无漏气，制动系统各截断塞门位置正常，各测试口密封正常。

11. 车下电器箱及连线

①车下电器箱安装状态良好，锁闭紧固到位，手柄在紧闭位置。箱体无变形损坏，无异味。所有进出线正常，绝缘保护无老化、脱落。

②车下各吊挂箱体的焊接处无裂纹，所有可见安装螺母正常，无松动。制动电阻绝缘瓷瓶无裂损。

③车间电源插头接线良好，保护盖无脱落。

④车下所有可见连线无破损，线卡无松动，接头螺栓紧固、接触良好，绝缘保护无老化、脱落、松动。接地线连接正常、无缺失。

⑤车下所有布线槽盖板安装紧固，螺栓无松动。

12. 客室设施设备

客室设施设备的检查在车辆供电状态下进行。

①客室内所有装饰板、地板布、扶手立杆、吊环、广告板、座椅、灯罩、幅流风机格栅等状态良好，安装螺栓外饰扣无缺失。

②灭火器在有效期内，指针位于绿区，固定稳固。

③安全锤状态良好，铅封完好。安全锤、乘客报警装置以及紧急解锁罩板状态良好。

④车门动作正常，导轨无异物，关闭紧密、到位，外观无异常。

⑤车内各指示灯显示正常，乘客报警作用良好。

⑥客室照明亮度正常，无闪烁和不亮的灯管，应急照明正常。

⑦客室空调机组、幅流风机运转时无异响。

⑧电热器作用良好，罩板锁闭正常，无大的变形，罩板孔无异物堵塞。

⑨电子动态地图、LCD 显示器显示正常，音量正常。

⑩客室及司机室内各空调柜、电气柜锁闭状态良好，柜体无裂纹、破损。

⑪司机室侧门、后端门作用良好。开关正常无卡滞，门扇锁闭机构功能正常。

⑫司控台及侧屏状态良好，仪表在有效期内，标签粘贴良好。司机座椅作用良好。

⑬司机室照明、通风作用良好。紧急逃生门锁闭正常，逃生梯状态正常，锁扣牢固。

13. 司机室功能检查

①用司控器钥匙激活司机台，闭合司机台上的蓄电池开关，记录蓄电池电压。

②打开司机室后部的电气控制柜，按下试灯按钮，控制柜内旁路开关铅封应无破损。

③列车监控系统显示屏：外观无变形、损伤，查看界面及记录，记录两车公里数。

④鸣笛，操作司机台上的升弓按钮进行升弓，观察列车监控系统屏网压显示应正常，同时启动空压机，打开客室照明和司机室照明。

⑤司控台各开关、指示灯、按钮作用良好。

⑥操作幅流风机运转正常。暑(冬)季，操作空调(采暖)集控功能正常，效果良好。

⑦雨刷机构喷水动作平滑，检查水箱水位，必要时给水箱补水。

⑧操作方向手柄，检查前照灯、防护灯正常。

⑨广播系统功能检查，司机对讲正常，口播正常，列车报站正常；客室扬声器声响正常；司机监听及按钮功能良好。

⑩开关门检查：两端司机室操作车门动作(左门/右门)正常，列车监控系统显示车门功能正常。

⑪制动功能检查：将方向手柄推到向前位(确认 HB 处于关闭状态)，检查列车的 B1 ~ B7 级制动、快速制动功能，紧急制动功能，同时观察列车监控系统屏显示的各级 BC 压力应在规定范围内。

⑫停放制动功能检查：(确认 HB 处于关闭状态)缓解紧急制动，操作司机台上的“停放施加/缓解”按钮，列车监控系统屏显示“停放制动”。

⑬牵引功能检查：(确认 HB 处于关闭状态)操作方向手柄向前/向后，观察列车监控系统屏显示方向一致；缓解紧急制动后，牵引手柄推至牵引位，观察列车监控系统屏上有牵引信号。

14. 双周检作业检修限度

双周检作业检修限度与日检作业检修限度要求内容基本一致。

【效果评价】

评价表

项目名称	城市轨道交通车辆的一般性日常检修	学生姓名	
任务名称	任务2　双周检的工艺流程及作业方法	分　数	
项　目		分　值	考核得分
1. 双周检的相关知识、图片的搜集、整理		10	
2. 是否有小组计划		5	
3. 双周检作业范围的认知情况		20	
4. 双周检工艺流程及作业方法的认知情况		50	

续表

项　目	分　值	考核得分
5. 编制学习汇报报告情况	10	
6. 基本素养考核情况	5	
总体得分		
教师简要评语： 教师签名：		

任务3　月检工艺流程及作业方法

【活动场景】

在城市轨道车辆生产车间或检修现场教学，或用多媒体展示月检工艺流程及作业方法。

【任务要求】

1. 熟悉城市轨道交通车辆的月检主要作业范围。
2. 熟悉月检工艺流程。
3. 掌握并训练月检中重点部件的检查项目。
4. 掌握并训练月检中重点部件的作业方法。

【知识准备】

1. 月检概述

月检是城市轨道交通车辆一般性日常检修中高于日检和双周检的修程，对运行一个月的车辆进行检修。

月检主要是对主电路中的受电弓、牵引电动机及电器箱，走行部的转向架构架、轮对、齿轮箱及联轴节，车载设备的控制单元及各类信号、指示灯进行检查，以保证车辆走行部分的安全和电气控制性能的良好及易损耗件具有足够的工作尺寸。

因个别设备维护周期及设备故障状态要求，某些部件需要每两个月进行一次或每三个月进行一次检修，所以每个月的月检部分作业项目会有所增加。一列电客车在第二个月进行月检时部分项目增加，第三个月进行月检时又增加个别检修项目，第四个月月检作业时工作内容与第一个月相同。个别城市轨道交通车辆实行均衡修的维修模式，将年检中的作业项目科学地均配在月检作业中，形成独特的月检作业形式。

和双周检情况相似，月检也要占用车辆投入运营时间。但月检作业项目较多，一般修时为一天。

月检检修作业质量保证期为本次月检作业结束至下一个月检或月检以上级别修程开始前的这段时间。

2. 月检作业工艺流程及作业方法

月检作业可安排车顶及车下电气，司机室及客室、车体及车钩、转向架及气路制动系统4个作业小组进行检修。各作业小组同步进行作业，在工长的安排下按无电功能检查和有电功能检查进行检修。

月检作业和日检、双周检一样，主要采用目测、耳听及操作3种作业方式。但月检作业中手动操作项目因修程级别提高，检查项目也有所增加。手动操作内容主要包括了各重要部件的除尘擦洗、对受电弓气源控制箱里的空气过滤器进行手动排水、升降弓试验及调整、螺栓放松错位后校准力矩重新画线、主隔离开关活动检查等内容。另外月检修程中有大量数据测量，如用钢尺测量车体底架的工艺块下平面与构架的工艺块之间的距离、用钢尺测量排障器高度、测量轴箱与转向架基准块的间距、使用第四种检查器及轮径尺测量轮缘和轮径值、钢尺测量横向挡间隙、内经卡尺检查测量车轮和闸瓦之间的间隙等。

与双周检作业相似，月检作业过程中各作业小组也是平行作业，为保证生产安全，必须注意作业的检修条件。

(1)断电检修：车顶、车下、车侧作业

检修条件：接触网已断电，受电弓已降下，断开蓄电池开关，作业人员做好个人安全防护，并按规定设安全号志。车顶作业、高压作业须按规定穿戴劳保用品。

受电弓检修条件：受电弓检查前，须切断气源，同时将气囊进气口位置的球阀关闭，使受电弓不能升起。

车下电器箱开盖检查，在断电至少5 min后方可打开操作。

蓄电池供电检查：测量受电弓升降弓时间和接触压力。

检修条件：接触网已断电、作业人员做好个人安全防护，并按规定设安全标志。

(2)供电检修：客室检查和司机室功能检查

检修条件：接触网已供电，司机台已激活，受电弓已升，在ATI屏常规—总体菜单中确认HB处于分断位。作业人员做好个人安全防护，并按规定设安全标志。

月检作业所需主要工作量具包括：

所需工器具：手电筒、钩高尺、第四种检查器、轮径尺、扭矩扳手、25 mm × 60 mm的木块(n)、弹簧秤、秒表、钢板尺、加油枪、内径卡尺、折叠梯、压力表。

劳保用品：口罩、线手套/橡胶手套。

消耗性材料：白棉布、画线笔、橡胶保护剂、除锈润滑剂、酒精、Shell Alvania RL3润滑脂、砂纸、AUTOL TOP 2000润滑脂。

【任务实施】

目前国内电客车由于没有统一规范，车体结构、配件等均有差异，以西安地铁2号线电客车的月检为例进行阐述。未加任何★的表示每次月检必做项目；加★的表示第一次月检内容，加★★的表示第二次月检内容，加★★★的表示第三次月检内容，每三个月为一周期。即第三次月检后，次月再次从第一次月检开始循环。加◆的表示运营初期月检内容。

1. 受电弓

①清除车顶部碎屑及杂物。

②碳滑板无异常。测量并记录碳滑板厚度。

③外观情况及其紧固螺栓的紧固情况，螺栓紧固，接线头及铜导线无损坏。软连接线无破损，如破损须更换。

④绝缘子、弓头、降弓气缸保护套外观，要求完好，无损坏。

⑤受电弓转轴处润滑状况，保证转动灵活。★对各转动部位进行润滑。

⑥钢丝绳无断股，★必要时使用通用锂基脂对钢丝绳进行润滑。

⑦用酒精清洁避雷器表面及绝缘子、绝缘气管。绝缘子表面，无破损、无裂纹；连接线及连接螺栓紧固到位，线缆绝缘保护良好，端子无变色。

⑧测量受电弓升降弓时间，且两端受电弓升降弓时间基本同步（接触网断电状态下，气压大于 400 kPa）。

⑨★液压阻尼器无漏油。

⑩★★使用弹簧秤测量并调节接触压力（接触网断电状态下，气压大于 400 kPa）。

⑪检修限度

a. 碳滑板磨耗沟槽深度超过 4 mm 且不能圆弧过渡，则需打磨碳滑板；碳滑板厚度小于 5 mm时，需更换碳滑板。

b. 更换碳滑条时，应同时将弓头所有的碳滑条全部更换，更换后，应检查受电弓的静态压力为 120 N ± 10 N。

c. 对未更换碳滑条的，每三个月检测一次受电弓接触压力为 120 N ± 10 N。

d. 受电弓升降弓时间为 7 s ± 1 s。

2. 空调机组

空调机组检修如图 4.6 所示。

①更换机组新风滤网和回风滤网。

②制冷管路有无泄漏。

③清理空调机组内部排水槽，保证排水畅通。

④空调盖板内锁扣功能正常，空调盖板锁紧。

⑤★启动空调机组，能正常运转，制冷效果良好，无异响、异震（暑期，供电状态）。

⑥检修限度：外温低于 19 ℃时，不得启动空调制冷。

图 4.6　空调机组清洁

3. 车体外观

①车体外观无异常，彩带无划伤。外紧急解锁装置无异常。车体无明显倾斜。

②车窗玻璃无裂纹、破损，密封胶无异常。

③车头灯罩无毁坏，扰流板无破损。

④司机室脚蹬无异常。

⑤雨刷安装正常。

4. 车体连接部

①贯通道折棚无破裂，连接状态正常。

②车内贯通道的锁紧密封良好，渡板、顶板、侧护板正常且处于正确位置，无翘起（供电状态）。

③★★打开贯通道侧墙板，清理折棚地板处积尘。

④车端电气连接器插头固定支架状态良好，连接器无裂纹，连接线安装紧固，无异常。

5. 车下电气箱

①车底各悬挂电器箱无异味、无异常。车下电气箱主要包括 VVVF 逆变器装置、扩展供电装置、制动电阻箱、高速断路器（HB）、线路接触器 LB1，LB2、滤波电抗器、母线熔断器、辅助接地开关、高压接线箱、低压电连接器、母线连接箱、隔离开关、电压检测装置、四芯连接器、整流装置、辅助熔断器、辅助隔离开关、制动控制单元、空压机启动装置箱等。

②车底悬挂的各电器箱箱盖无变形，各箱盖须锁闭紧固，密封胶条无破损。

③各悬挂件的紧固件无松动，防松线无错位。

④箱体引出、入线状态良好。端子盒安装螺栓紧固，接线绝缘保护良好，无老化、脱落。

⑤采用吸尘或用洁净的布擦拭蓄电池箱箱体内外，表面清洁、干燥，箱内无金属杂物；打开空压机启动装置箱，检查断路器、继电器、电磁接触器和 Z010 B 型压力开关有无变色、损伤。

⑥蓄电池液面在上下限范围内，否则加注蒸馏水至最高液面。

⑦★打开主隔离开关、辅助隔离开关、母线隔离开关箱，对箱内及绝缘棒进行擦拭清洁。

⑧★擦拭清洁制动电阻绝缘子，无破损。

⑨★打开整流装置、启动装置、扩展供电装置、辅助熔断器箱、辅助接地开关箱、电压检测装置检查，接线端子和部件紧固，无过热现象。

6. 司机室

①司机室玻璃无裂纹、无损伤，车门窗玻璃锁闭功能正常。司机室门运作灵活，无异常、异响。

②紧急疏散门应锁紧、密封良好，逃生梯状态正常。

③司机室后端门锁无松动，功能正常；门与车体安装可靠，动作灵活。窗帘良好。司机室侧门开关动作灵活、锁闭功能正常，止挡无破损、丢失，下摆臂紧固螺丝须紧固。

◆在首次运营的第一个月检时，须进行以下维护：

外观正常，动作灵活；对门扇、驱动装置、轮导向装置、下摆臂的紧固螺丝再紧固；用 Shsll Alvania R3 润滑剂润滑光球轴承和光轴，用 Teflon Spray 橡胶保护剂喷涂橡胶条。

④司控台及侧屏状态良好，仪表在有效期内，标签粘贴良好。

★★对司控器星形轮以及齿轮的齿部，涂抹润滑脂（注：绝对不要给辅助凸轮接触器滚轮与操作凸轮表面加油、涂油，否则会因为滚轮打滑出现偏磨）。辅助凸轮接触器表面变黑时，应更换新品。

⑤司机座椅功能良好，司机室各罩板锁紧状态正常。

⑥控制柜、综合柜状态良好，柜体无破损，柜门锁闭到位。控制柜内部线排无接触不良现象。

⑦司机室灭火器在有效期内，压力正常，安放牢靠。

⑧司机室照明、空调、通风作用良好。

⑨使用蘸有少量弱性清洁剂(不要使用强性清洁剂)的软布，清洁广播控制盒前部面板和手持话筒的手柄和网孔。

7. 客室车门

①门页外部密封条完好。

②清扫车门上、下导轨，门页运动顺畅。

③中央锁各部安装状态良好，固定螺栓无松动、卡滞，动作灵活可靠，锁闭撞拴状态良好，无松动。

④门控器以及电气插头和旋接插头插接牢固，无破损。无虚接，安装位置正确。

⑤齿带安装牢固，外观良好无裂隙。

⑥承载导轨、导向轮安装状态良好，导向轮运动灵活、平稳。

⑦蜂鸣器、试验按钮安装牢固，作用良好。

⑧紧急解锁柔性钢索安装牢固，无磨损、无断股，必要时进行调整。内外紧急解锁功能、门隔离功能正常，开门指示灯、隔离指示灯功能正常。

⑨集控开关车门，车门动作灵活无卡滞、无异常声音，报警声正常。

⑩★★集控开关门时间应在允许的范围，否则调整。

⑪★★用 25 mm × 60 mm 的木块检查车门障碍检测功能应正常。

⑫◆在首次运营的第一个月检时，须进行以下维护：

外观正常，动作灵活；对门扇、驱动装置、滚轮组成、钢丝绳的安装进行再紧固；滚轮动作灵活、锁闭撞轴无松动，电气插头和旋接插头牢固，用 Teflon Spray 橡胶保护剂喷涂橡胶条。内、外紧急解锁功能正常，测量车门齿带张紧力符合标准。

⑬检修限度

a. 开关门时间应在 3 s ± 0.5 s。

b. 车门障碍检测功能：障碍探测重开门如果关门时碰到障碍物，最大的关门力持续 0.5 s 后，车门重新打开 200 mm，再重新关闭。如果障碍物仍然存在，则这一循环将再循环一次。当障碍物探测达到 3 次，车门应处于开状态，由司机再次操作关门可将门关闭。

8. 客室内装

①客室内所有装饰板、地板布、扶手立杆、吊环、广告板、灯罩、幅流风机格栅等状态良好，安装螺栓外饰扣无缺失。

②灭火器在有效期内，指针位于绿区，固定稳固。

③安全锤状态良好，铅封完好。安全锤、乘客报警装置以及紧急解锁罩板作用良好。

④客室内座椅无损坏，乘客扶手无松动，否则进行调整、紧固。

⑤车内各指示灯显示正常，乘客报警作用良好。

⑥客室照明亮度正常，无闪烁和不亮的灯管，应急照明正常。

⑦客室空调机组、幅流风机无异响。用湿布清洁幅流风机格栅。

⑧电热器作用良好,罩板锁闭正常,无大的变形,罩板孔无异物堵塞。

⑨电子动态地图、LCD 显示器显示正常,音量正常。

⑩客室内各空调柜、电气柜内部线排无接触不良现象,柜门锁闭状态良好,柜体无裂纹、破损。

9. 连接缓冲装置

①车钩安装状态良好,外观无裂痕、弯曲变形,气路连接管无泄漏。

②各安装螺栓、螺母无松动,开口销齐全,接地线无松动脱落。橡胶支撑块无裂纹、松动且位置正常,托板保持水平,与钩体密贴,吊杆、吊杆座安装良好,弹簧无折损和变形。风管折断塞门位置正常,车钩与车体连接螺栓无松动。

③压馈管无裂损、变形。触发指示器完好。

④半自动车钩解钩装置动作灵活。测量半自动车钩高度。

⑤半自动车钩:钩舌、拉簧等零件无损伤、松脱,风管口无堵塞。钩舌与中心销之间充满润滑油脂。

⑥使用毛刷或干净(不含亚麻的)抹布对半自动车钩钩头表面脏污进行清洁。

★★★对半自动车钩进行彻底清理,必要时可使用甘油和酒精的混合物进行清理。清理后,使用 AUTOL TOP 2000 润滑脂对钩舌与中心销之间的钩头凸凹锥、连挂杆、钩舌的工作部位,以及解钩手柄与钩舌间的各铰接点进行润滑,凸凹锥的油脂涂抹厚度不得大于 30 mm,使用注油枪通过润滑油嘴注油时至油脂从缝隙中挤出为止,擦除溢出油脂。

10. 转向架构架

①转向架构架外观良好,各部状态正常。各紧固件安装良好,无松动、损伤;防松标记清晰,标记线对齐;各销子、垫片、开口销安装良好、无松动,开口销角度在 60°~70°。构架悬挂件(牵引拉杆、牵引电机)安装座焊接点无裂纹。

②牵引中心销上、下端固定良好,牵引拉杆两端底部锁紧板处螺栓无松动(防松铁丝正常),油压减震器、横向挡等部件安装良好。油压减震器无漏油。横向挡间隙均匀,橡胶件无龟裂,无异常磨耗、无损伤。差压阀无泄漏。

③空气弹簧无漏泄、无划伤,无化学品和油附着,裂纹、磨损深度不过限。在打风充足后,在 AWO 状态下测量空气弹簧高度。

④头车排障器安装固定螺丝无松动。Tc 车车轮镟修或全车落装后,须测量排障器高度,超限时调整。

⑤高度调整阀安装良好,无泄漏。调整杆、水平杆及连接点状态良好,开口销无丢失,防护拉环无断裂。高度阀不得与其他部位发生干涉、摩擦。

⑥安全钢索安装状态良好,固定状态正常,在 AWO 状态下应不摩擦构架螺堵。如有必要则重新调整钢索最小长度。

⑦★★★清除安全钢索外部污垢。特别要清理活动端头索具套环内孔两侧、尼龙套外侧的污垢;(调整端头)关节轴承球头表面的污垢。清理完毕后,在这些部位的表面涂抹锂基润滑脂。

⑧检修限度

a. 空气弹簧的高度为200 mm ±2 mm，以测量车体底架的空气弹簧上平面至构架侧梁基准块之间的距离为$(255+t)$ mm ±3 mm 为标准。

空气弹簧气囊的裂纹深度超过1 mm或长度超过30 mm不得使用；气囊的磨损深度超过1 mm（帘布外露）不得使用。鼓包：除非脱离不超过两处，气囊鼓包直径小于20 mm；或者是脱离只有一处，直径小于30 mm；如果出现一群颗粒状的脱离，则不能使用。

b. 排障器高度距离轨面75 mm ±2 mm。

c. 横向止挡与牵引梁间的距离每一侧均为10 mm +2 mm，若不合格则在横向止挡和构架安装位置之间加减调整垫。

d. 安全钢索绳断丝大于3% 或受外力产生永久变形，或者连接套变形，应重新更换。

e. 调整安全钢索的长度为565 mm + t mm。

f. 安全钢索的易损件出现下列情况时，应更换易损件：

当尼龙套与索具套环内孔的间隙大于5 mm时，或挡圈侧磨损至0.5 mm时应更换尼龙套；关节轴承球头不锈钢套有松动窜出现象，若有应更换关节轴承；止动垫片及防松螺母有松动现象；垫片有折断现象应及时更换。

11. **轮对轴箱装置**

①车轮踏面形状符合规定，擦伤、剥离不超过限度，否则进行镟修加工。

②测量轮对轮径、轮缘厚度、轮缘高度，并记录相关数据。轮对及轮径测量如图4.7所示。

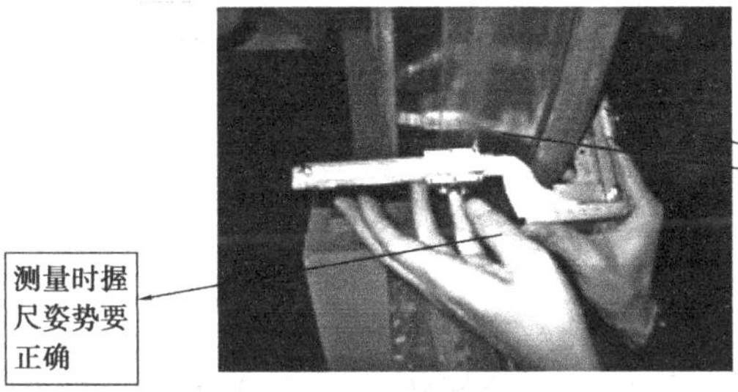

测量踏面磨耗和轮缘厚度

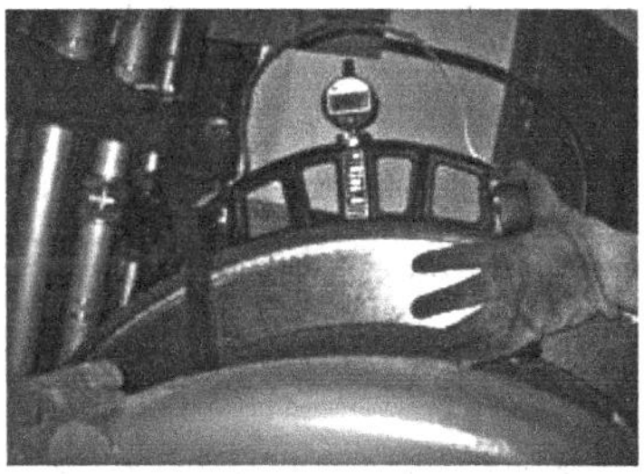

测量轮径值

图4.7　轮对及轮径测量

③各轴箱润滑脂无渗漏，箱体无裂纹，端盖的固定螺栓防松铁丝无断裂；轴箱上防滑速度传感器探头、ATP速度传感器测速电机、各电缆线无异常，线卡子固定正常。

④轴箱温度贴纸无变色。

⑤轴箱弹簧发生挤压变形或更换时，在AWO状态下，测量轴箱顶部与转向架基准块的间距符合要求。

⑥轴箱上防滑速度传感器、ATP速度传感器测速安装正常，接线端子无松动，各电缆线无磨损和刮伤，表面清洁。

⑦轴箱弹簧完好，无损伤、变形，无油污，橡胶无受损；裂纹不过限。

⑧轮对降噪阻尼器外观无异常。铁丝无断裂。

⑨检修限度

A. 擦伤限度

a. 一处以上长度大于 40 mm。

b. 两处以上的在 20 ~40 mm。

c. 四处以上的在 15 ~20 mm。

d. 擦伤深度大于 1.5 mm。

B. 剥离限度:一处剥离在圆周方向超过 30 mm 的持续长度、深度大于 1.5 mm;两处及以上剥离在圆周方向超过 20 mm 的持续长度并且间隔不小于 15 mm、深度大于 1.5 mm。

C. 轮径应大于 770 mm,车轮直径差满足同一轮对 1.0 mm,同一转向架 3.0 mm,同一辆车 6.0 mm。

D. 轮缘高 27 ~35 mm。

E. 轮缘厚 22 ~33 mm。

F. 轴箱顶部与构架基准的距离 115 mm ±5 mm,四角高之差不大于 4 mm。

G. 轴箱弹簧橡胶零件的粘接裂纹深度不越过 3 mm,长度不越过 30 mm;臭氧裂纹不越过 3 mm。

12. 牵引传动装置

①牵引电机下部安装座螺栓无松动,电机冷却风进口无异物,滤网无堵塞。通往电机的电源线连接良好,无磨损,电机接地线无松动、无老化。牵引电机表面干净无异物。

②齿轮箱无漏油,油脂无乳化、无金属杂质,且油位在上、下标之间。

★★★拆下磁性螺栓,清除吸附铁屑。清除齿轮箱接地回流装置正下方检查孔的粉末。

③联轴节安装正常。联轴节与牵引电机、齿轮箱连接处无漏油、甩油。接地回流装置安装正常,接线端子无松动。

④◆新造车首次运营半年,须更换齿轮箱油。

⑤检修限度:齿轮箱油位在上、下标之间。

13. 基础制动装置

①基础制动装置状态正常,单元制动缸无泄露,闸瓦回位簧状态正常,闸瓦托横穿销及外侧开口销正常,手动缓解拉链无断裂损伤,通气管无破损。

②闸瓦无裂纹,闸瓦销安装牢固。目视检查闸瓦厚度不过限。如闸瓦偏磨或左右厚度差超限时,须测量闸瓦确认,超限更换。

③★★★测量闸瓦间隙。

④检修限度

a. 当闸瓦厚度小于 15 mm,或左右闸瓦厚度差大于 10 mm,闸瓦偏磨量大于 20 mm 时,需更换闸瓦。

b. 车轮和闸瓦之间的间隙应自动保持在 7 ~12 mm。

14. 空气制动装置

①空气压缩机、冷却器吊挂良好,吊挂螺栓无松动。空压机进气口无异物堵塞,洁净(吹风或清洗)滤尘器。空压机油位在上、下标之间,无乳化、无漏油现象。打开空压机下部排水阀排水。

②各空气管道、风缸、连接软管以及各设备配管接头紧密，无泄漏。

③制动控制箱体锁闭密封正常，吊挂无松动，箱体无变形，接线插头无松动。

④防滑阀外观及固定正常、无漏气，制动系统各截断塞门位置正常。各测试口密封正常，J6 接线保护完好。

⑤检修限度：空压机油位在上、下标之间。

15. 司机室功能检查

①用司控器钥匙激活司机台，闭合司机台上的蓄电池开关，记录蓄电池电压。

②打开司机室后部的电气控制柜，按下试灯按钮，控制柜内旁路开关铅封应无破损。

③列车监控系统显示屏：外观无变形、损伤，查看界面及记录，记录两车公里数。读取列车监控系统内数据并进行分析。

④鸣笛，操作司机台上的升弓按钮进行升弓，观察列车监控系统屏网压显示应正常，同时启动空压机，打开客室照明和司机室照明。

⑤检查前照灯、防护灯正常。各指示灯显示正常。乘客报警功能正常。

⑥操作幅流风机运转正常。暑（冬）季，操作空调（采暖）集控功能正常，效果良好。

⑦雨刷机构喷水动作平滑，检查水箱水位，必要时给水箱补水。

⑧操作方向手柄、主手柄进行功能检查时，无卡滞，动作正常。

⑨广播系统功能检查，司机对讲正常，口播正常，列车报站正常；目的地显示器显示正常。客室扬声器声响正常；司机监听及按钮功能良好。

⑩开关门检查：两端司机室操作车门动作（左门/右门）正常，列车监控系统显示车门功能正常。

⑪制动功能检查：将方向手柄推到向前位（HB 处于关闭状态），检查列车的 B1 ~ B7 级制动、快速制动功能，紧急制动功能，同时观察列车监控系统屏显示的各级 BC 压力应在规定范围内。

⑫停放制动功能检查：（HB 处于关闭状态）缓解紧急制动，操作司机台上的“停放施加/缓解”按钮，列车监控系统屏显示“停放制动”。

⑬牵引功能检查：（HB 处于关闭状态）操作方向手柄向前/向后，观察列车监控系统屏显示方向一致；缓解紧急制动后，牵引手柄推至牵引位，观察列车监控系统屏上有牵引信号。

⑭SIV 扩展供电功能检查，分别检查两个拖车 SIV 扩展供电功能够成功启动。

⑮测试空调应急通风功能，降弓，启动应急通风，检验应急通风能够在所有车辆上成功启动。

⑯检修限度

a. 蓄电池电压应大于 82 V。

b. 接触网网压应不大于 1 800 V。

c. 制动功能检查：西安地铁 2 号线采用 Nabtesco 的制动系统，表 4.2 为各级位的制动压力值，制动功能试验时，作业人员观察列车监控显示系统上的制动压力值，不允许压力值超标。

表4.2 各级位的制动压力值

主控手柄位	BC压力(kPa)公差±20 kPa		
	Tc	Mp/M	T
B1	32	37	31
B2	64	74	61
B3	96	111	92
B4	129	149	123
B5	161	186	154
B6	193	223	184
B7	225	260	215
FB/EB	255	296	245

d.外温低于19 ℃时,不得启动空调制冷。

【效果评价】

评价表

项目名称	城市轨道交通车辆的一般性日常检修	学生姓名	
任务名称	任务3 月检的工艺流程及作业方法	分 数	

项 目	分 值	考核得分
1.月检的相关知识、图片的搜集、整理	10	
2.是否有小组计划	5	
3.月检作业范围的认知情况	20	
4.月检工艺流程及作业方法的认知情况	50	
5.编制学习汇报报告情况	10	
6.基本素养考核情况	5	
总体得分		
教师简要评语: 教师签名:		

任务4 年检的工艺流程及作业方法

【活动场景】

在城市轨道车辆生产车间或检修现场教学,或用多媒体展示年检工艺流程及作业方法。

【任务要求】

1. 熟悉城市轨道交通车辆的年检主要作业范围。

2. 熟悉年检工艺流程。

3. 掌握并训练年检中重点部件的检查项目。

4. 掌握并训练年检中重点部件的作业方法。

【知识准备】

1. 年检概述

年检是城市轨道交通车辆一般性日常检修中最高级的修程,对运行一年的车辆进行检修。

年检对车辆整体进行清洁维护,对重要的大部件作较细致的检查;对检查后发现故障的部件进行修理;对易损零件进行更换。尽管日常维修的日检、双周检、月检每次也检查转向架、车钩和牵引电机等部件,但总有部位检查遗漏或者不彻底,因此,经过一年或超过10 万 km的运行,必须对车辆部件进行仔细的检查及清洁维护。年检的检修内容较多,检查也有相当的深度,因此,年检的修时一般需要 8 至 9 天。刚起步的运营企业修时更长,如西安地铁 2 号线运营初期年检需要 11 天。

个别城市轨道交通车辆实行均衡修的维修模式,将年检中的作业项目科学地均配在月检作业中,取消了年检作业任务。

属日检、双周检、月检质保范围的按日检、双周检、月检要求执行;超出月检、在年检范围内应保证自上一个年检保证期结束至下一个年检或更高级别修程开始前的这段时间。

2. 年检作业工艺流程及作业方法

年检作业大体可分为 4 个部分,分别为吹扫作业、无电作业、有电静调及试车线列车动态调试。

吹扫作业主要指车顶空调机组、车下设备、客室内装等开盖清洁除尘工作。无电作业包括项目主要有受电弓、车下电器箱外观、VVVF 逆变器、主隔离开关、辅助隔离开关、辅助接地开关、高速断路器、母线熔断器、辅助熔断器、司机控制器、SIV 启动装置箱、蓄电池箱、扩展供电装置、电压检测装置、高压连接器和 108 芯连接器、风源制动系统、空调通风系统、车体、贯通道、车钩、司机室侧门、紧急疏散门、司机室后端门、司机室设备、司机室电气、电气柜、客室设备、客室内装、客室车门、转向架及其附件等内容。有电静调主要包括车间电源供电、蓄电池供电、接触网供电 3 项内容。试车线列车动态调试主要包括牵引试验、制动试验、后备模式、洗车模式、退行功能、旁路功能试验及其他项检查。

年检作业过程中各作业小组也是平行作业,为保证生产安全,必须注意作业的检修条件。

(1)电客车开始年检检修作业前

须先入吹扫库对车门机构、车下走行部和电气箱外部进行吹扫清洁。

(2)断电检修:车顶、车下、车侧作业

检修条件:接触网已断电、受电弓已降下、断开蓄电池、作业人员做好个人安全防护,并按规定设安全标志。车顶作业、高压作业须按规定穿戴劳保用品。

受电弓检修条件:受电弓检查前,须切断气源,同时将气囊进气口位置的球阀关闭,使受电弓不能升起。

车下电器箱开盖检查：要在断电至少 5 min 后方可打开操作。

(3)供电检修

蓄电池供电检查：测量受电弓升降弓时间和接触压力。

车间电源供电检查：空调机组运转状态检查和总风泄漏检查。

检修条件：接触网已断电、作业人员做好个人安全防护，并按规定设安全标志。

(4)供电检修：客室检查和司机室功能检查

检修条件：接触网已供电、司机台已激活、受电弓已升，在列车监控系统屏常规—总体菜单中确认 HB 处于分断位，作业人员做好个人安全防护，并按规定设安全号志。

年检作业所需主要工作量具包括：

所需工器具：高压清洗机、钩高尺、第四种检查器、轮径尺、扭矩扳手、钢卷尺、套筒扳手、内六角套件、制冷剂检漏仪、弹簧秤、秒表、游标卡尺、钢直尺、点温计、注油枪、棘开两用扳手、吸尘器、万用表、分贝仪、三步梯、手提式鼓风机、卡簧钳、水平尺、活扳手等。

劳保用品：口罩、线手套/橡胶手套、耳罩、护目镜、防尘服、安全带等。

消耗性材料：抹布、画线笔、橡胶保护剂、除锈润滑剂、酒精、洗洁精、拖布、防静电纸、扎带、润滑脂、软毛刷、喷壶、凡士林、乐泰 243、玻璃水、砂纸、电绝缘胶带、乐泰密封绳等。

【任务实施】

目前国内电客车由于没有统一规范，车体结构、配件等均有差异，以西安地铁 2 号线电客车(采用接触网供电的电客车)的年检为例进行阐述。

1. 牵引辅助及监控

*【安全提示】断电检修项目，必须满足断电检修条件。

(1)受电弓

①构架、接线头及软连线、连接电缆和弓头安装螺栓，要求紧固无松动，接线头及软连线无损坏。

②降弓气囊保护套无异常损伤，如影响功能则更换；液压阻尼器无漏油。

③测量并记录碳滑板厚度。

④用通用锂基脂润滑受电弓钢丝绳和各活动关节；润滑受电弓气囊转轴活动部位。受电弓活动关节维护如图 4.8 所示。

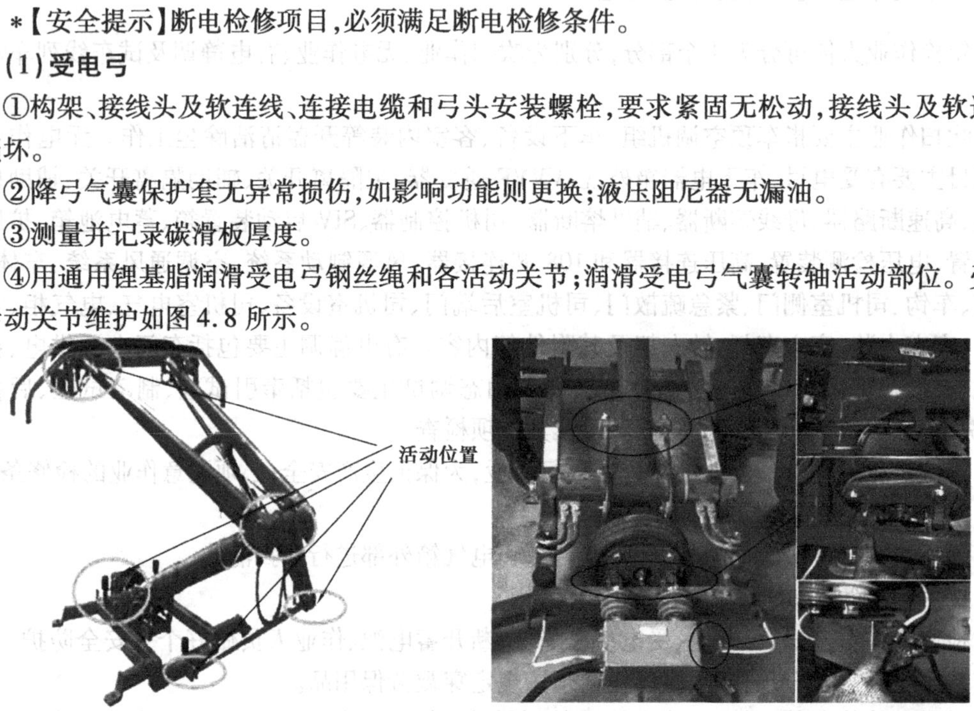

图 4.8　受电弓活动关节维护

⑤用酒精清洁绝缘子、绝缘气管，绝缘子表面无破损、无裂纹。

⑥清洁、检查避雷器，如压力脱扣动作，更换避雷器。

⑦检查两侧高度止挡是否一致；手动抬升受电弓弓头，检查受电弓的运动能水平升降，动作自由无摩擦，弓头与接触网接触应水平，否则应调整。

⑧储风缸、制动风缸、主风缸自动排水功能正常。

(2)车下电气箱外观

①盖板无损坏、变形，锁闭功能良好；箱体外表无腐蚀或其他损坏现象，变形量在限度内。

②盖板的密封橡胶状态良好，密封良好，存在过限的永久变形，则更换。

③盖板的门锁，能自由转动和锁闭到位。

④箱体安装螺母无松动，安装支架无损伤和裂缝，箱体的焊接无裂纹，箱体接地线良好。

⑤用干燥的压缩空气清洁箱体外表面，表面清洁、无异物。

⑥用洁净不滴水的抹布擦拭箱体内部，表面无积尘。

⑦箱内所有的安装螺母、插头无松动、无裂纹。

⑧箱体接线端子绝缘良好，无老化、开裂、损坏或脱落等现象，接线端子紧固良好，所有进出线状态良好。

(3)VVVF逆变器

①进行吹尘清理散热器，筛眼无堵塞、无污垢，无变形。

②清洁VVVF箱的内部，配线电线无变质、损坏；端子无变形、褪色和开裂、损坏，端子螺栓无松动；刀形开关滑动部位无夹杂异物，无烧结。

③箱内电子元件外观正常，安装状态良好，螺母无松动，接线端子牢固无损坏，电线电缆无损坏，固定良好，控制单元连接插头连接状态良好。

④VVVF线路接触器。

a. 取下灭弧罩，检查灭弧罩无损坏；如有拉弧痕迹，须用硬刷或干布擦拭灭弧罩至洁净。

b. 拆下触点，检查接触点上无过度烧蚀；如有烧灼痕迹或毛刺，则用锉刀、砂纸去除毛刺后安装。

⑤继电器无卡滞、开裂、损坏等，外观完好，安装螺母无松动；外围接线良好，电缆电线扣件排列整齐。

⑥电压电流传感器安装良好，外观完好，进出线正常，接线端子无松动，排列有序。

⑦手动操作试验开关，做2到3次的切换操作，不存在固涩现象。

⑧测定滤波电容器和电解电容器的容量（大部分的滤波电容器及电解电容器每3年进行一次）。

⑨检修过程中的拆卸部件，必须确定重新恢复后的部件安装可靠，安装螺母无松动。

(4)主隔离开关、辅助隔离开关、辅助接地开关

①外观检查，端子紧固，无变色，手柄无裂痕和漏电变色现象。

②刀片和刀夹滑动部位无夹杂异物，无烧结。

③绝缘座、手柄无裂纹、破损。

(5)高速断路器

①玻璃钢盖板无松动，连接器连接可靠，接地线接地点连接良好。

②高速断路器内部对外连接电缆状态良好，绝缘无损坏。

③拆下灭弧罩,灭弧罩无明显烧损。

(6)母线熔断器、辅助熔断器

熔断器无烧损,如有烧损则更换。

(7)司机控制器

①司机控制器外观完好,安装状态良好,安装螺母、插头无松动、无裂纹,操作主控手柄、方向手柄、司机台钥匙动作灵活无卡滞,外表无损伤、裂化、过度磨损。

②主控手柄、方向手柄、司机台钥匙的连锁关系正确。

③打开司机控制台及侧屏、控制屏柜外盖,内部线路绝缘层、接线、端子无破裂,擦痕、损坏等,对星形轮表面涂润滑脂(注:不得给辅助凸轮接触器滚轮和操作凸轮表面涂油)。

④凸轮开关、行程开关、弹簧、凸轮、齿轮等无损伤,辅助凸轮接触器触点表面无变黑。

⑤司控器警惕按钮动作良好,行程开关动作正常。

⑥清洁司机控制器的外部及内部,司机控制器内部无灰尘以及铁屑。

⑦所有的安装螺母、插头无松动、无裂纹。

(8)SIV逆变器

①吹尘清洁散热器,SIV箱的内部,配线电线无变质、损坏;端子无变形、褪色和开裂、损坏,端子螺栓无松动。

②箱内电子元件完好,安装状态良好,安装的螺母无松动,电线电缆无损坏,固定良好,控制单元连接插头连接状态良好。

③IVLB的主触点无烧灼痕迹,如有则用细砂纸轻轻打磨,IVLB的安装状态完好,安装螺母、插头、接线无松动,手动试验IVLB的动作正常,清洁IVLB的灭弧罩及IVLB装置。

(9)蓄电池箱

蓄电池维护如图4.9所示。

①电池盒、导轮安放位置正确,绝缘垫板无脱落。

②蓄电池拆下检查前,做蓄电池应急负载试验。

图4.9 蓄电池维护

③蓄电池拆下检查,电池外壳良好,无漏电解液现象。清洁电池外表面的电解液及残渣污垢并对电池箱内外进行清洗,必须仔细清洁每个蓄电池单体的每一处地方;电池连接片及导线端子不允许有松动脱落现象,导线不许有绝缘破坏点,箱内无金属杂物。

④电池气塞良好,加注蒸馏水至最高液面。

⑤蓄电池控制电路正常,各端子接线正常,无短路烧灼、开路现象,电路绝缘状态正常,开关位置正确。

⑥拆下蓄电池组送蓄电池间对蓄电池进行修复性的充放电维护。

⑦测量蓄电池单体电压符合标准。

⑧将蓄电池体装车,所有的安装螺母、插头无松动、无裂纹。

(10)扩展供电装置

①扩展接触器接线紧固牢靠,接线端子紧固、无变形、褪色和开裂、损坏,内部线路无破

损;铜排、母排表面无褪色、裂纹、脱落和损坏现象。

②手动检查接触器的机械动作性能。

③箱内继电器无破损、无卡滞,接线良好。

(11)电压检测装置

熔断器、电阻器、刀形开关的导电部位无过热变色。

(12)高压连接器和108芯连接器、4芯连接器

①拆开检查连接器,表面清洁,密封良好,密封垫片、海绵橡胶无老化、开裂、损坏;连接器端子台表面用空气吹扫或用干布擦拭;箱盖无变形、损坏。

②插座各触点弹性良好,无破损;插座锁闭功能良好,用酒精对所有触点进行清洁。

③安装螺母、插头无松动、无裂纹;插接无松动。

(13)列车监控系统

①列车监控系统中央控制单元与终端控制单元及安装周围洁净无污渍,列车监控系统箱体完好无变形或裂痕;安装状态完好,各连接器、连接电缆绝缘完好、无老化、插接无松动。

②列车监控系统中央控制单元与终端控制单元的印刷电路板外观完好,安装状态正常,并打开清洁列车监控系统中央控制单元电路板。

③列车监控系统显示屏外观完好,连接电缆牢靠、无老化、损坏;显示屏上干净无异物,无损坏迹象。

④安装螺母、插头无松动、无裂纹。

(14)车下布线

①车下布线捆扎可靠、无磨抗;布线管安装牢固;布线槽外盖安装螺栓紧固、无缺失。

②布线表面进行吹尘清洁。

(15)检修标准

①受电弓碳滑板磨耗沟槽深度超过4 mm且不能圆弧过渡,则需打磨碳滑板;碳滑板厚度小于5 mm时,需更换碳滑板。

更换碳滑条时,应同时将弓头所有的碳滑条全部更换,更换后,应检查受电弓的静态压力为120 N±10 N。

②车下电气箱箱体外表变形量小于10 mm以下;盖板的密封橡胶记录变形在3 mm以下。

③灭弧罩烧损在2 mm以下。

④滤波电容器、电解电容器的容量:当容量减少15%以下时,进行更换。

⑤蓄电池单体额定电压为:1.2 V/单体。

⑥蓄电池应急负载试验:断开DC1500 V高压电,仅激活蓄电池,打开应急负载包括紧急通风、客室应急照明、司机室照明、前照灯、尾灯、车侧灯、仪表灯、广播、无线电台、车门控制,查看司机台显示屏紧急逆变器工作正常;保持负载状态45 min,试验蓄电池应急负载功能正常。

2.风源制动系统

*【安全提示】断电检修项目,必须满足断电检修条件。

(1)气缸及气路管道

①主风缸和制动风缸吊挂螺栓无松动,风缸无破损、泄漏生锈和裂纹,接地良好。

②各空气管道、连接软管以及各设备配管接头紧密,无泄漏,捆扎稳固;原有防松标记明晰。

③各测试口密封良好、无损坏、无漏气。

④所有的安装螺母、插头无松动、无裂纹,防松标记明晰。

⑤制动系统各截断塞门位置正常。

(2)空气压缩机

①空气压缩机、冷却器吊挂良好,吊挂螺栓无松动。弹性悬挂装置无异常损伤。

②空压机进气口无异物堵塞,空压机油位在上、下标之间,无乳化、无漏油现象。打开空压机下部排水阀排水。

③清洁压缩机散热器、干燥器外表面。

④更换空压机润滑油及垫圈(1次/2年)。

⑤滤清器滤芯清洁。

(3)空压机启动装置

①箱体内、外表面清洁和外观、密封状态检查标准同车下电气箱。

②清洁滤尘器,有损伤则更换。

③压接端子无松弛,连接线无破损,连接器触点无生锈、变形,连接状态良好;管座无漏气。

(4)制动控制模块

①制动控制箱外部清洁;箱体无变形;箱体锁扣良好,无损坏;接地线无老化、无脱落、无断路;密封良好,对密封胶条喷橡胶保护剂。

②箱内电气元件、接线端子安装螺栓紧固,无松动。

③制动控制单元 EBCU 电气连接牢固无损坏,无破裂。

(5)制动电阻箱

①检查制动电阻箱箱体无变形,无污物附着在箱体网格上,清理箱体上的灰尘。

②检查箱体安装牢靠,安装横梁无裂纹,悬挂绝缘子无破损、裂纹,并用酒精清洁。

③制动电阻周围接线无烧灼现象。

④制动电阻

a. 制动电阻接线端子接线牢固,导线和接地线外观完好,绝缘无老化、损坏、脱落等现象。

b. 电阻片之间无异物,无重联,陶瓷间隔无裂痕、损坏。

c. 电阻器内部连接紧密,无腐蚀,电阻器单元无过热烧灼痕迹,损坏时更换。

d. 用压缩空气清洁电阻器,无污物附着。

(6)制动管路安全阀、压差阀等

外部清洁,外观安装紧固无异常。

(7)防滑阀

外观及固定正常、无漏气。

(8)检修标准

空压机油位在上、下标之间。

3. 空调通风系统

*【安全提示】断电检修项目，必须满足断电检修条件。

(1) 空调

①制冷管路连接处密封，紧固螺钉的连接紧密，并紧固松动件。

②更换新风过滤网和回风过滤网。

③用风吹、水或专用洗涤剂溶液清洁冷凝器、蒸发器，翼片干净，无损坏，排水孔排水畅顺。

④清洁空气处理室箱体内部及空气挡板传动件等部件，手动检查空气挡板动作正常；清除过滤网底部的积尘，清洁冷凝风扇叶片，叶片能正常转动（吹尘时需对蒸发室、回风口、压缩机存放室进行防护）。

⑤用酒精清洁回风、新风温度传感器探头。

⑥清洁压缩机外表面；压缩机控制电气端子接线牢固可靠。空调机组清洁如图4.10所示。

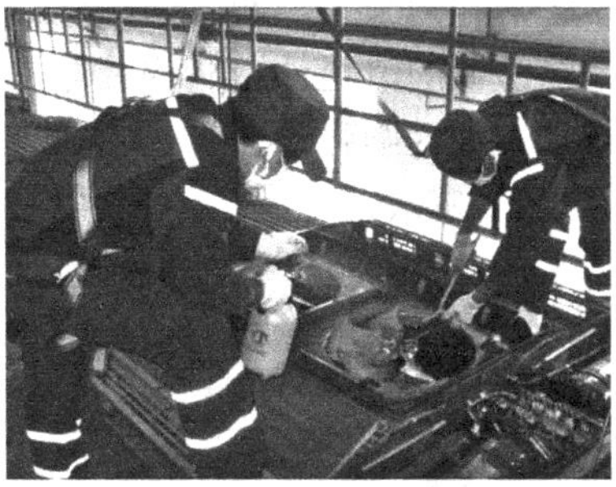

图4.10　空调机组清洁

(2) 电热器(包括司机室内)

①打开电热器防护罩板，清洁电热器及罩板上异物和灰尘(1次/2年)。

②各电热器接线良好，电线无腐蚀老化。

③电热器罩板锁闭正常，罩板无变形、无异物和灰尘。

(3) 幅流风机

①对幅流风机进行吹尘（不拆卸风机格栅）。

②擦拭幅流风机格栅和通风格栅。

(4) 废排风机

①废排风机动作正常，无异响。

②每两年须拆卸废排风机进行清洁（与电热器打开清洁之类作业量较大的作业不同步进行）。

4. 车体及外部

*【安全提示】断电检修项目，必须满足断电检修条件。

(1) 车体

①车体外观无异常划痕、凹陷，车头端面油漆无划痕、擦伤。

②车窗玻璃和密封胶完好，无破损，对密封胶喷橡胶保护剂。

③车外灯罩无毁坏，扰流板无破裂。

④车顶盖板结构上无损毁或凹陷，车顶自然通风口各状态良好。

⑤清洁车顶。

(2) 贯通道

①贯通道折棚外观有无裂纹，中心金属框架无异常损伤。

②打开贯通道渡板和侧墙板，清洁折棚底端及各连接处。

③活动侧墙无异常损伤，能够紧密闭合。

④顶板和渡板无异常磨耗,磨耗条无破损。

⑤下部贯通道金属框架支撑、上部安装板无异常损伤。

⑥贯通道所有紧固螺栓,紧固无松动。

(3)车钩

1)半自动车钩检查

①清除钩头上的润滑脂,清洁干净后,对钩板口和连杆进行外部润滑:使用注油枪通过润滑油嘴注油润滑至油脂从钩舌与中心销之间缝隙中挤出为止,并擦除溢出油脂;用刷子给钩板口和连杆的圆弧表面、钩头凸凹锥以及解钩手柄与钩舌间的铰接点处进行润滑。车钩清洁如图4.11所示。

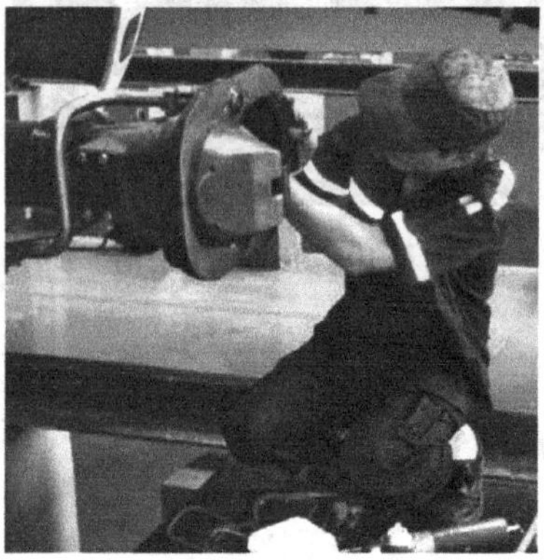

图4.11 车钩清洁

②用压缩空气和无油脂抹布清理接口管(套口和垫圈),密封件无变形,所有软管和气动连接,无泄漏。

③车钩无裂纹,无变形、腐蚀或损伤,可压溃变形管未发生形变;触发指示器完好。

④拉动解钩手柄,钩舌应转动灵活。

⑤对中装置螺栓、螺母紧固无损坏,检验车钩位置符合对中要求。

⑥接地铜织带无破损及连接稳固;对尼龙套使用WD-40进行润滑、防锈。

⑦车钩与车体牵引梁的安装良好,牵引梁无开裂、变形。各安装固定螺栓无松动、损伤和裂纹;使用Molykote 1000或同等功效产品对车钩橡胶支撑螺栓的裸露螺纹面进行润滑。

⑧橡胶支撑块无裂纹,支撑块固定螺栓无松动变形。

⑨车钩所有紧固螺栓紧固良好,防松线标记清晰且对齐。

⑩拉簧安装正确,更换断裂的弹簧。

⑪测量车钩高度。

2)半永久车钩

①车钩总体无裂纹,无变形、腐蚀或其他损伤的痕迹,对车钩重新补涂防锈漆。

②车钩连接环及其螺栓安装紧固、无松动。

③可压溃变形管和橡胶缓冲器,无异常形变;触发指示器完好。

④接地铜织带无破损及连接稳固;所有软管和气动连接,无泄漏。

⑤车钩与车体牵引梁的安装情况良好,牵引梁无开裂、变形。各安装固定螺栓无松动。

3)使用Molykote 1000或同等功效产品对车钩橡胶支撑螺栓的裸露螺纹面进行润滑

(4)检修标准

①车体倾斜不超过10 mm。

②半自动车钩高度为660 mm +10 mm。

5.车内设施

*【安全提示】断电检修项目,必须满足断电检修条件。

(1)司机室

①外观检查:司机室设备外观无异常。

②脚蹬的紧固螺栓安装稳固。

③司机室侧门

a. 手动关门,动作正常,锁叉应处于二级锁闭位置。

b. 司机室门玻璃无裂纹、门扇无严重变形,损伤。

c. 门扇胶条、玻璃胶条无老化、无撕裂破损现象;门关闭后,门板四周密封胶条应密封良好,车门防挤压橡胶条喷橡胶保护剂。

d. 各紧固件无松动、损坏,防松标记明显。

e. 各动作机构润滑良好,对旋转锁凸轮机构进行润滑;用 Shell Alrania R3 润滑剂对线性球轴承、光轴进行再润滑。

f. 机构上导轨、导轮功能正常,运动灵活,无异常、异响。

g. 辊式滑车性能和外观良好。

h. 下摆臂机构功能正常,滚轮无损伤和松脱;碰接座性能和外观良好。

i. 司机室门锁把手和锁钩表面无裂纹,扳动把手,锁钩应能够灵活动作、无卡滞现象。

④紧急疏散门

a. 门机构良好,无损坏,清洁门机构。

b. 展开疏散梯,功能正常,连接部位动作灵活,对锈蚀部位清洁后使用 WD-40 涂抹防锈。

c. 逃生标志、操作指示清晰可见,无损坏。

d. 门关闭时,密封良好、胶条无损坏,橡胶条喷橡胶保护剂。

⑤风挡玻璃完好,密封良好,对密封条喷橡胶保护剂。

⑥刮雨器外观正常,安装紧固,不缺水,动作正常并能停放到位;刮水片损坏则更换。

⑦司机室座椅外观无损坏,安装螺栓紧固,座椅的调整功能正常。

⑧用吸尘或不滴水的抹布清洁司机室综合柜及控制柜柜内。

⑨司机室后端门锁无松动,无异常现象,功能正常;门与车体的连接合页无损坏、无异常;后端门板和窗玻璃完好;遮拦帘安装可靠,动作顺畅。

⑩司机室内部装饰无破损掉漆。

⑪司机室双针压力表、网压表、蓄电池电压表在有效期内,否则送检检测完后安装。

⑫用抹布对司机台表面进行清洁;司控台及侧屏、司机室控制柜状态良好,仪表在有效期内,标签粘贴良好,所有按(旋)钮安装可靠、符合标准。对司控器星形轮以及齿轮的齿部,涂抹润滑脂(注:绝对不要给辅助凸轮接触器滚轮与操作凸轮表面加油、涂油,否则会因为滚轮打滑出现偏磨)。辅助凸轮接触器表面变黑时,应更换新品。

⑬使用蘸有少量弱性清洁剂(不要使用强性清洁剂)的软布,清洁广播控制盒前部面板和手持话筒的手柄和网孔。

(2)客室

①客室座椅、立柱及拉手无异常损伤,紧固、无松动。

②客室设备、客室内装饰无异常损伤,客室内所有墙板、地板布、灯罩、通风格栅、幅流风机格栅等状态良好,紧固件无松动,安装螺栓外饰扣无缺失。

③电气控制柜及空调控制柜能正常开闭,接地点安装紧固,柜内清洁;内部线排无接触不

良现象。

④灭火器外观无损坏、安装牢固,压力指针位于绿区。

⑤安全锤无缺失、损坏,铅封完好;盖板开闭正常,关闭到位。

⑥乘客报警装置以及紧急解锁罩板状态良好。

⑦客室残疾人座椅固定带状态良好。

⑧客室各标志粘贴牢固,无翘边,无缺失,广告粘贴良好。

⑨每两年打开客室照明灯罩,使用抹布对灯罩内部进行清洁。

(3)客室车门

①客室门所有螺栓紧固无松动,防松线标记明显。

②清洁门机构,上下导轨无异物,无变形;门扇外观整洁,无变形,损伤;玻璃无破损,密封良好,门扇胶条无异常磨损,喷橡胶保护剂。

③车门电路部分以及接线牢固,无松动、无虚接;电线表面无破损。

④车门各行程外观正常;中央锁各部安装状态良好,固定无松动,动作灵活可靠,锁闭撞拴状态良好,无松动。

⑤门控器各插头安插到位,通讯插头螺栓紧固。

⑥车门全开时应符合净开度标准,否则调整。车门净开度测量如图4.12所示。

图4.12　车门净开度测量

⑦车门全关闭后,两页门扇之间的密封橡胶条必须保障密封,否则对车门进行调整;对橡胶条用TS润滑剂处理。

⑧操作各门的车内、外紧急解锁装置,机构动作正常。

⑨紧急解锁钢丝绳和套管、夹头情况正常,无损坏。

⑩车门下部门槛固定螺栓无松动。

⑪车门齿带不得有裂隙;测量车门齿带张紧力,要求测量值在规定范围。

⑫用25 mm×60 mm的木块检查车门障碍检测功能应正常。

(4)检修标准

①车门的净开度符合1 300 mm+4 mm。

②司机室按(旋)钮须符合以下标准:

a.下压式按钮:须进行动作检查,按钮灵敏,功能正常;下压时,无卡滞,到位正确;再次下压后,弹起平稳有力,复位正确。

b.旋转操作开关:门选、雨刮器、前照灯、模式转换开关等旋钮动作正常、顺畅,旋转到位,无卡滞,功能良好;适度地向上提起检查确认安装紧固。

6. 转向架及其附件

*【安全提示】断电检修项目,必须满足断电检修条件。

(1) 转向架

①车体下部各紧固件安装良好,防松标记清晰,标记线对齐;各销子、垫片、开口销安装良好、无松动、损伤,开口销角度在 60 ~ 70°。构架悬挂件(牵引拉杆、牵引电机)安装座焊接点无裂纹。

②所有部件的可见表面无损伤,如有脱漆则修补。

③用压缩空气清洁转向架构架、减震器、轴箱等部件的外表面。

④转向架构架有无锈蚀、裂纹、冲击损伤,构架上的安装件无松动。

⑤对转向架可看部位松动的螺栓重新紧固后,需重新划防松线。

(2) 轮对轴箱装置

1) 轮对

①车轮上降噪阻尼器无松动、脱落,固定铁丝无断裂。

②测量车轮轮缘厚度、轮缘高度和轮径值。

③轮对踏面剥离、擦伤符合限度。

④轮轴无松动,车轮、车轴均无损伤变形,裂纹。

2) 轴箱装置

①润滑脂无泄漏,紧固螺栓无松动,防松附件状态良好。箱体无裂纹。

②空载时,测量轴箱顶部与构架基准的距离。

③轴端防滑速度传感器、ATP 速度传感器安装正常,接线端子和固定线卡无松动,各电缆线无磨损和刮伤;轴箱弹簧无划伤、无坍塌,无化学品和油附着,裂纹、磨损深度不过限;清洁轴箱表面。

(3) 空气弹簧

①空气弹簧及附加气室无漏泄、无划伤、无坍塌,无化学品和油附着,裂纹、磨损深度不过限;橡胶弹簧与金属底座连接处无裂纹,空气弹簧上面板和车体的空气弹簧座之间密贴。

②在打风充足后,测量空气弹簧高度。

(4) 安全钢索

①钢丝绳状态良好,断丝不超过限度。

②清除外部污垢,清洗关节轴承球关节部分。

③安全钢索固定状态正常,在 AWO 状态下应不摩擦构架其他部件。如有干涉则重新调整钢索长度。

(5) 高度阀和调制杆

高度阀和调整杆各连接件安装无异常松动和变形,无泄漏,润滑调整杆的螺纹。

(6) 横向减振器及压差阀

①两端橡胶衬套无明显损坏,无润滑油泄漏,螺栓螺母无松动。

②差压阀无泄漏。

(7) 横向止挡

橡胶无开裂,横向止挡无异常磨耗和损坏,横向止挡与牵引梁间的距离应符合标准。

(8)牵引传动装置

1)牵引电机

①用高压空气对牵引电机外表面进行除尘。

②牵引电机的安装牢固可靠,安装的螺母无松动,无裂痕,电机外观无损坏、裂纹。

③悬挂安装部位无裂纹,无剥落。

④牵引电机接线状态良好,无破损;线卡子无破裂,螺栓紧固。

2)齿轮箱

①齿轮箱外观无异常,悬挂吊杆及吊杆安装座无裂纹,吊杆螺母无松动,开口销正常,螺栓无松动,防松无损坏。

②齿轮箱至上、下刻度线之间,油脂无乳化、变质和金属杂质;拆下磁性螺栓,清除吸附铁屑。

③测量齿轮箱接地回流碳刷,磨耗不超限,接触面良好,弹簧无裂纹、缺损、变形;清除接地回流装置正下方检查孔的粉末。

3)联轴节

联轴节各螺栓螺母无松动,安装正常。联轴节与牵引电机、齿轮箱连接处无漏油、甩油。

4)牵引杆

①牵引杆无损伤、锈蚀和裂纹。橡胶衬套无明显裂纹。安装牢靠,螺栓螺母无松动。

②牵引梁与牵引拉杆连接销是否正常,中心销下部螺栓紧固良好。

(9)排障器及ATP天线

Tc车排障器安装固定螺丝无松动,ATP天线及接线盒出线状态正常,线卡子紧固;车轮镟修或全车落装后,须测量排障器高度,超限时调整。

(10)踏面制动单元

①踏面单元制动器外观无异常损伤,所有螺栓、锁紧垫片安装紧固。弹簧状态良好。

②单元制动器与转向架安装连接部位及管路接头连接无漏气。

③测量车轮踏面和闸瓦之间的间隙符合标准。

④踏面制动单元呼吸塞无阻塞。

⑤动作检查停放制动手动缓解装置功能正常。

⑥开口销完好,闸瓦无裂损。目视检查闸瓦厚度不过限。如闸瓦偏磨或左右厚度差超限时,须测量闸瓦确认,超限更换。

(11)检修标准

①轮缘厚度:28~32 mm;轮缘高度:22~28 mm;轮径值应大于770 mm。

轮径差:同一轴≤1 mm,同一转向架≤3 mm,同一辆车≤6 mm。

②踏面擦伤、剥离达到下述标准时,车轮应当加工:

A.擦伤

a.一处以上的大于40 mm。

b.两处以上的在20~40 mm以内。

c.四处以上的在15~20 mm以内。

d.深度大于1.5 mm。

B.剥离

a. 一处剥离在圆周方向超过 30 mm 的持续长度，深度大于 1.5 mm。

b. 两处及以上剥离在圆周方向超过 20 mm 的持续长度并且间隔不小于 15 mm。

c. 深度大于 1.5 mm。

③轴箱弹簧橡胶零件的粘接裂纹深度不越过 3 mm，长度不越过 30 mm；臭氧裂纹不越过 3 mm。

④轴箱顶部与构架基准的距离为 115 mm ± 5 mm，如低于 110 mm，需加垫（垫厚度不大于 4 mm），四角高之差不大于 4 mm。

⑤空气弹簧的高度为 200 mm ± 2 mm，以测量车体底架的空气弹簧上平面至构架侧梁基准块之间的距离为 $(255+t)$ mm ± 3 mm 为标准。

空气弹簧气囊的裂纹深度超过 1 mm 或长度超过 30 mm 不得使用；气囊的磨损深度超过 1 mm（帘布外露）不得使用；脱离不超过两处，气囊鼓包直径小于 Φ20 mm；或者是脱离只有一处，直径小于 Φ30 mm；如果出现一群颗粒状的脱离，则不能使用。

⑥安全钢索断丝大于 3% 或受外力产生永久变形，或者连接套变形，应重新更换。

调整安全钢索的长度为 565 mm + t mm，防松螺母用扭矩扳手 490 N · m 的力矩拧紧。

⑦排障器高度距离轨面 75 mm ± 2 mm。

⑧横向止挡与牵引梁间的距离每一侧均为 10_{0}^{+2} mm，若不合格则在横向止挡和构架安装位置之间加减调整垫。

⑨车辆经机械加工后，对车体高度进行调整，具体办法是在空气弹簧下面插入调整垫。车辆镟修后，加入调整垫厚度是 t mm，调整垫 t 厚度在 0 ~ 36 mm。

相应调整高度阀调整杆。同时需要在中心销座和牵引梁之间插入相同高度的调整垫。

⑩车轮踏面和闸瓦之间的间隙应保持在 7 ~ 12 mm；当闸瓦厚度小于 15 mm，或左右闸瓦厚度差大于 10 mm，闸瓦偏磨量大于 20 mm 时，需更换闸瓦。

7. 空调通风

*【安全提示】车间电源供电项目，必须满足车间电源供电检修条件。

①客室空调机组制冷功能及送风状况正常，制冷效果良好；外温低于 19 ℃时，禁止启动空调制冷。

②空调机组运行有无异常噪音，无异震。

③司机室送风机工作正常，风速可调节。

④客室内幅流风机工作正常。

⑤客室和司机室电热功能正常（冬季规定时间）。

8. 制动系统

*【安全提示】车间电源供电项目，必须满足车间电源供电检修条件。

(1) 总风泄漏检查

①将各车其他截断塞门均放在正常工作位置，并将总风缸压力充至 900 kPa。

②当总风压力降至 850 kPa 时做保压试验。

(2) 检修标准

保压 5 min 压力下降值不得大于 15 kPa。

9. 受电弓

*【安全提示】本车蓄电池供电,必须满足蓄电池供电检修条件。

①测量受电弓与触网间的接触压力。

②测量受电弓升、降弓时间;且两弓升、降时间基本一致的。

③升、降弓动作中,动作轨迹顺畅、正常。

④检修标准

a. 受电弓与触网间的接触压力 120 N ± 10 N。

b. 受电弓升降弓时间 7 s ± 1 s。

10. 牵引供电及制动

*【安全提示】接触网供电,必须满足接触网供电检修条件。

(1)司控台状态

①闭合司机台上的蓄电池开关,观察蓄电池电压表。

②查看列车监控系统显示屏界面及记录,记录两车的公里数;读取列车监控系统内数据并进行分析,有故障显示则存入 DCC(无分析故障要求的情况下不需下载 SIV,VVVF 等数据)。

③司控台及侧屏状态良好,安装牢固,各开关、指示灯、按钮无损坏,按钮能正常动作。仪表安装牢固,闭合控制柜开关屏上的试灯开关,司机台上各显示灯及仪表灯应正常。

④控制柜、综合柜状态良好,柜体无破损,柜门锁闭到位。

⑤将钥匙开关置于 ON 位,设置头/尾车,监控显示器显示正确。升弓,观察网压表正常;打开车内照明。

(2)牵引、制动功能

*【安全提示】牵引、制动功能检查时,须在列车监控系统屏常规—总体菜单中确认 HB 处于关闭状态。

①制动功能:将方向手柄拉到向前位,在 0 ~ B7 制动位操作主控制手柄,观察压力表指示制动缸压力值正常。

②紧急制动功能:按司机台紧急制动红色按钮,观察压力表制动缸压力数值符合标准(AWO 情况下)。

③制动缓解功能:方向手柄推向前,牵引手柄拉至 FB 位,按住警惕按钮再推向 N 位,制动不缓解灯亮,BC 压力值为 0。

④快速制动功能:将主控制手柄打到快速制动位,观察紧急制动缓解灯显示,制动压力达到符合标准(AWO 情况下)。

⑤停放制动功能:按停放制动施加/缓解按钮,观察各个单元制动器的制动施加/缓解情况应正常。

⑥牵引功能:操作方向手柄向前/向后,观察列车监控系统屏显示方向一致;缓解紧急制动后,牵引手柄推至牵引位,观察列车监控系统屏上有牵引信号。

(3)安全阀排气功能试验

①在司机室按住强迫启动按钮,空压机继续供风,要求按钮一直被按下。

②安全阀在950 kPa+20 kPa时必须打开，并且在950 kPa-20 kPa必须关闭。

③在试验过程中要时刻观察压力表数值，安全阀排气10 s后，松开强迫启动按钮，停止空压机供风。

④如果安全阀在980 kPa时没有打开，需立即松开强迫启动按钮。

(4)测试防滑功能，防滑阀应动作正常

(5)列车轮径参数修改

将实测的轮径值输入列车控制系统。

(6)测试电客车初打风时间和再打风时间符合规定

(7)检修标准

①蓄电池电压应大于82 V。

②接触网网压应不大于1 800 V。

③制动功能检查：西安地铁2号线采用Nabtesco的制动系统，表4.3为各级位的制动压力值，制动功能试验时，作业人员观察列车监控显示系统上的制动压力值，不允许压力值超标。

表4.3　各级位的制动压力值

主控手柄位	BC压力(kPa)公差±20 kPa		
	Tc	Mp/M	T
B1	32	37	31
B2	64	74	61
B3	96	111	92
B4	129	149	123
B5	161	186	154
B6	193	223	184
B7	225	260	215
FB/EB	255	296	245

④初打风时间不大于15 min，再打风时间不大于5 min。

⑤当更换VVVF主要零件或司控器后，应进行空级试验。空级试验是在DV110 V供电并确认全部MS断开的条件下，进行牵引系统设备的动作、控制时序的确认。

11.列车广播和乘客信息显示系统及客室

*【安全提示】接触网供电，必须满足接触网供电检修条件。

(1)列车广播和乘客信息显示系统(PIS)/照明有电功能检查

1)列车广播和乘客信息显示系统功能

①司机对讲、口播、自动报站正常；客室报警扬声器声响正常；司机监听及按钮功能良好。

②客室LCD显示屏播放功能正常。

③列车视频监控功能正常。

2）照明等功能

①电笛功能正常。

②车前灯近、远光、防护灯显示良好，雨刮器动作正常无卡滞，司机台照明正常。

（2）客室功能检查

①客室灯亮度正常，无闪烁和不亮的灯管，应急照明正常。

②电子动态地图显示正常。

③每个客室紧急报警装置功能正常。乘客报警装置罩板完好。

（3）客室车门有电检查

①集控开关车门，车门能正常打开，动作灵活无卡滞、无异常声音，报警声正常；开、关门动作与监控屏显示一致。

②测试车门开关时间正常；车门开关时间 3 s ±0.5 s。

③内外紧急解锁功能、门隔离功能正常，门隔离指示灯功能正常。

④用 25 mm ×60 mm 的木块检查车门障碍检测功能应正常。

（4）辅助供电（SIV）系统的静态调试

①列车正常启动后，观察司机台显示屏的 SIV 输入电压和输出电压在规定范围。

②检测 SIV 扩展供电功能

a. 打下激活端 SIV 启动开关 SIVN，观察司机台显示屏，应显示 SIV 扩展供电正常，然后将开关复位。

b. 两端都进行检测。

12. 动态调试

*【安全提示】上试车线进行列车动态调试试验。

（1）牵引试验

①牵引手柄推牵引位从 P1 ~ P4，列车从 0 km/h 加速逐渐到 60 km/h，观察列车每个牵引级位列车监控系统显示正常，VVVF 电流输出正常，VVVF 功能正常。

②测试列车试验坡道启动功能正常。

（2）制动试验

①分别在列车 60 km/h，30 km/h 处施加紧急制动，列车制动良好。

②在列车 60 km/h，30 km/h 处施加快速制动，列车制动良好。

（3）洗车模式功能正常

（4）高加速功能测试正常

（5）列车监控系统 FS 功能测试正常

（6）其他系统试验

1）机械部件无异响

要求牵引电机无异响；转向架无异响、无异常振动；贯通道及车钩处无异响、无异常振动；施加制动时，制动缸无异响；客室内各罩板无异响、无异常振动；车辆整体运行平稳，无异响、无异常振动。

2）功能测试

方向手柄功能正常，列车能够正常正向及反向运行；运行中各仪表显示正常；司机台、侧屏开关门功能正常；检查列车各个旁路功能正常，完成后旁路开关打铅封。

3)列车监控系统界面检查

高速断路器工作正常;VVVF/SIV 逆变器工作正常;“运行”界面显示正常;“总体”界面显示正常;“空调”界面显示正常;列车监控显示器显示无异常故障记录。

(7)其他项检查

动调运行结束后,回库检查确定牵引电机、轴箱部位无异常发热,空压机、齿轮箱无漏油等。

(8)检修标准

牵引电机、轴箱温升不超过外温 50 ℃。

【知识拓展】

专项修

专项修不同于其他一般性日常检修,它是对单个设备或单一部件进行专项的检查和维修。尤其是城市轨道车辆运营初期车辆处于磨合期时,由于设计缺陷或制造工艺等问题,车辆故障频发。针对设备或部件的单一性问题进行所有车辆的专项检查,发现问题并及时维修能够有效地降低车辆故障率。通过采用专项修解决所有车辆共同故障,能够使车辆长时间地处于稳定状态。随着车辆状态的逐渐稳定,更应常态化地采用专项修。如大型活动、节假日等因素导致正线客流过大,提前采用车门专项修保证车门功能状态,能够有效降低大客流过程中的车门故障。夏季和冬季时节,提前对空调和电暖系统采用专修检查和维护,也能够预防关键系统的故障。因此进行专项修作业一般分为两种情况:一是在车辆出现普遍性问题时通过专项修进行全面检查和预防;二是针对客观环境因素采用专项修进行故障提前预防。

专项修一般根据系统部件专项检查所需时间,结合日检、双周检、月检、年检修程进行作业。对单一部件的重点专项检查往往结合日检进行作业,而针对某一系统进行预防性专项检查时,应结合双周检、月检、年检修程进行。

【效果评价】

评价表

项目名称	城市轨道交通车辆的一般性日常检修	学生姓名	
任务名称	任务4　年检的工艺流程及作业方法	分　数	
项　目		分　值	考核得分
1. 年检的相关知识、图片的搜集、整理		10	
2. 是否有小组计划		5	
3. 年检作业范围的认知情况		20	
4. 年检工艺流程及作业方法的认知情况		50	
5. 编制学习汇报报告情况		10	
6. 基本素养考核情况		5	
总体得分			
教师简要评语: 教师签名:			

项目小结

城市轨道交通车辆的一般性日常检修属于有计划地预防性维修,各修程的制订来自于实践,是一种经验的积累和总结。每个城市的轨道交通企业或各线路,只有通过长期反复实践和论证,才能形成较为完整的检修修程。这种规程是按照不同车种或车型,分别根据各种车辆零部件的损伤速度和使用极限制订出来的。它规定了车辆检修的具体时间周期、检修范围、检修内容和检修标准,其目的是在掌握了车辆损伤规律的基础上,在零部件尚未达到失效之前就加以修复或更换,而且防重于治,防治结合。按计划定期进行检修,可以防止和减少车辆故障,延长使用寿命,确保城市轨道交通安全运营。一般性日常检修的内容还包括日常维护。日常维护是指平时还需对车辆按规定的时间间隔进行必要的检查和保养,包括清洁、检查、调整、紧固与润滑以及易耗小件的更换等。

城市轨道交通车辆的一般性日常检修的内容应该在掌握一定车辆知识的基础上进行学习,以达到更好的学习目的。

思考练习

1. 简述日检和双周检的检修流程。
2. 简述日检两人作业和3人作业分工。
3. 简述日检中重点的检查项目。
4. 总结日检、双周检、月检及年检所需的工作量具。
5. 简述双周检、月检、年检作业中应注意的检修条件。
6. 简述年检无电作业中主要作业项目。

项目 5

城市轨道交通车辆的架修及大修

【项目描述】

根据国内地铁运营的成熟经验,电客车运行 5 ~6 年或者 60 万公里后须进行架修,10 ~12 年或者 120 万公里后须进行大修。

在国内城市轨道交通车辆检修体制中,大修是电客车最高级别的修程,与架修相比深度和范围进行了扩展,应以部件更换修为主。大修的作业内容包含架修作业,在各类磨损件和消耗件限度标准的制订上,必须要保留足够的余量至下一个修程。本项目首先介绍架大修项目管理,然后以西安 2 号线电客车为例,按照专业系统划分对架大修作业内容进行介绍,大修部分只介绍在架修基础上增加的内容,作业项目相同的不再重复介绍。

【学习目标】

通过本项目的学习要求,掌握以下基本知识:

1. 了解架大修项目管理的内容。
2. 掌握车辆机械部件架大修作业内容,重点是转向架、车门和空调。
3. 掌握车辆电气部件架大修的特点。
4. 掌握车辆静态、动态调试作业内容。

【技能目标】

1. 能编制架大修作业流程。
2. 能根据产品技术资料编制部件架修规程。
3. 能参与实际的架大修作业。

任务 1　架大修项目管理及整车分解

【活动场景】

用流程图展示架大修的项目筹备、实施过程,展示列车分解、连挂以及主要部件从列车上拆卸过程。

【任务要求】

1. 掌握架大修项目管理的一些关键环节，比如维修模式分析、技术状态掌握以及质量卡控等。

2. 掌握架大修整车分解及作业前检查的流程。

【知识准备】

1. 车辆零部件维修模式分析和技术准备

(1) 部件拆验及状态评估

为了便于制订检修规程和作业指导书，应对电客车架大修前的部件质量状况进行摸底检查。车辆架修、大修时大部分部件要从车体上拆下，进行必要的分解、清洁、检查、维修和调整，要更换一些密封橡胶件、磨耗件、一次性使用件和工作寿命到期的零部件，对状态不良的零部件进行修理；维修过的部件在装车前需经过必要的试验，组装完成的车辆还要作整车的调试，以保证经维修后的车辆能保证可靠运行至少一个架修、大修期。在拆验的同时可以对车间技术人员和工人提供培训。

(2) 对部件的维修模式进行分析

部件维修模式初步的大体分类：自修、合作修和委外修。对于3种维修模式的制订同时应考虑几个因素：该部件自修的技术可行性以及在其他线路的通用性。对3种维修模式进行的工艺路线和流程进行分析，制订出所有需更换的零部件及材料清单（规格、型号、数量、价格、供货厂家）。同时对目前生产条件进行评估，从而确定维修模式。

先确定自修部件，再定那些自修方式不够经济的部件采取委外修的部件，后确定合作修部件。对于维修资料齐全、部件数量多、维修工作量大、维修难度小、维修设备投入资金少的部件采取自行维修模式，这样可以减少备件的库存量，减少资金积压，降低车辆维修成本。如受电弓（维修资料齐全、维修工作量大、维修难度小、维修设备投入资金少）、高速断路器（维修资料齐全、维修难度小、维修设备投入资金少）、车门、空调和车钩（维修资料齐全、部件数量多、维修难度小、维修设备投入资金少）等部件，相关试验设备均已采购到位。又如牵引电机轴承的拆装，由于部件数量多、维修工作量大、维修难度小、维修设备投入资金少，因此也采用自行维修。

对于一些电子和其他设备，包括子部件：司机室面板、电子设备柜、辅助电气箱、接触器、继电器、车间电源、牵引系统电子板、制动系统电子板、空调系统电子板、信息系统、显示器，因不掌握其电路板制造技术和核心软件，可以采取委外修的模式。例如，牵引电机的转子和定子故障率很低、维修要求高、供货商未提供维修资料、维修难度大，如果自行维修，需要配备一整套专用检修、测试设备及专业维修队伍，设备昂贵且利用率低，经初步调查，该部件在国内容易找到专业维修厂家，且委外修的费用低于自行维修的费用，因此该部件应委托专业厂家维修（主要为定子的维修，转子的维修成本通常会超过新购成本）。

对于一些故障数量较多的关键部件，但是技术未掌握的部件，可以采取合作修的模式：制动系统、空压机、牵引电机等。

(3)技术质量准备

首先制订架大修规程,它是作业的纲领性文件。在规程基础上制订作业指导书,主要描述作业的步骤、测试的数据、使用的工具等。指导书按照作业过程可以分为拆装类、调试试验类、吹扫清洁类,根据作业指导书列出工艺装备清单。

根据编写的作业指导书,编制作业记录,包括几方面的内容:完整的作业步骤、使用物料情况、部件好坏的结论、作业者、作业时间、质检人员的签名等。同时要设计质量控制环节,确定关键点、关键部件的检查方法。

根据规程和作业指导书,设计整车及重要部件的工艺流程,按照就近、高效、安全的原则,使产品从预检、拆卸、清洁、检查、更换、测试的整个作业流程,不出现重复的搬运工作,重点要设计好先后顺序,作好相应设备、测试台以及工装的准备。

2. 架大修作业实施

在架大修修程的制订上,根据车辆各设备的功能及安装位置的不同,通常分为:转向架、车体、车门、司机室、车钩、空调、受电弓、制动、牵引、辅助十大部分,根据这十大部分的作业条件,制订作业流程。在流程中包括各个作业班组的作业进度和任务量,同时要持续监控作业进程,实时掌握作业过程中遇到的问题,及时采取措施,使车辆的时间目标能如期实现。

(1)计划制订和质量控制

生产调度是一个用于生产指挥、协调的工作岗位。作业前技术管理人员应和生产调度协商制订架大修作业计划,包含整车作业计划、部件维修计划,确保整车计划和部件计划衔接顺畅,由生产调度以任务书的形式下达到各个班组,同时将作业计划和进度以公告牌的形式在作业现场进行明示。

生产调度要做好实际进度和计划进度之间的比较分析,协调好各个班组作业关系以及外部合作单位的协作关系,每天召开生产会议,对当天的进度说明、材料供应、次日的作业项目调整作好安排。如果整个作业进度因材料、人员或者工艺设备原因而延误,必须以天为单位进行纠偏,及时更新进度计划。

在架大修准备时就进行了质量规划,在具体实施时,主要考虑质量控制和质量改进的内容。质量控制的目标是确保大修后的车辆各项指标能接近出厂的标准。质量控制要全面控制架大修整个作业过程,重要控制作业工序和作业质量,尤其是一些关键工序的交接检验如齿轮箱的装配、制动控制单元的试验等,合理设置合格控制点,建立自检、互检和他检的三检制和由班组员工、工长、专职质检员、技术人员组成的检验网络。在作业现场,做到能正确判断合格与否,能正确摆放合格品与非合格品,能查阅和确认任一工序的作业责任人。

(2)技术及综合管理

技术和综合管理包括架大修预算、故障信息和作业记录保存、现场安全卡控等。

做完一列架大修前要开展一次修前分析,分析的主要内容是对该列车在这个大修期内出现的故障进行归类并发给作业班组,在作业过程中对故障进行跟进。因架大修作业过程中有很多部件是根据其质量状况来进行更换与否的,因此做完一列车后要对费用进行计算,费用主要包括备件消耗、人工时消耗、耗材消耗各方面进行统计，和预算进行对比查看是否超支及原因所在。

各个作业班组作业完毕后要填写作业记录单，并且登录到计算机管理系统内将作业工单填写清楚，纸质作业记录单务必和电子工单保持一致，便于管理人员和技术人员检索。对于在作业过程中发现的故障由专职工程师进行记录，对相应的专业作业班组进行培训，达到通报、重视的目的。对于架大修后投入运营的车辆发生的故障，要进行详细的调查，划分责任，员工内部进行流传，达到教育和警示的目的。

现场管理的目标要做到场地规范、安全有序、整洁卫生。架大修场地大、设备多、人员广、流程多，要规范好各个作业现场定置图，以不同颜色标示好备品、道路、周转件、待修件及合格件的置放场地，定期检查监督，做到工完、料净、场地清。

一列车架大修作业完毕后要开展架大修分析工作，主要内容是对总体进度、现场发现的问题、发现的典型故障以及技术问题进行客观评价。将实际作业进度与计划进行对比，确认计划的制订是否合理有效；将现场发现的安全、质量问题进行分析并与个人绩效挂钩；将实际作业过程与作业指导书进行对比，将车辆部件的实际故障状况进行分析，及时修订作业规程，合理确定维修范围。

【任务实施】

1. 整车预检

所有尺寸测量应使车辆处于水平轨道上、空车状态、停放制动缓解，整车闸瓦离开踏面。要求测量时作业手法正确，测量值准确。作业工具：强光手电筒、轮对内距尺、车辆轮径测量器及标准圆、第四种检查器、水平板、卷尺等。

测量车轮踏面直径、轮缘厚度、轮对内侧距：①踏面损伤低于下述标准：踏面擦伤长度 <60 mm，深度 <0.5 mm，剥离长度一处 <30 mm，连续剥离长度 <40 mm，深度 <0.5 mm，辗边≤5 mm。②轮缘厚度：23 ~ 34 mm，轮缘垂直磨耗高度 <15 mm，无异常。③轮对内侧距：$1\ 353^{+2}_{-2}$ mm。如果超出限度则应对轮对进行镟修或者重新压装。

(1)测量轮径

用车辆轮径测量器测量全车车轮直径，在可测量范围内平均取三点进行测量，计算其平均值和填写《架修转向架轮对检测表》。标准为同一辆车轮径差不大于 6 mm，同一转向架轮径差不大于 3 mm，同一轴轮径差不大于 1 mm；当一辆车平均轮径值小于 816 mm 时，在二系弹簧下添加 12 mm 垫片，当一辆车平均轮径值小于 792 mm 时，在二系弹簧下添加第二个 12 mm垫片。

(2)测量轮缘

用第四种检查器测量全车轮缘厚度及轮缘高度，在可测量范围内平均取三点进行测量，计算其平均值和填写《架修转向架轮对检测表》。标准为轮缘厚度：23 ~ 34 mm，轮缘垂直磨耗高度 <15 mm，无异常。

(3)测量内侧距

用车辆内径尺测量检测轮对内侧距，在可测量范围内平均取三点进行测量，计算其平均值和填写《架修转向架轮对检测表》，标准为轮对内侧距：1 353 mm ±2 mm。

（4）测量四角高

用卷尺和水平板检测转向架构架四角高度，测量构架下表面至轨面之间的距离，将测量结果填写在《转向架构架四角高度检测表》。

（5）测空簧位移高度

用卷尺和水平板检测空气弹簧位移高度。在排风、充风状态下测量车体支座至轨面之间的距离，测 AWO 状态下先充风至 750 kPa 以上 10 min，再排放空弹簧内风压，10 min 后测量排风状态下车体支座至轨面间的距离；然后再充风至 750 kPa 以上 10 min，测量该状态下车体支座至轨面之间的距离。准确记录相关数据，填写《地铁列车架修空气弹簧位移高度检测表》。标准为在无风及充风状态下测量的车体支座高度值与相关计算公式算出空气弹簧位移高度。

（6）测地板面高度

测量充气状态下的地板面高度。取 3 个车门测量地板面高度尺寸，并填写《列车地板面高度检测表》，标准为 1 130 mm ±10 mm。

2. 列车分解及吹扫

确保列车断电，吹尘前，要佩戴口罩、护目镜、耳塞及穿好防尘服和头盔，吹扫过程中，所有电器设备箱盖板要处于锁闭状态，防止灰尘进入。要求将车下线缆槽、转向架（含牵引电机）、各箱体外表面灰尘吹扫干净。

（1）车底吹扫

列车解钩分成两个三节单元车，用高压风从不同角度对车钩、转向架的构架、高低压线槽以及车下电气箱体比如辅助设备箱、紧急逆变器、蓄电池箱、蓄电池充电机箱的外侧进行吹扫，要求目视无积尘。

（2）部件拆卸

1）车顶部件的拆卸

受电弓、空调机组，采用 3 T 吊车，专用吊具从车体上拆卸、吊装落地。

2）转向架与车体的分离

三节单元车推上架车机后解钩成 3 个单元车。各单元车对准架车位置，分解转向架与车体后推出转向架。落转向架时空气簧不受损伤。拆下车体上的高度调节阀、垂向减震器、横向减震器等零部件。

3）车体运送和定位

在车体下安装工艺转向架。安装平稳、安全。各单节车分别用移车台运至相关的架修台位。运送过程中应平稳，安全。在架修台位上对车体四角进行支承。支承处平稳，受力后车体不摇晃、不移动。

4）车下主要零部件的拆卸

将空压机、干燥器、高速断路器、车钩等零部件从车体上拆卸下来，并运送到相关班组。

【效果评价】

评价表

项目名称	城市轨道交通车辆的架修及大修	学生姓名	
任务名称	任务1　架大修项目管理及整车分解	分　数	
项　目		分　值	考核得分
1. 架大修相关知识比如检修库布置图、架大修项目管理的资料搜集工作		10	
2. 部件维修模式确立的原则是什么		15	
3. 架大修筹备及实施过程中技术、质量和生产管理的内容		30	
4. 架大修整车检查及分解的步骤及内容		30	
5. 编制学习汇报报告情况		10	
6. 基本素养考核情况		5	
教师简要评语： 教师签名：			

任务2　转向架的架大修

【活动场景】

用转向架图片展示转向架的分解、组装及各部件的外形。

【任务要求】

掌握城轨车辆转向架的架大修作业内容。

【知识准备】

西安2号线电客车动、拖车转向架是适合于新型电动轨道车辆的无摇枕焊接结构的转向架，如图5.1所示。一系悬挂为橡胶弹簧，二系悬挂为无摇枕空气弹簧，基础制动采用单侧踏面制动，驱动装置采用单级减速的齿轮箱和齿式联轴节，中央牵引装置采用“Z”形拉杆结构。该转向架经过几次的设计改进，具有最好的运行性能，最低的振动噪音和最少的维修量。

1. 转向架分解

(1) 架修

分别从构架上拆下牵引电机、联轴节、制动单元、提升止挡、中央牵引装置、抗侧滚扭杆、一系弹簧、空气弹簧、轮对，采用中性洗涤剂对转向架各零部件外表面进行清洁，拆卸中不得损坏各部件。拆下的主要部件必须在明显位置编号识别并作好记录。

(2) 大修

在架修基础上，增加了齿轮箱的拆卸。

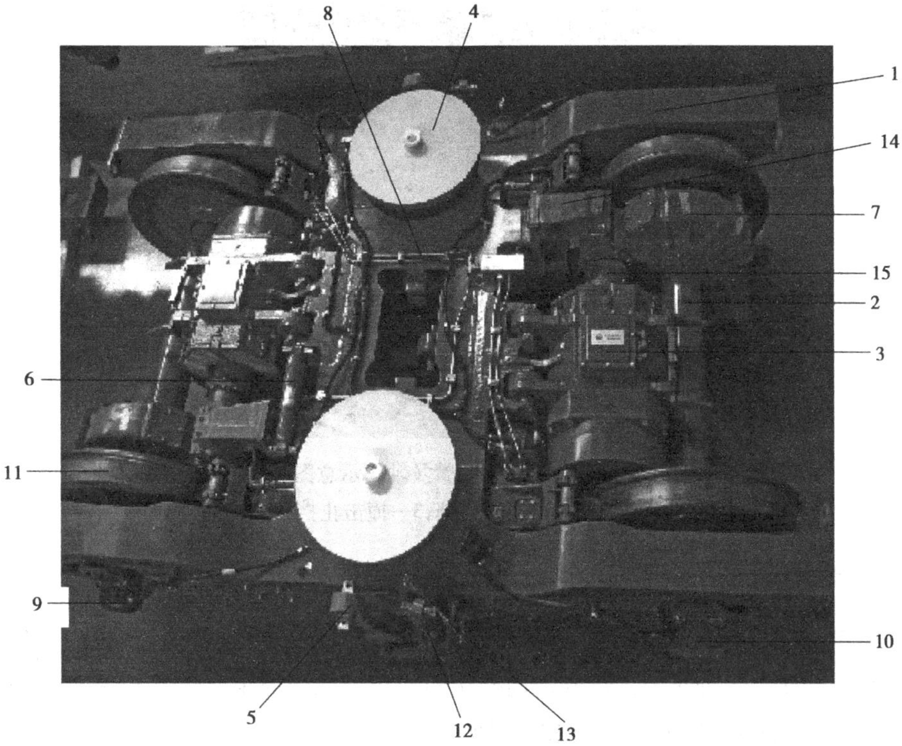

图5.1 转向架结构图

1—构架;2—轮对;3—牵引电机;4—空气弹簧;5—抗侧滚扭杆;
6—横向减压器;7—齿轮箱;8—风管;9—接地装置;10—轴端;
11—轮饼;12—垂向减振器;13—高度阀杆;14—齿轮箱C形支架;15—联轴节

2. 构架

所有转向架使用的构架完全相同,均属于H形构架,采用钢板焊接结构的箱形侧梁以及与侧梁相贯通的无缝钢管横梁。构架的大修要求是进行无损检测,检测手段主要是渗透及电磁探伤,位置是受力和应力集中部位,如电机座和齿轮箱吊杆座,并使用一系弹簧靠模检查一系弹簧安装座的位置精度,并对不合格的安装座进行切割后重新补焊校正。

(1)架修

①构架清洗,要求表面清洁,无油污,无脏物。

②清洁后检查构架,重点检查受力部位及焊缝,构架内、外侧,电机悬挂座、牵引拉杆座,要求无裂纹,无腐蚀。检查制动管路夹及紧固件,要求无损坏、紧固件无松动。

③油漆脱落处需补漆。构架一系弹簧安装座需涂防护油,涂抹时要求均匀喷射。

(2)大修

①构架清洁后分别对应力集中部位和焊缝使用涡流探伤法和着色渗透探伤法进行探伤检查。

②靠模测量检查一系簧座的尺寸,与测试台支座接触点数要够3个,任一点间隙不能超标。

图5.2　一系弹簧及轴箱示意图
1——系弹簧;2—提升止挡;3—撞击止挡;4—轴箱

3.一系悬挂装置

为减轻重量,一系悬挂装置采用圆锥叠层橡胶弹簧。两个螺栓将轴箱弹簧上端固定在构架上的一系弹簧座上。轴箱的顶部和转向架构架的止挡之间的距离正常应保持在 115 mm ± 5 mm,如果此数值低于 110 mm,必须用调整垫进行调整。

(1)架修

①拆下所有旧的一系簧,做好标记,集中堆放。清洗一系簧座和调整垫片,要求清洁干净,无积垢,无油污。

②检查弹簧外部橡胶及金属端,要求无剥离,无裂纹。

③检查提升板止挡和撞击止挡,要求无裂纹,无损坏。

(2)大修

对全部一系簧进行更换,测量外形尺寸计算补偿垫片厚度,按照刚度等级分组,并记录刚度等级和编号。

4.二系悬挂装置

采用低横向刚度的新结构空气弹簧,可大大改善乘坐舒适性和通过曲线的性能,能缓和车体的垂向和横向振动。

(1)架修

①清洗并检查所有零部件,要求干净、无污物。气囊内外表面无严重损伤、无裂纹和刀痕,无金属丝和无帘布暴露在外的现象。裂纹深度不超过 1 mm,长度不得超过 15 mm。

②检查应急弹簧是否损坏及磨损,要求无损坏、磨损,橡胶与金属间无分离、破裂及变形。

③更换空气弹簧密封圈,紧固所有空气簧固定螺栓,空气簧导柱涂二硫化钼润滑剂。

(2)大修

①更换空气弹簧密封圈及所有紧固件,更换新密封圈。紧固件更换时注意不要滑牙。

②更换紧急弹簧,记录新件编号与位置;在接触面均匀涂抹防锈油。

大修中全部更换一系悬挂及二系悬挂、止挡全部的橡胶元件，组装转向架时更换所有紧固件，并在组装后使用试验台进行配重试验。图5.3为空气悬挂装置。

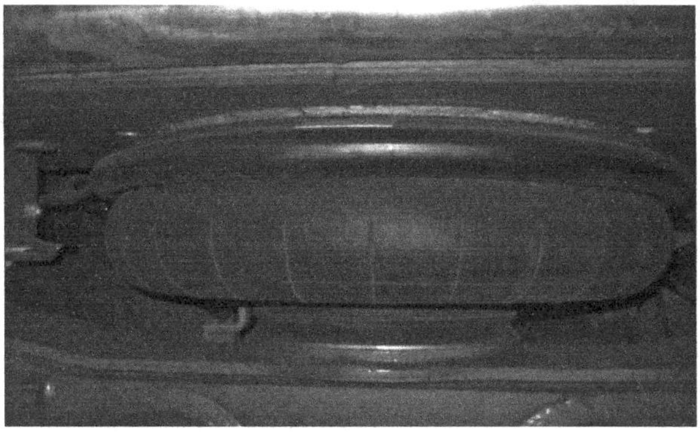

图5.3　空气悬挂装置

5. 液压减振器

(1)架修

清洗液压减振器，要求干净无积垢、无油污。如果发现漏油现象，更换新液压减振器。

(2)大修

更换减振器，紧固并画线。拆卸横向和垂向缓冲装置，更换止挡橡胶块新件，调整凸出量。

6. 中央牵引装置

每个转向架设一套中央牵引装置，采用传统的"Z"形拉杆结构，主要由中心销、牵引梁、横向挡、横向减振器、中心销套和两个牵引拉杆组成。

(1)架修

①检查中心销与车体接口处紧固件、牵引拉杆与构架、中心销紧固件是否松动，要求紧固无松动，防松标记清晰。

②检查牵引拉杆两端橡胶套是否损坏，要求无损坏、无裂纹，裂纹最大允许深度为8 mm。

③检查横向止挡橡胶表面是否完好，与构架紧固件是否松动，要求正常、紧固件无松动，防松标记清晰，无错位，无损坏，橡胶最大允许深度为16 mm，与构架表面无撞击。

(2)大修

①检查牵引拉杆和销轴件，并进行磁粉探伤；更换复合弹簧底盘定位圆销；对中心销进行超声波和磁粉探伤。

②检查中心销盘，修补与起抬保护螺钉接触磨耗部位；对中心销盘进行着色渗透探伤。检查销盘磨耗，磨损深超过0.5 mm则补焊，打磨平整焊位，涂漆防锈；清洁中心销，均匀涂抹润滑剂。

③更换牵引拉杆橡胶套、横向橡胶止挡。

牵引装置的大修要求是分解后进行清洁，经过无损检测确认部件状态，再组装使用。检测方式主要是磁粉探伤和超声波探伤，超声波探伤灵敏度标定主要依靠自制实物样轴试块。

图 5.4　中心销示意图

1—中心销;2—牵引拉杆;3—提升止挡

牵引杆橡胶衬套在大修中使用压力机依靠专用辅具压出更换新件,联轴节的检修主要是分解后清洁,检查磨耗情况,确认正常后重新组装。

中心销盘在大修中要求进行外观检查,并对起抬保护螺栓接触磨蚀部位进行修复,具体方法是熔焊后打磨修平,再涂防锈漆及面漆保固。图 5.4 为中心销示意图。

7. 高度阀(见图 5.5)

每个空气弹簧对应安装一套高度调整装置,用于自动调节空气弹簧的充气、排气,主要包括高度阀、高度阀调整杆、水平杠杆和安全吊链等。

(1)架修

①清洗高度阀杆,干净,无灰尘,无油污。

②检查分解后的零件。金属表面无裂纹,无剥离,无破损。将高度阀水平杆与垂直杆进行分解,将水平杆从构架上拆卸下来,进行探伤。将经探伤确认合格的水平杆与构架及垂直杆进行安装。

③检查高度阀紧固件,要求紧固件无松动。检查高度阀套筒螺母与调整杆是否有足够螺纹连接。

④润滑高度阀调整杆表面螺纹及套筒螺母。要求重新润滑高度阀调整杆,包括高度阀杆套筒螺母及调整杆上下锁紧螺母,要求螺纹表面涂抹润滑脂均匀,套筒螺母小孔用润滑脂填满。

(2)大修

更换高度阀新件。

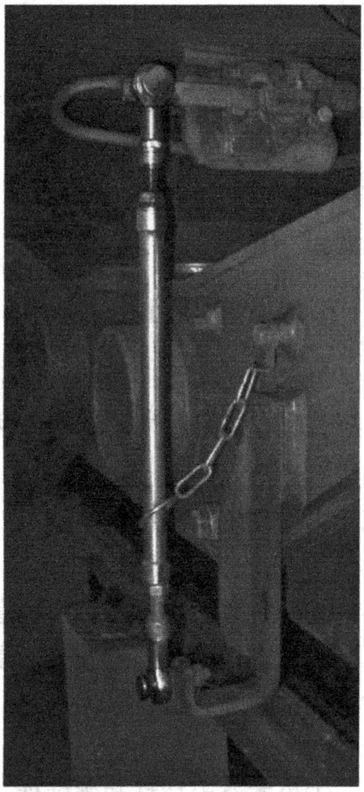

图 5.5　高度阀

8. 轮对

(1)架修

1)清洁

清洗轮对、车轴,要求干净无灰尘,无油污。

2)车轴外观检查

要求车轴轴身应无裂纹、碰伤。检查轮轴之间状态,观察轮与轴间防松油漆标志有无错位,判定是否松动。检查车轮上的注油孔油塞,要求油塞无松动。

3)车轮检查

检查车轮、轮辋,要求无裂纹,对轮对进行探伤,要求无裂纹。检查踏面外观状态,要求符合转向架架修规程轮对检修相关要求,并进行踏面磁粉探伤。踏面无异常磨耗,无擦伤。踏面外侧和轮缘顶部碾堆高度小于 3 mm。踏面磨耗整圈凹槽深度小于 1 mm。轮对车轴喷漆,喷涂均匀。

(2)大修

①清洗轮对、车轴和齿轮箱,脱漆涂油处理,要求干净无灰尘,无油污。用超声波和磁粉分别对车轴、轮对探伤,要求无裂纹。

②测量车轮踏面尺寸及内侧距,车轮超标则退轮重新组装;镟削后的车轮踏面直径 $d>790$ mm,轮缘厚度 >30 mm。

③防尘座、轴身、轮对辐板重新涂喷油漆。在轴颈上的涂润滑油进行防锈处理。清洁车轴,作防锈保护,对轴承座和轴颈部位涂润滑油进行防锈处理,要求涂抹均匀。防尘座、轴身、轮在轴身上喷钢印号并记录。

④选配轮对,镟削车轮,要求同一轮对两个车轮轮径差≤0.5 mm,径跳≤0.3 mm,端跳≤0.5 mm,表面粗糙度 $Ra\leqslant12.5$ μm,同一转向架两对轮对轮径差≤1 mm,同一节车两只转向架轮径差≤2 mm。

9. 轴箱(见图5.6)

(1)架修

①分解轴箱并清洗轴箱,并用压缩空气吹干,要求干净、无油污。

②检查轴箱及速度传感器状态,要求轴箱无裂纹、紧固件无松动,防松标记清晰,无错位,无渗漏。

③检查轴箱表面温度纸显示温度值,对温度超过60 ℃重点检查,补贴71~110 ℃温度纸,如漏油严重则打开轴箱端盖检查轴承漏油情况。

图5.6　轴箱

④将轮对轴箱速度传感器端部压盖拆卸下来,进行车轴超声波探伤。

(2)大修

①检查轴箱内腔及安装孔,测量轴箱内径,修磨磨耗不正常部位,要求干净、无油污。

②安装轴箱到车轴上,测量径向游隙,调整轴向游隙;更换所有自锁螺栓和平垫及O形密封圈。

③更换并安装新轴承

a. 压装压力为28~32号吨。

b. 轴承安装后必须转动灵活有一定轴向间隙。安装轴箱,更换所有自锁螺栓和平垫及O形密封圈。

10. 联轴节

(1)架修

①更换O形密封圈,重新加润滑脂,每半个密封圈添加0.4 L。

②检查联轴节是否漏油,要求无明显漏油,防松标记清晰、无错位。

(2)大修

①将联轴节的两个单元分解,分别从电机和齿轮箱上退出联轴节组件。分解并清洁联轴节组件。

②检查齿轮磨耗情况,更换磨耗超标组件;花键齿完好,无裂纹,无剥离和缺损;对磨耗严重件用靠模和公法线尺复测,齿形磨耗量≤0.3 mm,具体检测方法参考联轴节大修工艺;探伤检查内外箍齿;组装联轴节套件,注脂;更换所有密封件、紧固件,加脂。压装轮对传动轴侧联轴节,压装牵引电机传动轴侧联轴节,缓慢升压,注意避免拉伤电机轴。

11. 齿轮箱(见图5.7)

(1)架修

①检查齿轮箱是否损坏,是否漏油,要求齿轮箱与车轴连接处、注油孔及放油孔油堵正常、无明显漏油(即无油珠)。

②齿轮箱C形支架与构架紧固件是否松动,要求防松标记无错位。齿轮箱C形支架橡胶垫是否损坏,要求无损坏、无裂纹、橡胶表面裂纹长度不超过20 mm,深度不超过3 mm。

③排除润滑油,从观测孔检查齿轮齿面,要求无裂纹,无明显齿型磨耗。更换齿轮箱润滑油,每个齿轮箱4 L。

④拆下并清洁接地装置,更换绝缘材料和密封件;清洁干净、表面无明显积尘和油污;检查各零部件,更换铜磨耗板;更换碳块、压紧簧片及所有紧固件;组装后,按扭矩紧固并画线;安装接地碳刷端盖,并用铁丝串联紧固螺栓。

图5.7 齿轮箱

(2)大修

①清洗并检查齿轮箱外壳,干净,无油污,无灰尘;压出吊杆橡胶衬套,检查定位轴;注意在拆卸过程中轻吊轻放,避免碰损部件。齿轮箱吊杆、定位轴进行磁粉探伤;无裂纹。更换橡胶衬套和所有紧固螺栓,组装;注意在压装过程中避免碰损部件。涂喷黑色油漆进行防锈处理,干净,喷涂均匀。

②打开齿轮箱大齿轮侧端盖,分开上下齿轮箱;在拆卸过程中轻吊轻放,避免碰损部件。

③清洁齿轮箱内腔、迷宫环、换气阀、端盖、垫片、更换密封圈,要求清洁干净、表面无明显积尘和油污。

④分解小齿轮及固定圆柱轴承;注意避免损伤齿轮轴。

⑤检查传动大齿轮磨耗情况,使用齿轮公法线测量尺测量磨耗不正常的齿轮。检查小齿轮轴,要求轴表面光滑,无拉伤、无裂纹,螺纹部分及注油孔应良好,轴颈配合面有轻微局部拉伤不得超过5% ~10% 。

⑥更换轴承,组装小齿轮;采用恒温烘箱加热轴承内圈,调整径向游隙。

⑦更换密封,组装传动大齿轮;更换大齿轮法兰橡胶密封件,调整径向游隙。

⑧重新组装齿轮箱,上下箱体接合面均匀涂抹涂密封胶,重新紧固并画线。

【任务实施】

在转向架部件检修后进行转向架组装及试验,转向架组装和试验在架大修作业中是相同的。

1. 组装

①轮对选配:同一构架轮对轮径相差不得超过4 mm。同一轴轮径相差不得超过2 mm。

②更换所有经拆卸的弹簧垫片、止动垫片、自锁螺栓和开口销。

③安装一系弹簧、二系弹簧、抗侧滚扭杆、单元制动缸、液压减振器、高度阀杆、牵引拉杆、中心销横向止挡、提升止挡。

④安装牵引电机,联轴节及风管,并作相应调整。

技术要求:各零部件扭力值必须满足相关工艺要求;各零部件必须是经检查合格的。

2. 垫片调整

转向架组装后的垫片调整,包括一系簧补偿垫片调整,固定垫片,紧急弹簧垫片调整。

①满足构架四角高度要求。

②在充气状态下不同轮径值范围空气弹簧上表面H满足范围要求。

③根据无风及充风状态下测量的空气弹簧上表面至轨面之间的高度差计算出空气弹簧位移高度,该高度在公差范围内。

④同一转向架任一侧各车轮上测得轮重与在两侧测得的轮重平均值之差不得超过4%,同一轴上轮重偏差小于2%。

3. 组装后检查

①对转向架所有紧固部件进行力矩校核,关键部件按照指定力矩要求进行重新校核,符合规定扭矩并重新画线。除关键部件以外的紧固件,使用力矩扳手进行紧固。

②检查垫片、自锁螺母和开口销。齿轮箱重新注油。检测转向架电阻值,不超过0.01 Ω。

4. 管路气密性试验

①检查所有转向架空气管路的管夹、管座及管路连接部分,要求安装牢固、完整。

②检查单元制动器与转向架安装连接部位及与管路接头,要求管路和接头无泄漏。做好气密性及功能试验,使用肥皂水检查空气弹簧与车体及转向架连接处是否有泄漏,要求无漏风、动作迅速。

5. 单节车称重

(1)外形尺寸测量

①测量车轮踏面直径及轮缘厚度、轮缘高度。轮对内侧距、构架四角高度、空气弹簧位移高度、充气状态下的地板面高度。

②根据列车整车尺寸测量结果,如果轮径值在816 mm以下,应在空气簧下表面加12 mm垫片,以补偿轮径磨耗引起的车体地板高度尺寸下降。

(2)称重条件

安装称重设备的轨道满足零轨要求:轨道从前至后或从左至右偏差 ±1 mm 范围内。称重试验台面必须经过水平测量仪器进行校准,确保设备在允许的水平范围内。称重设备经过计量部门鉴定,测量误差在允许的范围内。

(3)调整前测量

①将解编后的单节列车推上称重试验台,关闭空气簧截断塞门,松开高度阀垂直连杆,同时摘除 4 个高度阀杆,使 4 个空气簧同时排风,大约 6 min。

②恢复高度阀杆,连接外部风源,打开空气簧截断塞门,对单节车充气大约 15 min。

③记录并保存车辆在充风状态的重量和每个轮在轨道上的垂直载荷,车辆将从前后方向进入称重轨道两次,以尽可能地消除因不均衡引起的误差。

④测量并记录垂向液压减振器充气高度,标准值 20 mm。

(4)轮重及尺寸偏差调整

①根据轮重分配,按照偏差不大于 6% 标准,初步计算轮重最大偏差范围,结合垂向液压减振器高度测量结果,对单个高度阀进行调整。

②关闭空气簧截断塞门,将 4 个高度阀同时排气,大约 6 min。

③恢复空气簧截断塞门,对车辆充风约 15 min。

④待充气状态稳定后,再次检查轮重偏差,并测量垂向液压减振器充气高度。

⑤如果轮重偏差或充气高度不在允许的范围内,再对相应高度阀进行微调,重复上述作业流程,直至满足要求;检查合格后,测量并记录垂向液压减振器充气高度,将车辆从前后方向进入称重轨道两次,记录并保存称重结果。

【效果评价】

评价表

项目名称	城市轨道交通车辆的架修及大修	学生姓名	
任务名称	任务 2 转向架的架大修	分 数	
项 目		分 值	考核得分
1. 转向架相关资料、图片的搜集工作		10	
2. 转向架的作用及部件名称		15	
3. 转向架各个部件架大修作业内容		40	
4. 转向架组装及试验步骤		20	
5. 编制学习汇报报告情况		10	
6. 基本素养考核情况		5	
教师简要评语: 教师签名:			

任务3　车体及客室的架大修

【活动场景】

用图片展示客室内的布置以及车体外观。

【任务要求】

掌握城轨车辆车体及客室的维修作业内容。

【知识准备】

车体钢结构采用薄壁、筒型整体承载结构，车体选用高强度不锈钢 SUS301 L 系列为主要承载结构的材料。车体外表面不涂漆。车顶由波纹顶板、车顶弯梁、车顶边梁、侧顶板、空调机组平台、受电弓平台等几部分组成。

不带司机室的车辆内部装饰以车体纵向中心为对称，主要有辐流格栅、中顶板、灯带、通风格栅、侧顶板、门口立罩板、侧墙板、地板布、间壁、座椅、扶手、车窗、车侧门、灭火器等组成。辐流格栅采用铝型材挤压成形，上面开有送风口，辐流风机搅拌空气通过辐流格栅上的风口往客室内送风，给乘客提供舒适的环境。

司机室内部装有前端墙板、侧墙板、平顶板、间壁、间壁门、前端活门、门机构检查门、车窗、内藏门、内藏门罩板、前端逃生门、紧急疏散梯、逃生门罩板、电器柜，司机台、司机座椅、扶手、灭火器等组成。

【任务实施】

1. 车体

(1) 架修

①检查车体外表。车体外表无异常损坏，车头漆膜损坏面积不超过 400 mm^2。

②检查客室内天花板、地板、侧墙板、灯罩、窗玻璃状态。客室如图 5.8 所示，天花板、地板、侧墙板损坏面积不超过 400 mm^2，玻璃无裂损，灯罩安装良好，各紧固件齐全无缺失、无松动。

图5.8　客室

③检查电气柜、空调柜外观状态。所有柜门关上并锁闭，漆膜损坏面积不超过 400 mm^2。

④检查 Tc 车间壁门紧急手柄状态，要求紧急手柄铅封正常。

(2) 大修

①使用中性清洗剂、吹尘枪、吸尘器、毛刷和抹布清洁车体顶部、侧墙及底部。

②检查车体和内墙油漆表面，根据外墙情况油漆翻新。

③检查车体结构，特别是焊缝处；对关键受力处如中心销孔进行探伤检查，无损伤和疲劳裂纹。

④检查车底阻尼浆,根据情况修补。检查车底纵梁,目测检查无明显扭曲变形、裂纹,如发现异常则进行无损探伤。

2. 客室顶部

(1)架修

①打开室内风道盖板,对风道盖板、风道用压缩空气吹扫、抹布擦拭,重新安装好盖板。风道及其盖板清洁,无积尘,无污垢。

②拆下日光灯隔栅、顶部空调排风格栅,擦拭风道,格栅清洗后重新装好。风道、格栅表面洁净、无灰尘;各紧固件齐全无缺失、无松动。拆卸日光灯格栅并清洁,检查要求无变形。检查日光灯管及底座框架要求底座牢固无松动,灯管两头无发黑现象。检查电子镇流器接线及端子,要求无脱落,线号清晰。

③对 LCD 显示屏、动态地图显示屏、扬声器进行外部清洁,用刷子或真空吸尘器清除插接件周围积聚的灰尘,使用带有少量中性清洁剂的软布轻轻揩拭表面并风干。

(2)大修

①检查所有通风格栅、照明系统,紧固螺钉。

②对全部寿命到期的 LCD 屏进行更换。

3. 客室内装

(1)架修

①检查座椅、座椅侧玻璃状态。安装稳固,玻璃无裂损。检查客室内座椅下的灭火器状态。安装牢固、铅封完好,灭火器压力在规定范围之内。检查座椅下电热器状态。清洁座椅上方广告牌。

②检查立柱、扶手状态,要求安装稳固。

③对电器柜、空调柜内的电气设备进行吸尘,然后使用毛刷彻底清洁。检查接插件,要求紧固螺丝无丢失、无松动。插头接线无毛刺、断股、氧化变色现象;插头无损坏、变形。更换实时时钟的电池。

④检查客室各类方孔检查锁无法锁闭及不对位的情况,若损坏,则更换。

⑤检查客室内部地板,修补破损地板和接缝胶条。地板无脱胶、无破损,接缝胶条无松脱。

⑥检查各标志和标签,更换起翘、破损的标志,补齐缺失的标志。标志边角起翘、破损不超过 2 mm。

(2)大修

①座椅下盖板须重新喷涂油漆;拉环全部更换。

②更换地板覆盖层,要求无气泡,无起翘。

③电器柜和空调柜:检查所有的接线、接线排、接线柱。更换所有的继电器及接触器,安装可靠、稳固。接线紧固、线号完好、清晰。

④拆下广播控制机柜、PIS 分配器、CCTV 网关,取出内部电子线路板、接插件。用吸尘器和毛刷清洁并安装 PIS 系统各电子板。要求接线紧固、线号完好、清晰。

4. 司机室内装

(1) 架修

①检查天花板、各墙面、地板、挡风玻璃等。安装稳固、外观无损坏，如漆膜损坏面积超过 400 mm^2 则修补和更换。

②检查司机室遮阳帘，刮雨器。安装稳固、外观无损坏、工作状态正常，刮雨器停止工作后停留位置正确。

③司机座椅外观和功能检查。外观无损坏，紧固件无松动。检查司机室座椅连接螺栓的拧紧力矩值，防松线无错位，否则用扭力扳手紧固。

④检查司机室灭火器状态。要求灭火器固定良好，确保压力在规定范围之内。

⑤检查网压表、蓄电池电压表以及双针压力表，对表进行计量检定。

(2) 大修

①更换座椅，安装牢固，动作正常。

②间隔门：拆下检查门锁机构，润滑；表面翻新。

③更换遮阳帘：更换雨刮片。

④紧急疏散门：检查吊带，如破损，更换；清洁、润滑斜梯轨道、扶手支点；检查解锁机构，无松动、动作灵活、左右锁销到位均匀；清洁、检查疏散门弹簧及其紧固件。

5. 司机室电气

(1) 架修

①检查司机驾驶台各指示灯罩、操作开关、按钮及显示屏，要求各灯亮，无损伤，显示屏显示正常。

②检查广播控制盒外观，面板无损坏。检查麦克风外观，根部无断裂。

③检查综合控制柜设备安装电缆、电线接插件的状况并清洁。

(2) 大修

①更换广播控制盒。

②司机室正副驾驶台面板及侧墙按钮、指示灯。更换正副驾驶台面板及侧墙各按钮及开关元件，更换紧急按钮，清洁设备柜。接线紧固、线号完好、清晰。

6. 贯通道

(1) 架修

①打开侧护板、脚踏板及渡板，用吸尘器对贯通道内部各处进行清洁。要求各处无积尘、无异物。

②全面检查贯通道折棚内部、外部，铝型材无破裂，篷布未从铝型材中扯出。检查贯通道折棚紧固件和螺钉。螺钉框和车厢接面比较平整，连接框无缝隙。如松动、损坏，则紧固、更换。

③检查渡板、脚踏板，部件完整，无裂口、铰接灵活。脚踏板变形翘曲、无损坏，活动自如。

④检查滑动侧墙所有部件，侧墙板无变形、损坏，相对运动灵活。用十字螺丝刀拧动上下橡胶挡尘板安装螺钉，要求齐全紧固，更换裂损超过 10 mm 的橡胶挡尘板。

⑤检查顶板，并用压缩空气吹扫。顶板无变形、损坏，各部无积尘。

(2) **大修**

①更换渡板，要求安装牢固，动作灵活。

②检查折蓬外观，折蓬铝条，并清洁干净，要求表面无明显积尘和油污。

【效果评价】

评价表

项目名称	城市轨道交通车辆的架修及大修	学生姓名	
任务名称	任务3　车体及客室的架大修	分　数	
项　目		分　值	考核得分
1. 车体及客室内装架大修内容的掌握情况		10	
2. 客室顶部灯带、通风格栅和风道架大修内容掌握情况		15	
3. 司机室内装、电气设备的架大修内容掌握情况		30	
4. 贯通道架大修内容掌握情况		30	
5. 编制学习汇报报告情况		10	
6. 基本素养考核情况		5	
教师简要评语： 教师签名：			

任务4　车门的架大修

【活动场景】

用图片展示或者在现场讲解客室侧门、司机室侧门、紧急疏散门和间壁门的结构。

【任务要求】

掌握城轨车辆车门的维修内容及作业步骤。

【知识准备】

车门包括客室侧门、司机室侧门、紧急疏散门和间壁门。客室侧门以双扇电动电控内藏门为例进行介绍。

客室侧门采用每辆车每侧4套双扇电控电动内藏式拉门。车门的电控电动装置采用微处理器控制的电动机驱动装置，并具有自诊断功能和故障记录功能，具有与列车监控系统的接口。传动装置采用齿带传动方式，导向装置、驱动装置和锁闭装置集中为一个紧凑的功能单元，便于安装和维修。车门设置可靠的机械锁闭机构、故障隔离装置、紧急解锁、重开门等安全设施。

司机室侧门是具有单页门扇的手动塞拉门，对于单个门系统由基础安装部分、驱动装置、门板、门板附件、锁闭装置等组成。基础安装部分主要包括门框密封角铝、C形嵌条、门框密封胶条、下摆臂、碰接座等。其主要作用是用于门板与车体的安装过渡和密封。驱动装置安装在车厢门口上部,主要由辊式滑车、机构吊架、上部导轨等组成。滑车在一根导向光轴上运行,并通过一组平行四连杆机构与门扇连接,平行四连杆机构使门扇向外摆动,同时这一运动又受到导向轨的控制,在外摆运动中导向轮的运动范围是导轨的弯曲段。当导向轮到达导轨的直段时,外摆运动过程结束。此时门扇开始与列车外壁平行运动。滑车在导向光轴上作推移运动。

逃生门系统设置在司机室前端,是保证紧急情况下能够及时疏散旅客的逃生系统。在正常状况下,逃生门处于锁闭状态,逃生门起到隔音、隔热、密封等功能,保证司机室正常工作环境。在紧急情况下,可手动将紧急前门向上打开,并配合紧急疏散梯,用于疏散人群。一套逃生门系统包括一个铝合金门框、一个门扇部件、门锁、空气弹簧组件、增力机构等,门板采用铝型材焊接框架结构。整套门系统具有安装、使用、维修方便等显著特点。

【任务实施】

1.客室侧门

(1)吹扫

对车门盖板上方、滑道、滚轮各部清洁,先用吸尘器吸尘,然后用抹布擦拭,要求无积尘、无污垢。

(2)门页

①用中型清洁剂清洁门页,要求干净明亮,漆膜良好,玻璃无破损。门页无明显损坏,漆膜破损小于400 mm^2,否则进行补漆。

②检查门页密封良好,检查内外侧密封胶条,密封橡胶无严重破损、脱落。

③大修时更换全部门内外侧橡胶条。

(3)安装底板

①检查安装底板,底板未变形,安装螺栓紧固无松动。

②检查行程开关,行程开关动作灵活,无卡滞。

③大修时更换S1\S2\S3\S4行程开关,检查电路接线;接线正确、线号清晰、标牌粘贴牢固、字迹清晰。

(4)门扇吊挂部分

①检查滚轮运动是否灵活,如果滚轮表面有明显损伤或运动不灵活应更换。

大修时更换承载轮、防跳轮、毛刷、磨耗条、护指橡胶条、防尘橡胶条。

②检查同步齿带有无裂纹,要求无裂纹、无损坏。检查齿带的张力,用博得公司的张力检测仪检测齿带的张力,如有不符合进行调整。

③大修时要对齿带进行更换。

(5)机构锁

机构锁组成如图5.9所示。

①检查电磁铁、锁钩和复位气缸,确保动作正常。

②大修时更换开门止挡、复位气缸。

(6) 内外紧急解锁装置

①检查 EED 装置外观,EED 保护盖无损坏,各零部件无损坏和松脱,紧固螺钉无松动、无脱落。

②检查紧急开门装置的解锁钢丝绳。检查外观磨损情况,再紧固螺旋接头。紧急开门装置安全功能检查。

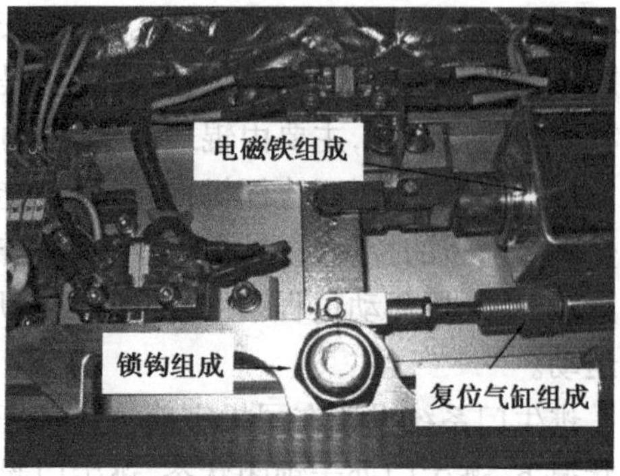

图 5.9 机构锁组成

(7) 检查车门开度

将车门完全打开,在距离地板面 1 m 处测量门的开度尺寸。若不符合要求,调整两个定位止挡。

(8) 电气接头

检查电气插接接头和旋接接头的紧固状态,确认已绑扎好,与其他部件无干涉。

(9) 无电开、关门功能检查

手动扳动锁钩,检查门页在开关门方向的运动情况。要求门页运动顺畅,无干涉、卡滞现象,无异常声音。手动将门关闭使之处于锁闭位置,在门页的中部从里向外用力推门页,要求车门不能解锁。

(10) 有电检查、调整

1) 外观测试

所有部件和紧固件无缺损,且安装良好不松动;各部件无裂缝、断裂、划伤、异常弯曲。

2) 开关门测试

在司机室操作开、关门按钮,检查车门开、关门状态。开、关门顺畅,无异常声音和卡滞现象,且同侧车门开关门基本同步。检查指示灯状况及蜂鸣器功能,开门时,黄色指示灯亮;关门时,黄色指示灯闪烁,且蜂鸣器发出报警声。

3) 防夹功能测试

对所有门进行防夹功能测试,启动关门命令,在两个门页之间距离地板 500 mm 处放置一个测试块,车门碰到测试块时将会自动开门,在预设的时间内再关门;这个动作循环重复 3 次后,车门将完全打开。

4) 门隔离功能检查

车门在关闭并处于锁闭状态时,用方孔锁旋转门切除装置到隔离位,检查车门能否手动打开,要求车门不能够手动打开。

2. 司机室侧门

(1) 清洁及外观检查

①各机构和部件,对门密封胶条、滚轮和导轨以及门板下导轨进行清洁。检查所有紧固件,要求螺栓无松动,画线无错位。

②大修时检查所有紧固螺钉;按扭矩要求紧固并画线。

(2) 门页

检查门页的外观,玻璃无裂损,油漆损坏面积超过 400 mm^2 则修补。

(3)驱动装置

①检查驱动装置,检查上部导轨,包括弯道和直段,如果导轨表面(与导轮接触部分)有明显损伤应更换。

②大修时更换滚轮。

(4)辊式滑车

检查辊式滑车,用SA润滑剂对线性球轴承进行再润滑,如果运转时噪声很大,应更换线性球轴承。

(5)导轨

检查光轴和导轮,如果磨损严重则更换,清洁与再润滑光轴。检查机构吊架和上部导轨的安装,安装紧固、无松动。

(6)下摆臂

①检查下摆臂,对其紧固情况和外观磨损检查,如果滚轮磨损则更换。对滑槽进行清洁。

②大修时更换滚轮。

(7)止挡

更换止动缓冲挡块和门口橡胶密封,如果橡胶条破损则更换胶条。

(8)门锁

①检查司机室门锁系统,检查内、外手柄的动作状态,检查手柄的螺钉是否紧固。转动顺滑,无卡滞,无松动。

②检查拨叉和锁定凸轮动作状态,在门内和门外开关门动作顺滑,能够顺利进行一级、二级锁闭。

③大修时拆卸门锁组件清洁、检查,润滑门锁,组装。

3. 紧急疏散门

紧急疏散门架修和大修的作业内容相同,分为外观和动态检查两个部分。

(1)外观检查

外观检查疏散门门页、窗玻璃、密封胶条、锁扣状态正常,无变形、无破损,密封橡胶无老化、破损、脱落。

(2)动态检查

①检查开关门的动作,开关顺畅,无卡滞。

②检查解锁手柄的功能,手柄移动顺畅,无卡滞。检查快速缓解销的功能,动作灵活,无卡滞,用润滑油润滑。

③检查梯子可伸缩移动是否顺畅,将梯整个拉出来,再将其完整地塞进去,检查其动作是否顺畅。要求移动顺畅,无卡滞,用润滑油润滑所有滑动部件。

4. 间壁门

间壁门架大修作业项目相同。

①检查间壁门外观和开关门功能,外观无损坏,开关门正常。检查折页安装螺钉,无松动,画线无错位。

②检查间壁门锁功能及安装,安装正确,锁闭可靠。

③检查观察孔及止挡状态，止挡、观察孔完好。

【效果评价】

评价表

项目名称	城市轨道交通车辆的架修及大修	学生姓名	
任务名称	任务4　车门的架大修	分　数	
项　目		分　值	考核得分
1. 客室侧门清洁作业、外观检查更换作业内容		20	
2. 客室侧门有电检查及相关功能测试作业内容		25	
3. 司机室侧门外观检查、润滑作业内容		20	
4. 紧急疏散门外观检查及动作检查作业内容		10	
5. 间壁门一二级锁及外观检查内容		10	
6. 编制学习汇报报告情况		10	
7. 基本素养考核情况		5	
教师简要评语： 教师签名：			

任务5　车钩缓冲装置的架大修

【活动场景】

用图片或者模型展示3种车钩的外形。

【任务要求】

掌握城轨车辆车钩的架大修作业内容。

【知识准备】

西安2号线一期工程车钩缓冲装置分为半自动车钩缓冲装置和半永久车钩缓冲装置。半永久车钩分为带压溃管的半永久车钩和带缓冲器的半永久车钩两种。半自动车钩和缓冲装置(见图5.10)主要由连挂系统和缓冲系统两大部分组成。连挂系统为地铁密接式连挂系统，可实现机械、气路自动联挂。缓冲系统由缓冲器和压溃管两部分组成，为给压溃管提供安装空间，缓冲器与回转机构、支撑和对中机构等安装吊挂系统的结构在设计结构上融合为一个模块，此车钩具有良好的自支撑和自动对中功能，能保证车钩在垂直和水平两个方向可靠定位。

半自动车钩和缓冲装置可实现自动机械和气路连挂，该连挂系统采用密接式车钩通用的凸锥、凹锥形式。这种结构形式简单，尺寸紧凑，连挂解钩动作灵活，容易提高车钩连挂部分的强度。

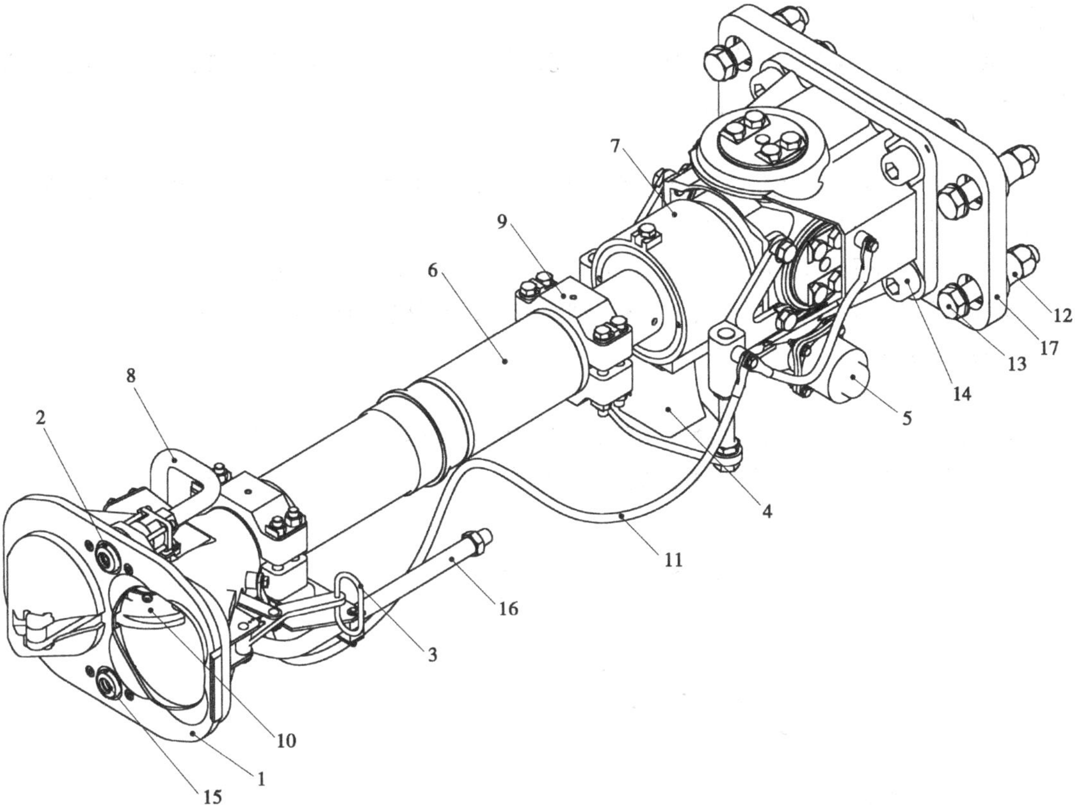

图5.10　头车半自动车钩

1—机械车钩;2—MRP;3—手动解钩;4—水平支撑;5—水平对中;6—压溃管;7—缓冲装置;
8—风管(MRP);9—连接环;10—钩舌;11—接地线;12—过载保护装置;
13—螺栓;14—螺栓;15—风嘴;16—风管;17—转接板

为防止由于撞击或类似原因造成的过高受力,半自动车钩的钩体配备了压溃管。头车半自动钩如图5.10所示。压溃管是非可再生的能量吸收装置,当车钩和缓冲装置受到的纵向压缩载荷大于设定值时,压溃管开始发生作用,吸收冲击能量,达到保护人身和车辆设备安全的目的。车钩和缓冲装置在牵引工况时,牵引载荷会通过压溃管内部的刚性连接来传递,变形元件不会受到影响;当车钩和缓冲装置受到压缩载荷超过压溃管触发力值时,压溃管膨胀元件按照设计的变形模式,开始产生屈服扩张,以稳定的阻抗力发生塑性变形,最大限度吸收冲击能量。

当车钩和缓冲装置所受压缩载荷低于压溃管触发力时,压溃管吸能元件不发生动作,所有的冲击能量将由安装吊挂缓冲系统中的缓冲器来吸收。在作业前,确保列车所有110 V电源断电,排空列车管路中压缩空气,使风管降压。在从车体拆卸车钩下来之前,必须确保首先断开车钩与车体连接的风管、接地线等。

【任务实施】

1.半自动车钩缓冲装置

(1)分解、清洁

①将液压升降小车置于车钩下方,将车钩支撑架放在液压升降小车的工作台面,并调整

到适当的高度。

②断开车钩与车体之间的接地线、电器连接和空气软管,将车钩转接板上 4 只螺母和螺栓卸下,将车钩举起,离开转接板。

③车钩预检

用钩锁间隙测量仪检查钩头接合面间隙不得大于 1.4 mm。测量支撑弹簧高度,低于 115 mm(标准尺寸 140 mm),则必须更换。

④将车钩拆下置于车钩存放架上并分解,清洗、吹干,要求干净、无污垢。

⑤检查车钩是否有结构上的损坏或是油漆破损,油漆损坏的地方需要补漆。

(2)连挂系统

1)架修

①分解主风管连接,拆卸气路连接管,将 MRP 阀从机械钩头上拆下。

②将 MRP 阀中的与气路密封有关的密封圈全部更换。MRP 阀更换如图 5.11 所示。

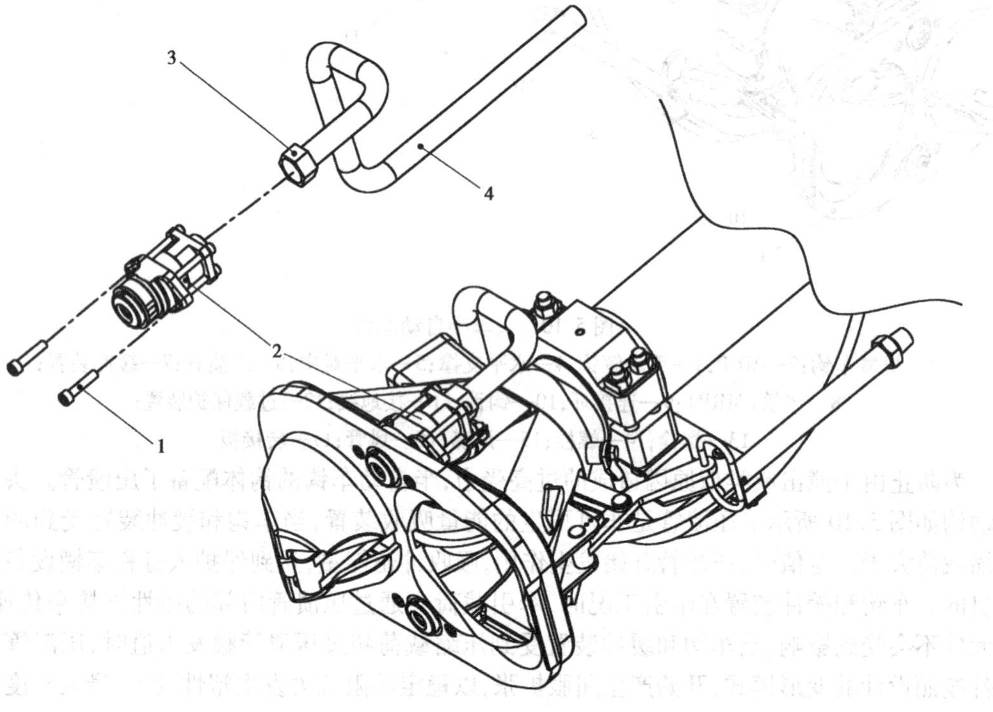

图 5.11　MRP 阀更换

1—MRP 阀;2—螺栓;3—垫圈;4—气路连接管

2)大修

①分解机械钩头,拆除钩舌板中心销,拆除钩舌板总成,然后分解钩体、钩舌、连挂杆、中心轴、回复弹簧、解构手柄,检查磨损情况。

②更换连接环的止动块、固定螺栓和螺母。

③更换连挂系统防松板、拉簧及防松板的固定螺栓。

④更换手动解钩装置中转臂的开口销。

连挂系统示意图如图 5.12 所示。

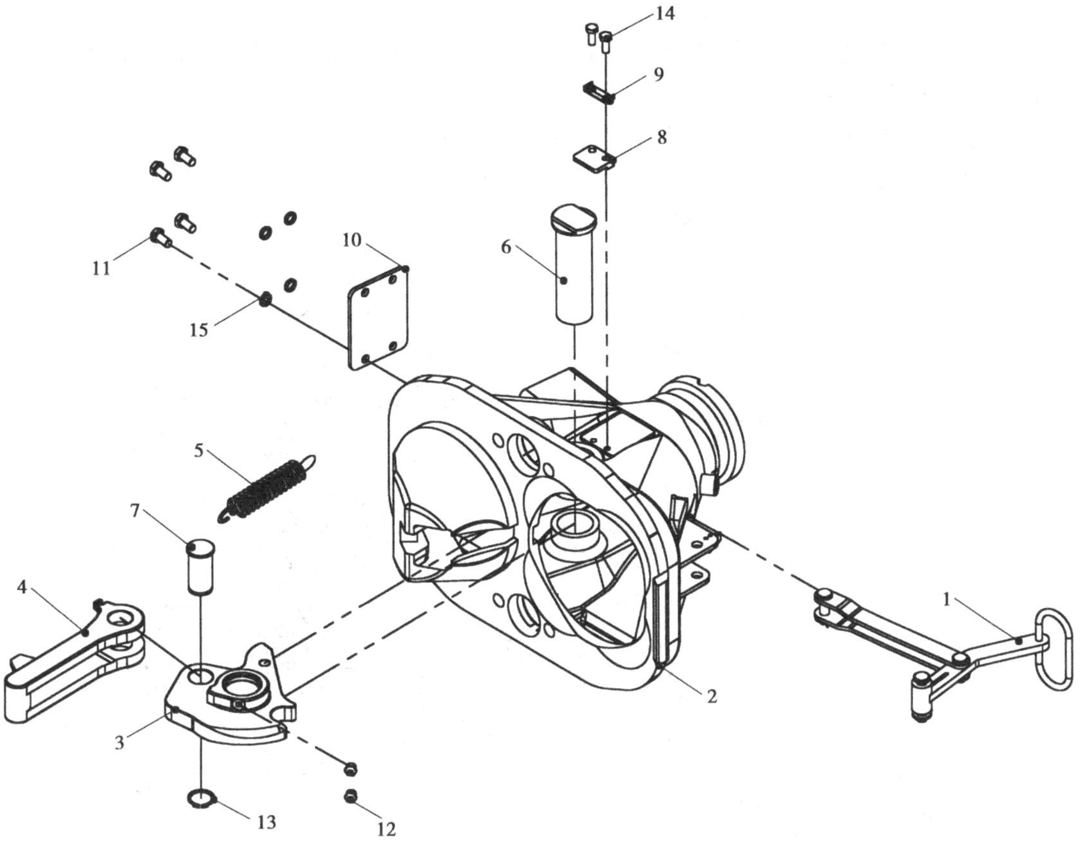

图5.12　连挂系统示意图

1—手动解钩组成;2—机械钩头;3—钩舌;4—连挂杆;5—拉簧;6—主轴;7—连挂杆销轴;8—止转块;9—防松板;10—挡板;11—螺栓;12—直通式压注油杯;13—挡圈;14—螺栓;15—挡圈

(3)缓冲器及对中装置

1)架修

更换橡胶支撑和橡胶支撑固定螺栓。橡胶支撑装置如图5.13所示。

2)大修

①更换所有橡胶件,更换螺纹保护塞、防松垫片及所有固定螺栓和螺母。

②分解、清洁对中装置,检查清洗部件。更换碟簧、活塞轴套、防松垫圈及所有螺栓和螺母。

③更换缓冲器芯子。

(4)过载保护装置

①更换过载保护螺栓和车钩安装螺栓。正确地支撑转接板,更换螺栓压溃体和螺栓压溃座。按照交叉拧紧方式扭紧到650 N·m。

②清洁、检查可压溃变形管,要求压馈管无变形;测量可压馈管长度,如长度缩短超过5 mm,则需要更换可压馈管。

(5)组装及试验

①车钩整体组装。各连接螺栓拧紧并画线,按扭力表力矩校核。

②车钩功能试验和气密性试验。

测试手动解钩功能、对中装置功能正常，车钩可以在15°角内自动对中，如超过15°角，保持不动，最大摆动幅度45°。

车钩高度车钩中心至轨平面的距离为720 mm ± 10 mm。

在车钩试验台上进行气密性试验，管路无泄漏。

③试验正常后在车体安装车钩。

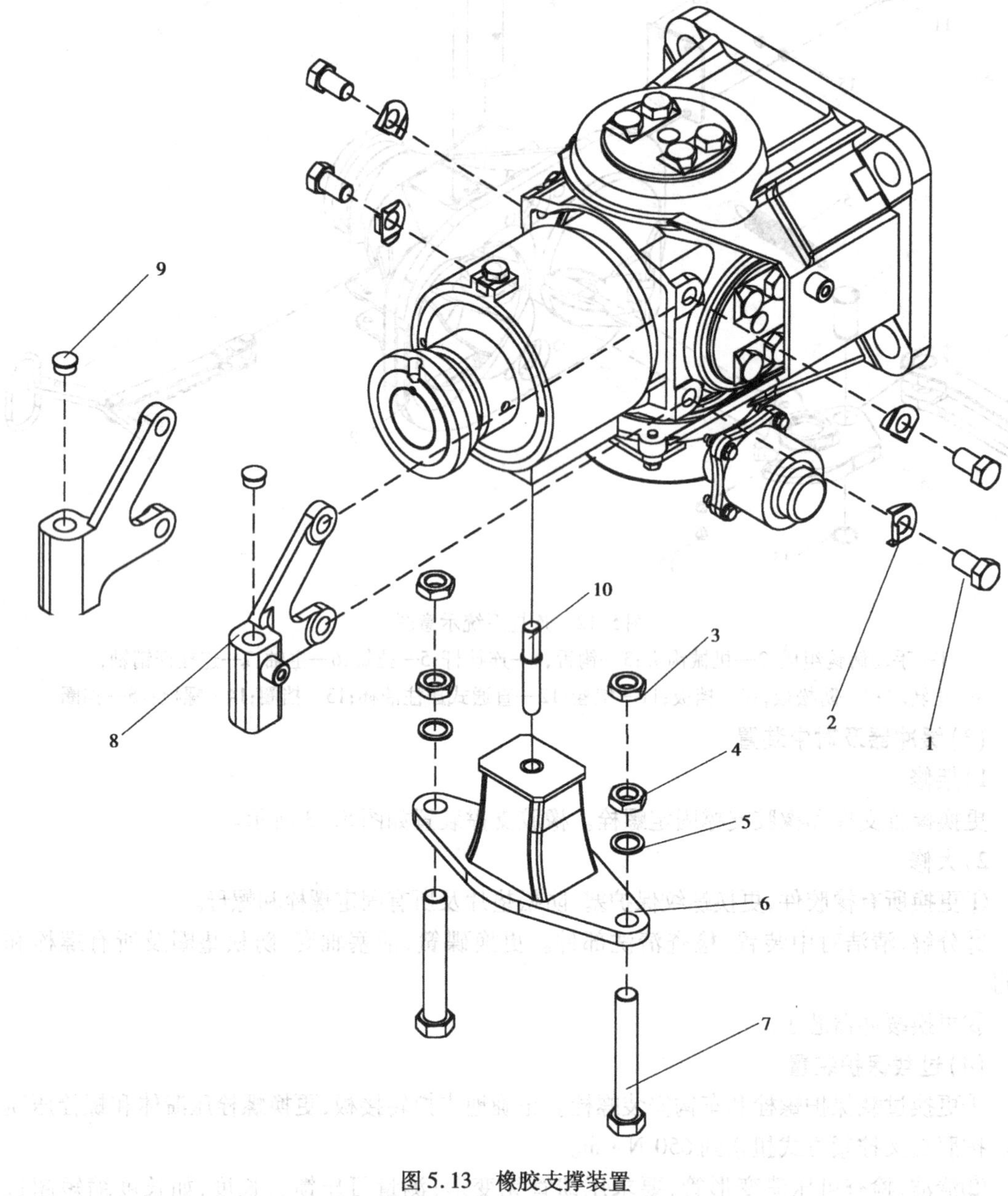

图5.13　橡胶支撑装置

1—螺栓；2—防松垫片；3，4—螺母；5—垫圈；6—橡胶支承；
7—螺栓；8—螺纹保护塞；9—螺纹保护塞；10—防转圆柱销

2. **带压馈管的半永久车钩缓冲装置**(见图5.14)

(1)分解、清洁

将车钩拆下并分解,清洗、吹干,要求干净、无污垢。

(2)连挂系统

1)架修

更换主风气路连接管O形密封圈和风管连接器上的异型密封圈。

2)大修

对风管连接器及其附件进行拆卸检修,更换所有管卡、风管支架和螺栓、螺母。更换所有密封圈。

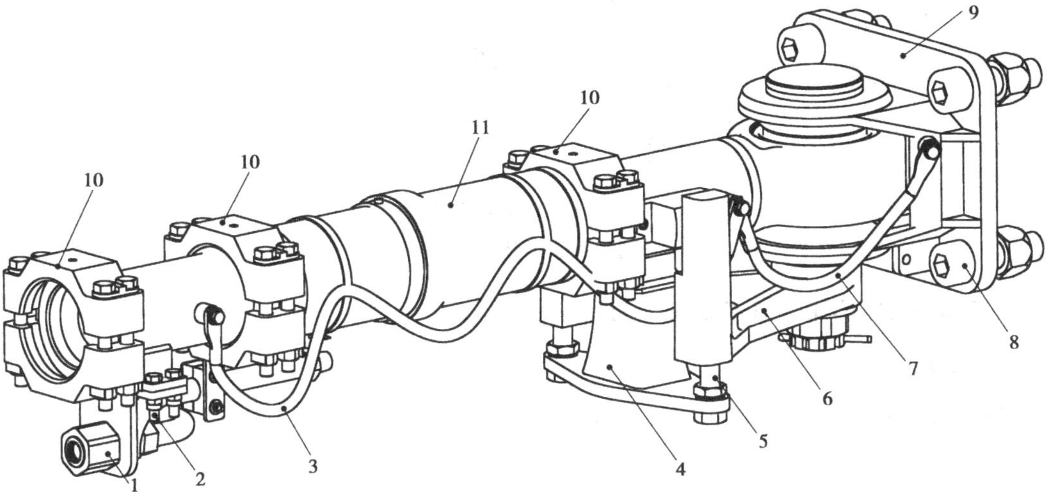

图5.14　带压溃管的半永久车钩

1—风管连接器;2—螺栓;3—接地线;4—橡胶支承;5—吊座螺栓;
6—支架;7—接地线;8—安装螺栓;9—安装座;10—连接环;11—可压溃管

(3)缓冲和回转机构

1)架修

①清洁、检查可压溃变形管,要求可压馈管无变形;测量可压馈管长度,如长度缩短超过5 mm,则需要更换可压馈管。

②更换橡胶支撑和橡胶支撑固定螺栓。

③更换磨耗板、磨耗板固定螺栓、垫圈,如图5.15所示。

④更换车钩与车体固定螺栓、螺母。

2)大修

①清洗并检查所有接地线。

②更换所有橡胶件包括橡胶支撑及其固定螺栓、垫片。

③更换对中装置中的安装座、关节轴承及橡胶件。

(4)组装及试验

车钩整体组装。各连接螺栓拧紧并画线,按扭力表力矩校核。试验正常后在车体安装车钩。

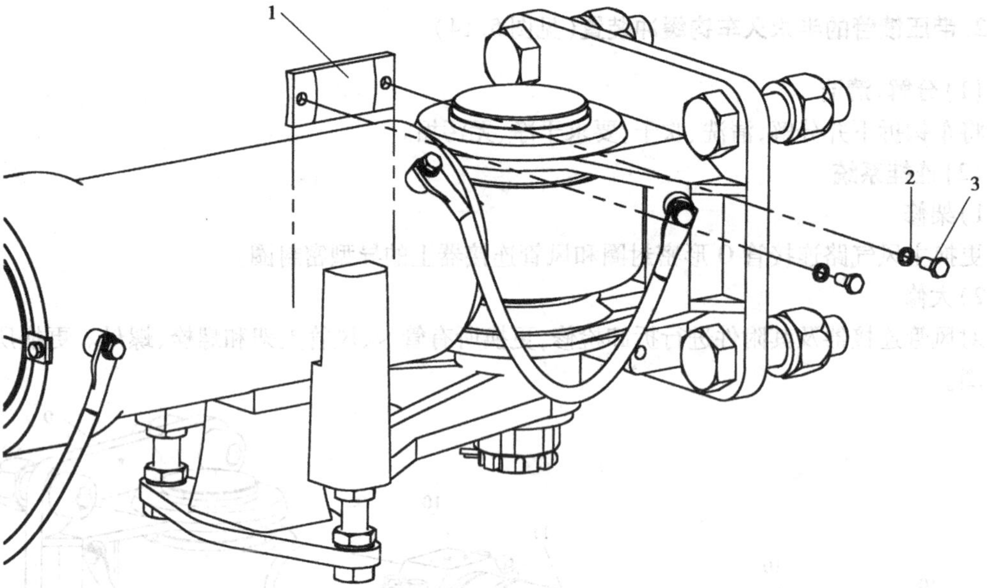

图 5.15　磨耗板的更换

1—磨耗板;2—垫圈;3—螺栓

3. 带缓冲器的半自动车钩缓冲装置(见图 5.16)

(1)分解、清洁

将车钩拆下并分解,清洗、吹干,要求干净、无污垢。

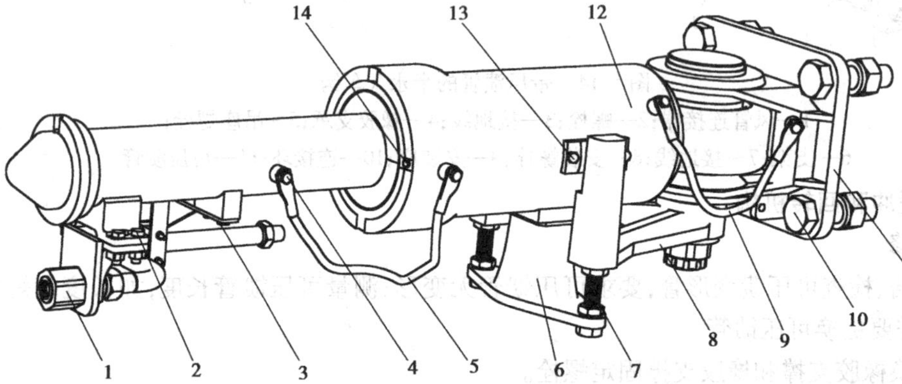

图 5.16　带缓冲器半永久车钩

1—风管连接器;2—螺栓;3—螺栓;4—螺栓;5—接地线;6—橡胶支承;7—吊座螺栓;8—支架;9—接地线;10—安装螺栓;11—安装座;12—缓冲器;13—螺栓;14—螺栓

(2)连挂系统

1)架修

更换主风气路连接管 O 形密封圈和风管连接器上的异型密封圈。

2)大修

对风管连接器及其附件进行拆卸检修,更换所有管卡、风管支架和螺栓、螺母。更换所有密封圈。

(3)缓冲和回转机构

回转机构如图5.17所示。

1)架修

①更换橡胶支撑和橡胶支撑固定螺栓。

②更换磨耗板、磨耗板固定螺栓、垫圈。

③更换车钩与车体固定螺栓、螺母。

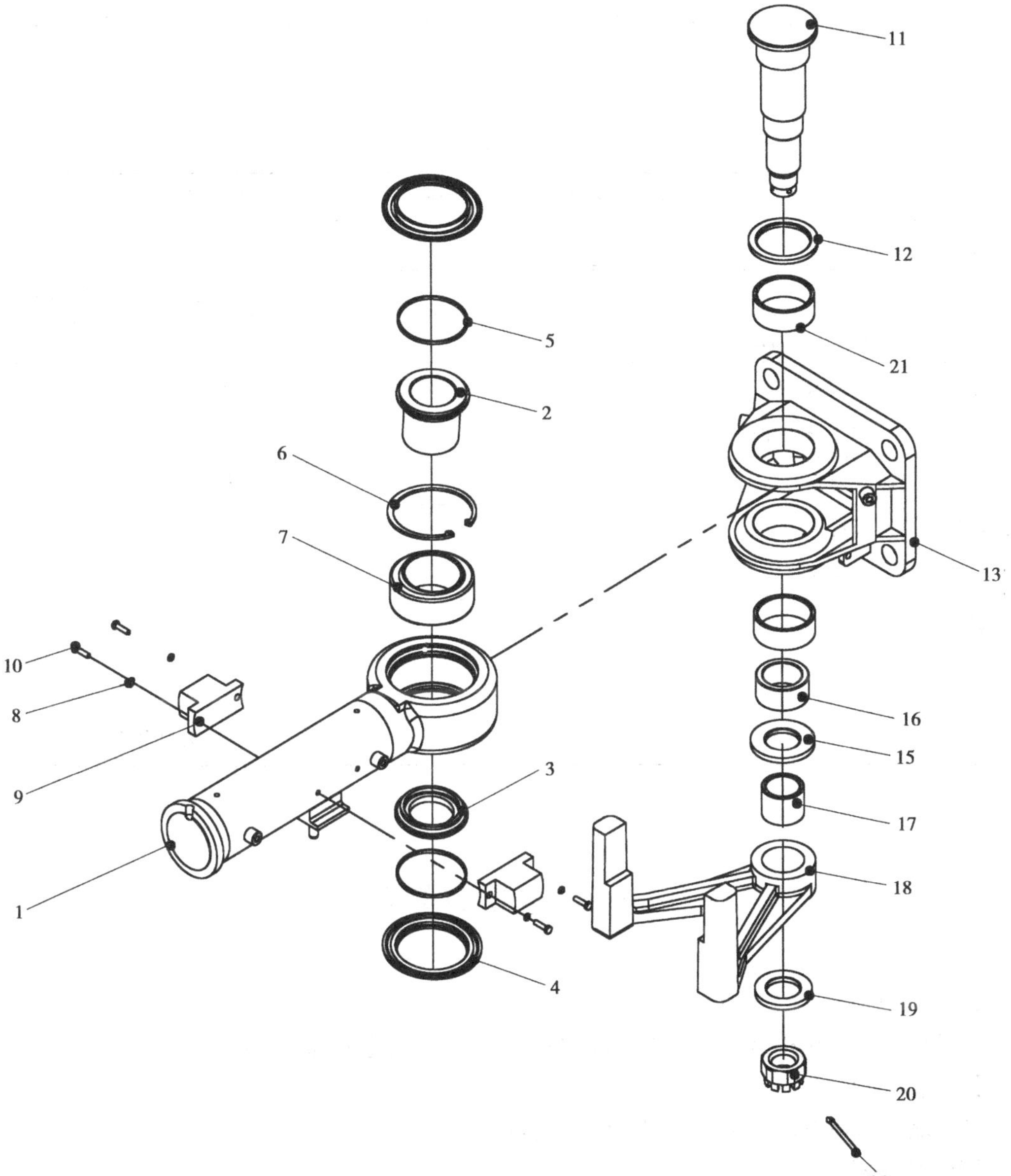

图5.17　回转机构的更换

1—缓冲器;2—轴承套;3—轴承垫圈;4—橡胶套;5—尼龙套;6—挡圈;7—关节轴承;8—垫圈;9—磨耗板;10—螺栓;11—钩尾销;12—钩尾销垫圈2;13—安装座;14—开口销;15—钩尾销垫圈1;16—套2;17—支架轴套;18—支架;19—钩尾销垫圈4;20—钩尾销螺母;21—套1

2)大修

①清洗并检查所有接地线。

②更换所有橡胶件包括橡胶支撑及其固定螺栓、垫片。

③更换对中装置中的安装座、关节轴承及橡胶件。

④更换缓冲器芯子。

(4)组装及试验

车钩整体组装。各连接螺栓拧紧并画线,按扭力表力矩校核。试验正常后在车体安装车钩。

【效果评价】

评价表

项目名称	城市轨道交通车辆的架修及大修	学生姓名	
任务名称	任务5　车钩缓冲装置的架大修	分　数	
项　目		分　值	考核得分
1.半自动和半永久车钩的结构外形特点		10	
2.车钩预检及清洁内容		25	
3.车钩架大修作业分解和更换内容		30	
4.车钩功能试验内容		20	
5.编制学习汇报报告情况		10	
6.基本素养考核情况		5	
教师简要评语: 教师签名:			

任务6　空调的架大修

【活动场景】

在城市轨道车辆检修现场教学,或用图片展示空调机组的部件组成。

【任务要求】

掌握城市轨道车辆空调系统架大修作业内容。

【知识准备】

车辆空调系统为司机室和客室提供冷风和新鲜空气,以提高司机驾驶和乘客乘坐的舒适性。空调系统主要由空调机组、司机室送风单元、风道、幅流风机、废排装置等设备组成。

车辆采暖系统为司机室和客室提供暖风和新鲜空气,以提高司机驾驶和乘客乘坐的舒适性。车辆采暖功能是通过客室电热器和司机室电热器组成等加热设备实现。根据空调系统整体布置的要求及室内气流组织的需要，安装适量的幅流风机，以提高制冷效果。为提高车辆内部的温度及空气质量，客室电热器安装在座椅底下的安装座上。每组电热器内设两支电热管，两支电热管分两路，可分别或同时工作、停止。电热器设“全暖”“半暖”两个控制位，由司机控制。

【任务实施】

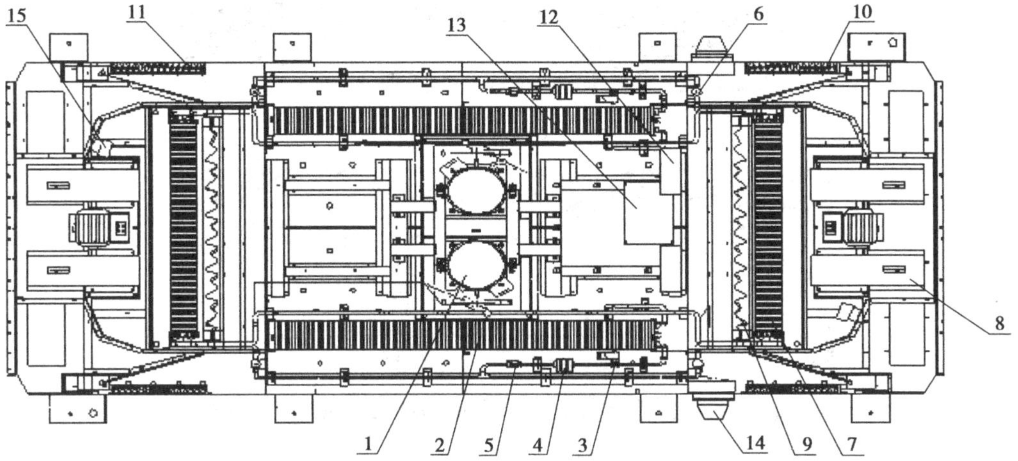

图5.18　空调机组

1—压缩机；2—冷凝器；3—电磁阀；4—干燥器；5—窥视镜；6—膨胀阀；7—蒸发器；8—送风机；9—混合空气过滤网；10—新风过滤器；11—新风门；12—高、低压开关；13—接线盒；14—连接插；15—风压探测器

1. 空调机组无电作业程序

空调机组如图5.18所示。

(1)机组拆卸

①将天车与空调吊具移至需更换空调机组的位置；将空调吊具的4个吊环与空调机组4个吊装点进行连接固定。

②检查空调机组各连接插、接地线和固定螺栓已完全拆除，4个吊环连接牢靠后，才能进行吊装空调机组。吊运空调机组到指定地点，吊运过程作业人员进行防护。

③搜集空调故障记录，按照车号存储在指定文件夹中。记录空调机组编号和安装位置，空调机组编号和安装位置填写准确。

(2)检漏

①拆卸空调机组，拧松空调机组所有连接、固定部件。空调压缩机如图5.19所示。

②查找空调机组管路泄漏点，对存在的泄漏点进行记录并用红色画线做好标记。

(3)冷凝风机和送风机拆卸

①拆卸冷凝风机、送风机，拧松所有固定螺栓和电源线。送风机如图5.20所示，冷凝风机如图5.21所示。检查叶片在电机轴上的紧固情况，并查看叶片表面情况；测量电机三相阻值，如有不平衡需要更换电机。

②拆卸清洗新风过滤器总成，更换新风过滤网和混合风过滤网。

图 5.19　空调压缩机

图 5.20　送风机

(4)清洗

①对空调机组电气连接插、电源线接头部分进行防水处理。

②用高压水枪清洗空调机组冷凝室、蒸发室、冷凝器、蒸发器、压缩机底部、空调机组壳体。

③清洁空调机组各排水孔,空调机组各排水孔排水顺畅、干净。

④使用酒精清洁高低压开关、压缩机、风门电机、风压开关和温度传感器的外部。高低压开关、压缩机、风门电机、风压开关和温度传感器的外部干净整洁。

⑤清洁紧急逆变器散热片,紧急逆变器各散热片外观良好、清洁。检查紧急逆变器连接插头外观,外观良好、连接牢固。

图 5.21　冷凝风机

(5)电气部件检查及更换

①检查空调机组各电源线和控制线的外观、绑扎状态、走线情况。空调机组各电源线和控制线绝缘层良好、走线清晰、各处绑扎牢靠。

②检查高低压开关内部接线情况和压力数值设定情况。高低压开关内部接线牢靠、压力数值设定正确。

③检查空调机组接线盒内部接线和各线号排列情况。空调机组接线盒内部接线牢固、各线号排列准确清晰。

④检查压缩机内部接线状态并测量三相阻值,压缩机内部接线牢固、相间阻值正常。

⑤测量电磁阀线圈阻值,如存在阻值不正常更换线圈。测量送风温度传感器、外界温度传感器和车厢回风温度传感器阻值,如测量阻值超过标准进行更换。

⑥更换各压缩机、冷凝风机、送风机的控制继电器。各压缩机、冷凝风机、送风机的控制

继电器动作灵活、各触头阻值正常。

⑦更换空调连接插头密封圈,密封圈外观良好、安装牢固。

(6)机械部件检查及更换

①对压缩机高低压连接阀、阀芯进行紧固。压缩机高低压连接阀和阀芯连接牢固。

②检查毛细管走向和连接状态,各毛细管走向顺畅无干涉、连接牢固。

③检查系统各铜管连接处密封性,各铜管连接处密封性良好。紧固各铜管管夹螺钉,铜管各管夹螺钉安装牢固。

④检查各新风门密封胶条安装状态,如有脱落重新进行粘贴。各新风门密封胶条安装牢靠。

图5.22　温度传感器

⑤检查冷凝器、蒸发器各散热片外观,如有变形需重新矫正。

⑥更换回风口、送风口、机组顶部和冷凝风机盖板密封橡胶件,要求安装牢固。检查空调机组各保温材料,如有破损进行更换。

⑦检查空调机组所有紧固螺栓,空调机组各紧固螺栓安装牢固。安装冷凝风机、送风机。各冷凝风机和送风机固定螺栓安装牢靠、电源线走向清晰无干涉。

⑧测试空调机组各部件运行工况。空调机组送风机、冷凝风机和压缩机工作正常,各温度传感器功能正常(见图5.22)。

⑨检查司机室增压器各固定螺栓紧固状态,司机室增压器各固定螺栓安装牢固,检查各出风口风量调节器转动状态,各出风口风量调节器转动灵活。检查风量调节开关螺丝固定情况,风量调节开关紧固螺丝安装牢固。检查风量调节器功能,风量调节器功能良好。

⑩拆卸清洗车顶各废排口过滤网。检查车顶费排装置固定螺钉紧固情况,要求固定螺钉安装牢靠。

(7)大修增加以下作业

①更换压缩机。

②检查翅片腐蚀情况,严重则更换蒸发器和冷凝器。

③冷凝风机及叶片:更换损坏冷凝风扇叶片,更换冷凝风机。检查电源线,如有腐蚀则更换。

④送风机:检查分解电机,清洗、烘干定子。更换风机轴承,加油脂,重新组装电机。

⑤更换干燥器和膨胀阀;更换压力开关及连接管,更换电气连接插头密封垫片。

⑥制冷管路:检查制冷系统的连接管路、接头和保温管道,气密性检查。

⑦机组保温材料:更换壳体上隔热材料,更换机组边框密封条。

⑧更换电磁阀,更换插头、密封圈,更换接触器,箱体清洁,检查接线。

⑨温度传感器:更换温度传感器,更换电气连接插头和密封垫片。

⑩更换机组接地线,清洁送风口、回风口、排水孔。

2. 空调机组有电作业程序

(1)试验准备

①将空调实验台的连接插与空调机组的插座相连接。

②观察实验台两个送风温度和新风温度显示是否正确并记录新风温度值，如存在温度显示错误需要对相应的温度传感器和接线情况进行检查。

(2)试验数据记录

①启动一号系统送风机，延时3 s后启动二号系统送风机，观察空调机组两端送风口出风是否正常。如出现送风机反转时需要从电机接线盒处对两相电源线进行调换。

②观察实验台两台送风机电机电流显示数值，并按照表格要求作好数值记录。

③启动一号系统冷凝风机，延时3 s后启动二号系统冷凝风机，检查冷凝风机出风方向(正常方向为轴向出风)，如出现冷凝风机反转时需要从电机接线盒处对两相电源线进行调换。

④观察实验台两台冷凝风机电机电流显示数值，并按照表格要求作好数值记录。

⑤启动一号系统压缩机，延时5 s后启动二号系统压缩机，打开窥视镜防尘盖，观察管路制冷剂流动情况，如发现有气泡出现时需要使用真空压力表测量高低压压力数值判断管路制冷剂是否满足要求。根据情况需要重新对系统进行抽真空、检漏、修补、保压、抽真空、充注制冷剂(5 kg)。

⑥观察实验台两台压缩机电流显示数值，并按照表格要求作好数值记录。外界温度小于20°时，压缩机电流要求大于8.0 A；外界温度高于20°时，压缩机电流要求大于9.0 A。如果低于此标准时需要重新对系统进行抽真空、检漏、修补、保压、抽真空、充注制冷剂(5 kg)处理。

⑦检查机组运行有无异常响声或异常震动。

(3)状态恢复

①空调机组工作正常后，紧固送风机室盖板螺栓。

②检查冷凝室盖板、蒸发室盖板、送风室盖板以及新风盖板各锁锁闭到位。

③使用万用表测量机组电气连接器各插针之间的阻值操作应符合要求。

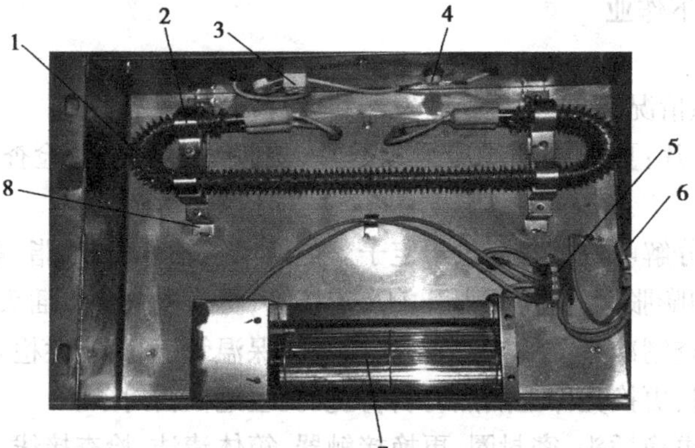

图5.23 电加热器

1—电热管；2—管卡；3—熔断器组成；4—温控器；

5—接线端子；6—快速插座；7—风机；8—支架组成

3. **电加热器**(见图5.23)

①打开电热器罩壳,用软毛刷轻轻刷掉电热器表面灰尘。用真空吸尘器吸掉刷下来的灰尘。

②更换电热管。松开支架上4只M4 * 10螺钉,用专用工具拔出接线端子内的电源线,取出电热管。更换电热管,按相反顺序重新安装。

③更换熔断器。松开电热器上安装座上两只M3 * 10螺钉,取下损坏的熔断器并更换新的熔断器。

④更换温控器。拔下温控器上两只插脚,松开两只M3 * 10螺钉,取出损坏温控器,换上新温控器。

4. **幅流风机**

本产品由叶轮部,电机部,集风器部,摆动机构,轴承座部,支架部等组成。

①应对各转动部件清洗,加润滑油。

②更换摆头电机。

③清洗叶轮时用清洗油去除油渍,轴承无异音可继续使用,否则更换。

【效果评价】

评价表

项目名称	城市轨道交通车辆的架修及大修	学生姓名	
任务名称	任务6　空调的架大修	分　数	
项　目		分　值	考核得分
1. 空调无电作业程序		10	
2. 空调机组拆卸、检漏和风机拆卸		10	
3. 空调清洗、电气部件检查		20	
4. 空调机械部件检查及更换		20	
5. 空调有电试验作业		15	
6. 电加热器和幅流风机作业		10	
7. 编制学习汇报报告情况		10	
8. 基本素养考核情况		5	
教师简要评语: 教师签名:			

任务7　牵引主电路系统的架大修

【活动场景】

本任务按照牵引主系统的组成来介绍各个模块的架大修内容。

【任务要求】

掌握受电弓、司控器、VVVF 逆变器等电气部件拆卸方法、清洁及维护特点。

【知识准备】

接触网的电流经受电弓受流后到车上分为两路:一路经母线熔断器及母线隔离开关接入贯通整车的母线;另一路连接主隔离开关(用于截断主电路电流),经过高速断路器(控制牵引主电路开断)、滤波电抗器(滤除高压谐波),连接至牵引逆变器(逆变将 DC1 500 V 电源逆变为1 100 V 电动机供电),电制动过程中将电能消耗在制动电阻上。在母线上设有母线熔断器,用于防止母线过流,起保护作用。列车通过 Mp 车上的受电弓受电,为防雷击等浪涌电压的侵袭,列车设置避雷器,安装在受电弓附近。每辆动车配置主隔离开关和接地开关。主隔离开关操作后,可将牵引设备与受电弓隔离,并使滤波电容器经限流电阻放电。高速断路器电气连接上通过主隔离开关与受电弓相连。每一个高速断路器为每辆动车的 VVVF 逆变器提供保护。每台 VVVF 逆变器需配备线路接触器、线路输入滤波器。每台 VVVF 逆变器有一个预充电回路以限制对线路滤波器的冲击电流,同时设有一个放电回路。列车高压回路的保护与电站的馈出保护相协调。

牵引主系统包括受电弓、司控器、牵引电机、制动电阻、高速断路器、VVV 逆变器。

【任务实施】

1. 受电弓(见图 5.24)

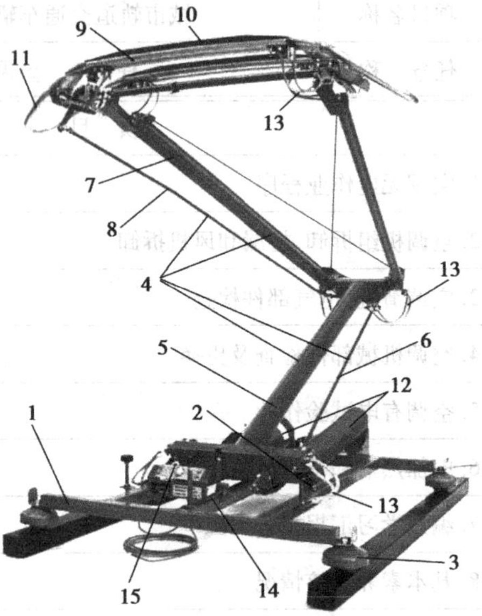

图 5.24　受电弓部件结构

1—底架;2—高度止挡;3—绝缘子;4—构架;5—下臂;6—下导杆;7—上臂;8—上导杆;9—弓头;10—接触滑板;11—端角;12—升降装置;13—电流传输装置;14—锁钩;15—最低位置指示器

(1)架修

①使用棉布以及中性清洗剂(按照 1∶100 比例用清水稀释中性清洗剂)清洗所有零部件表面,去除积垢和残脂。

②检查底架、拉杆、下臂杆、液压阻尼器、平衡杆、上臂杆等的外观情况。要求无变形、无裂纹、无破损。

③更换所有橡胶零部件、绝缘器官,要求无变形、无老化。

④更换所有的软连线,要求不与其他部件摩擦,无断股;更换升弓钢丝绳。

⑤对各转动部位的轴承进行检查,使用 Shell Alvania RL3 润滑新轴承。

⑥对拉杆、平衡杆部位的关节轴承进行检查并加通用锂基润滑脂润滑。用SHELL ALVANIA RL3对下臂、下导杆和气压升弓传动装置进行润滑。

⑦更换气囊连扳组装、绝缘气管和所有橡胶部件。

⑧清洁、检查绝缘子、避雷器，清洁并外观检查。要求表面光洁、无裂纹，安装螺纹完好、无烂牙。检查对地绝缘电阻，避雷器使用绝缘测试仪1 800 V挡、1 min进行绝缘测试，绝缘阻值>5 MΩ。绝缘子使用耐压测试仪3 000 V，1 min、漏电电流0.1 mA进行测试。

⑨使用碳滑板检测模板对滑板进行检测，对凹槽曲率半径介于65 mm与106 mm之间，以及凹槽曲率半径小于65 mm但50 mm范围内凹槽深度小5 mm的用平锉刀锉修，使其曲率半径大于106 mm；对50 mm范围内凹槽深度大于5 mm的必须进行更换。检查、测量碳滑板厚度，厚度≥5 mm。

⑩受电弓的组装，按与分解相反的次序组装受电弓。受电弓的试验，接入压缩空气，检查其气密性，无泄漏。用压缩空气检查受电弓的运动，要求动作灵活无卡阻，弓头应基本保持水平状态上升。调节升、降弓运动。降弓时应有两个阶段：迅速下降和平稳下降。调节受电弓静止接触压力。

(2)大修

①将受电弓完全分解成零部件并清洗，无积垢，无残脂。

②更换4个深槽球轴承和一个滚柱轴承，轴承无损坏，润滑良好。

③更换所有的铜软线，更换快速降弓阀密封件，更换橡胶元件。

④更换所有紧固件。

⑤清洗和分解降弓风缸，检查缸体、联杆和活塞，更换降弓风缸密封圈，更换所有密封圈，新件均匀涂抹润滑脂；更换降弓风缸皮套、波纹管和软夹子。

⑥更换碳滑板新件。

2. 司控器(见图5.25)

(1)架修

①检查司控器外观并使用吸引式吸尘器清洁，要求部件无破损变形，动作顺畅。

图5.25　司控器

②动作状态检查，操作方向手柄、主控手柄，根据声音、手感等，确认动作正常。

③检查各部分的螺钉、螺栓是否有松动。给星形轮及齿轮的齿部涂抹润滑脂。更换并安装所有行程开关，核对行程开关型号及接线编号，做到一一对应；接线紧固良好。

④检查辅助凸轮接触器，检查表面粗糙变黑的程度，如果触点变黑请更换。试验台进行

手柄转动力矩测试,测试所有的行程,记录最大作用力值,不超过规定值。试验台触头闭合导通阻值测试,所有触头测试完成通过。试验台触头闭合逻辑表符合性测试,触发逻辑与原部件逻辑一致。

(2)大修

拆下并清洁司机控制器。更换司机控制器整件,上试验台作测试并装车。

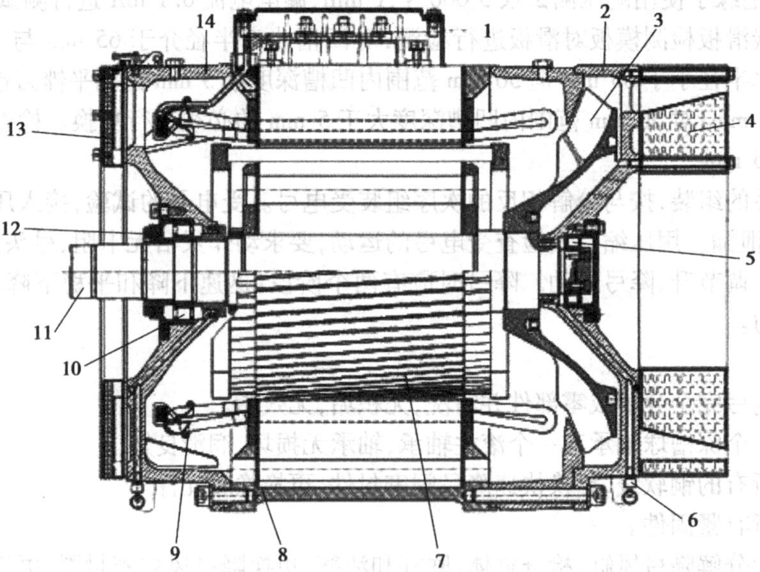

图5.26　牵引电机结构图

1—电气接线盒;2—端板ND;3—风扇;4—消声器;5—圆柱滚动轴承ND;
6—注油孔;7—转子;8—定子叠片;9—定子绕组;10—圆柱滚子轴承DE;
11—轴;12—迷宫式密封环;13—空气滤清器;14—端板DE

3. **牵引电机**(如图5.26)

(1)分解检查

1)架修

①分解牵引电机,将端盖、轴承、密封圈、转子等部件从机座上分解。

②清洁牵引电机,对机座、转子进行吹扫,要求无积尘、无积垢。清洗端盖、线圈、安装螺栓等部件,要求无污垢,无残脂。

③检查机座各部位。各部位无损伤、变形,内部栅条无松动。检查铭牌并清洁接线盒、引出线。完好无损,引出线完好率 >90%。

④检查孔盖、各安装螺孔。安装孔无缺损、无烂牙。检查端盖外形,外形无变形、裂纹。

⑤检查绕组及连线绝缘情况,要求无破损、烧伤痕迹。

2)大修

①分解电机并清洁,对转子、定子进行吹尘、清洗并烘干,对转子进行吹尘清洁,烘干温度80~100 ℃,连续烘干时间应大于8 h,清洁完无积尘、油污。

②清洗端盖、迷宫环、挡油板等,测量电机轴颈尺寸,检查电机轴,表面应光滑,无拉伤,

无裂纹，轴伸端应无损伤，螺纹部分及注油孔应良好，轴颈配合面有轻微局部拉伤不得超过5%～10%。

③对电机轴探伤，要求无损伤。

(2)更换部件

1)架修

①更换电机轴承和各密封圈。顺序安装端盖、轴承、转子，速度传感器迷宫环、进风罩等。

②更换速度传感器、进风罩。轴承注润滑脂，注满轴承空间。检查注油嘴、铭牌，要求引出线线号完整、齐全。

2)大修

更换前后端轴承和各密封圈，更换所有紧固螺栓，更换进风口防护罩。

(3)功能试验

①测量定子各绕组电阻值并记录。在出线盒处测量三相绕组每两相之间(U-V，U-W，V-W)的绕组电阻值：环境温度为20 ℃时，电阻值Rb应为175.9 MΩ±5% MΩ，如环境温度有变化时请根据备注公式换算。

②测量电机三相绕组与机壳的绝缘电阻。绕组绝缘试验(绕组的温度对绝缘电阻值有很大影响，温度每上升10 K，绝缘电阻值就下降一半。>2 MΩ对地耐压值2 700 V。)

③功能试验：用手扳动转轴的轴端，转子在两个方向均可自由无阻碍地转动。

④均速试验。接好电源线后，逐步升高电压，使电机的转速慢慢上升，到达额定转速1 800 rpm左右之后，保持运行大约30 min将三相电源的任意两相互相调换，重复上一步过程。电机运行无异常响声和振动。

⑤温升试验(温升指轴承温度与环境温度的差)，轴承温升小于55 K。

4.**制动电阻**(见图5.27)

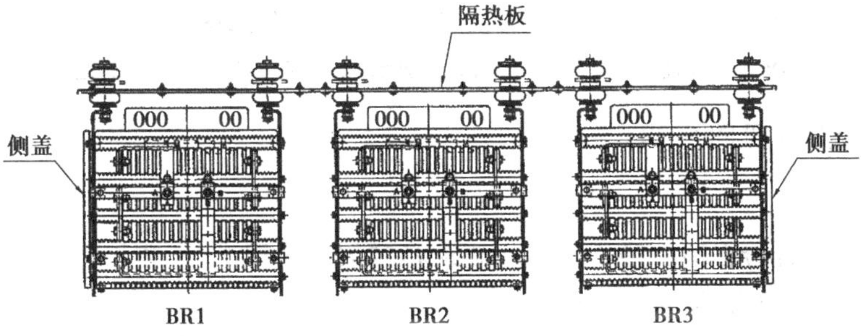

图5.27　制动电阻

(1)架修

①分解制动电阻，拆下铜排、电阻元件和绝缘子支撑。

②检查绝缘子是否破损以及电阻元件端子、铜排的接触面是否有锈、电腐蚀。如果有用细挫、砂纸打磨，涂上防腐剂。

③电阻元件变形、断线的检查，轻微变形修整后使用，断线的拆下更换。

④绝缘子脏污、破损的检查，脏污用干布擦除，破损的更换。确认外框以及盖板有无涂装

剥离、烧焦部位,有涂装剥离以及烧损的话,进行补涂。

⑤重新安装制动电阻。电阻值测定,用电压下降法测定端子间的电阻,确认在允许范围内。绝缘电阻和绝缘耐力测定,电阻元件与外框,外框与车体安装处,电阻元件与车体安装处。

(2)大修

①使用微电阻测量仪检查各组电阻值。测量电阻元件与框架之间的绝缘值。

②更换云母板,清洁 I. R 传感器头。清洁并检查电阻绝缘子。更换尼龙密封。

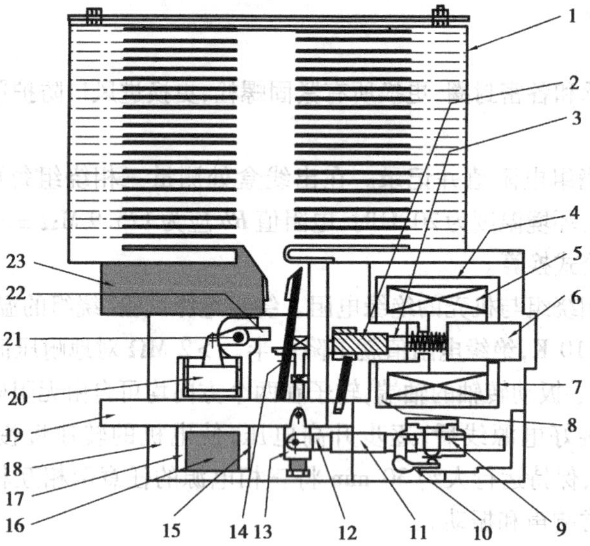

图 5.28　高速断路器

1—灭弧罩;2—叉;3—杆;4—缸;5—闭合线圈 E 型;6—芯组成;7—前板;
8—后板;9—双触点开关;10—控制杆;11—销;12—叉;13—枢轴承;
14—动触点;15—盖;16—层压磁板;17—断路箱;18—绝缘框架;
19—下部连接;20—动磁铁;21—弹簧;22—控制杆;23—上部连接

5. 高速断路器(见图 5.28)

(1)架修

①分解并清洁;检查辅助触头电阻。要求各零部件无积尘、无积垢。检查主触头、辅助触头,要求无烧损、无结瘤、无明显氧化。

②检查绝缘部件。绝缘电阻 >1 000 MΩ。检查、清洁灭弧罩。无裂纹、无烧损、无积炭。

③检查电缆接线,要求接触良好。重新组装高速开关。安装正确牢固。螺管线圈通电试验。在 77 ~ 132 V 电压范围内,可吸合。测量触头分断时间。分断时间 <10 ms。测试和整定过载跳闸值,整定值为 1 200 A。

④清洁高速断路器箱,无积尘。

(2)大修

①分解并清洁各个部件,更换动触头、上连接、辅助触头、金属电弧隔板、顶部灭弧板。

②检查、清洁灭弧罩。重新组装高速开关并确认安装牢固。

③上试验台测试测量触头分断时间、电流整定值调整、耐压试验、分断动作试验。

6. 牵引逆变器(见图5.29、图5.30)

牵引逆变器装置由逆变器主体和门极驱动控制部分组成,安装在车底。

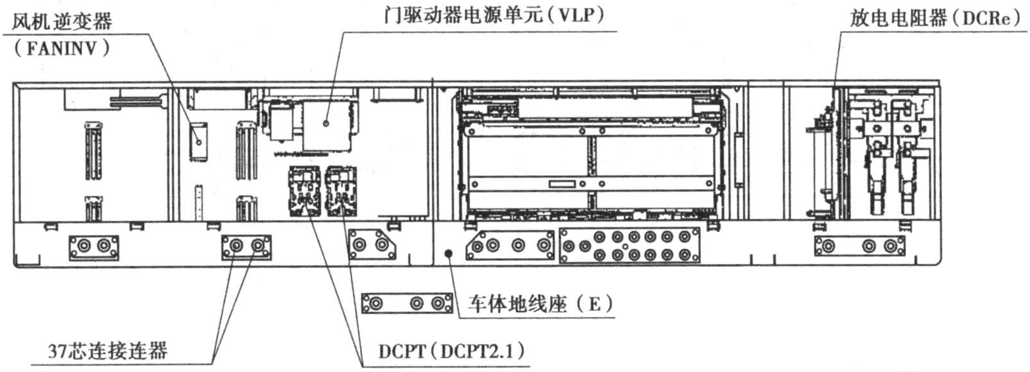

图5.29　牵引逆变器(背面)

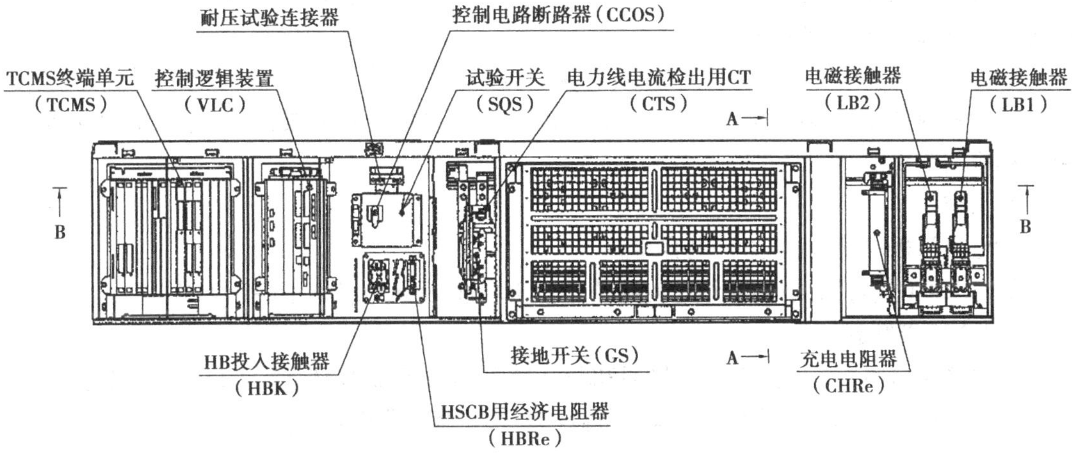

图5.30　牵引逆变器(正面)

(1)分解及外观检查

①拆除逆变器的安装螺丝和电气连接螺丝,电缆电线连接。

②使用清洁剂清洗箱体、盖板箱体、盖板散热器表面灰尘,要求表面清洁无积尘。清洁无灰尘。

③检查逆变器箱体盖板,箱体油漆破损面积不大于10 cm^2,箱体盖板无变形现象,密封胶条和屏蔽胶条齐全、完整。

④外观检查铜排、支持绝缘子、传感器,各部件完整、无损坏、变形,各连接完整紧固。

⑤电缆检查(电缆绝缘、电缆固定、连接插座),电缆线无破裂或磨损,无处露,连接可靠完好。

⑥电气部件检查。各电器元件不得受污染,所有电路板和元件完整,电容电阻不得鼓胀,

安装及接线良好。

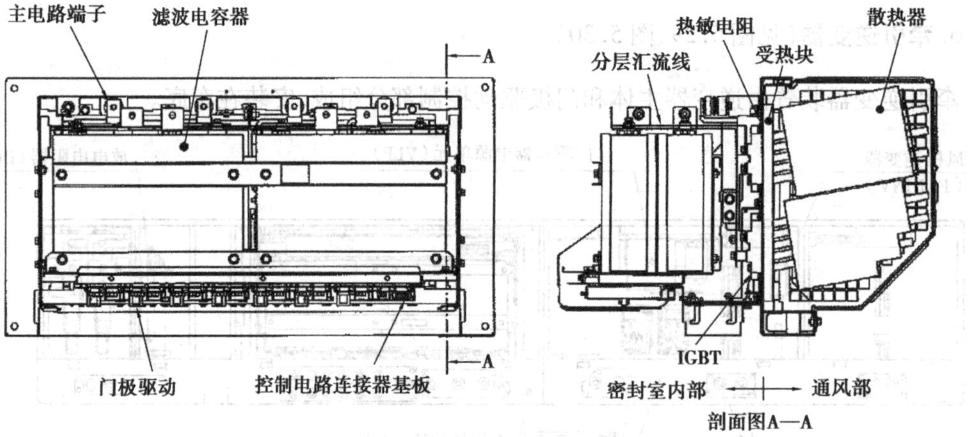

图 5.31　动力单元

(2)动力单元(见图 5.31)

1)架修

动力单元主要由散热器、IGBT,BCH,BFD(二极管)、滤波电容器、门极驱动器和一些连接线组成,是控制电机电流的装置。

①检查散热器的筛眼有无堵塞,有无污垢。如果有污垢则用水洗或者吹气进行清洁。

②检查内部设备零件、电线及端子、焊锡部位和压接端子有无损伤、变色。出现异常时,更换相应的零件。

2)大修

①更换门极驱动,更换滤波电容器。

②对 IGBT 进行测试:测量绝正向缘值不低于 8 M,反向绝缘值不高于 1 M。

(3)电磁接触器

电磁接触器用于主电路电流的接通和断开操作,是电磁操作式,通过 110 V 电源动作,主要部件有触点、灭弧罩(见图 5.32)、辅助触点等,架大修作业内容相同。

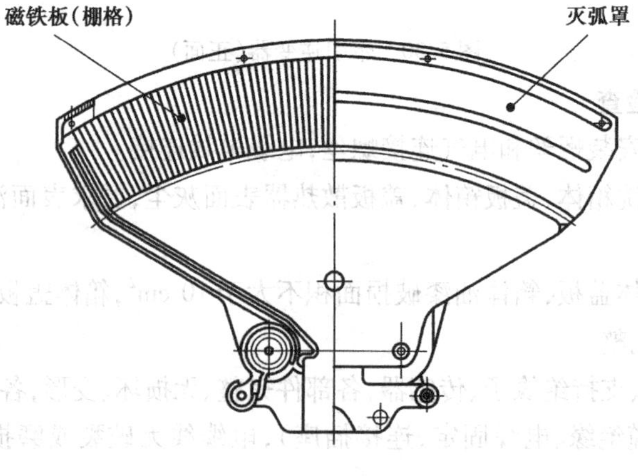

图 5.32　电磁接触器灭弧罩

电磁接触器构造如图5.33所示。

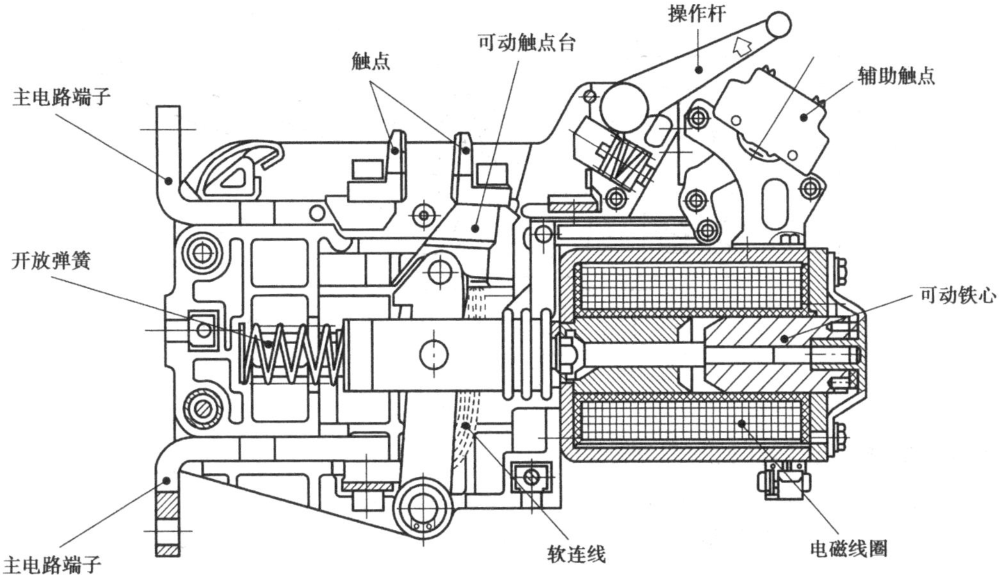

图5.33 电磁接触器构造图

①检查接触器主触头,辅助触点、灭弧罩无烧损变色现象。如果有变色则进行更换。

②检查灭弧罩内部侧板、上部盖、配合销,查看有无严重烧损、黏结剂裂纹,烧损在2 mm以上更换。

③检查辅助触点内部,如果变黑进行更换。测试触头阻值,检查接触器触头阻值不超过0.2 Ω。

④测定电磁接触器主体动作电压,电压值DC77 V以下。

(4)接地开关

接地开关是用于接地的开关。

①将灰尘擦干净,检查是否有因过热造成变色等外观异常,检查绝缘座、手柄等绝缘物是否有裂纹。目测检查刀片、刀夹等通电滑动部分是否夹杂有异物,是否有烧结。刀型开关如图5.34所示。

②从箱体中将包括绝缘座在内的开关部分拉出来,将绝缘座的内外面擦干净。

③在铰接刀夹和接触夹上涂抹润滑剂。

④检测操作力 P_1 和 P_2。$P_1=3.5\sim9.5$ kgf,$P_2=1.0\sim5.5$ kgf。要求操作时没有发涩感。

(5)HB投入接触器

这种电磁接触器由消弧室及操作线圈、可动部分、铁芯、固定接触子和可动接触子构成,如图5.35所示。

①对外观进行目视检查以及清扫。罩的内外侧用抹布擦干净。

②检查接点的磨损、污渍,磨损时,可将接点表面用锉刀轻轻研磨光滑之后重新使用。当磨损较厉害即接点台裸露出来的时候必须更换三相的可动和固定接点。

③利用紧急接通法确认工作电压在70 V以上、释放电压在10 V以上。

④大修时更换接触器和电解电容。

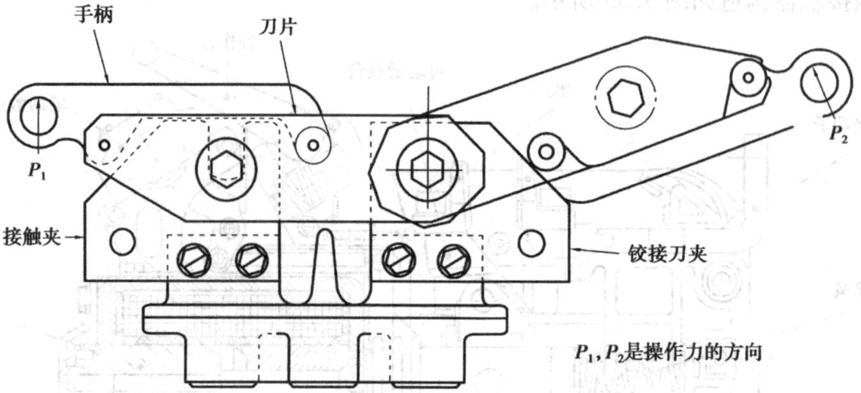

图 5.34　刀型开关

(6)控制线路断路器(见图 5.36)

控制线路断路器是通过手动操作进行操作的切换开关,接点材质为银镍合金的双接触形式,具有耐弧性和较高的可靠性。

①对外观进行目视检查及吹气清扫。端子螺钉有松动倾向的要将其拧紧。

②通过手动操作往各个位置反复进行 2 ~3 次的切换操作,确认不存在固涩现象,否则进行更换。

③取下开关罩,对接点进行检查。查看接点的厚度、接触的状态以及接点的磨损情况。接点表面损伤严重或者变黑的时候要更换。

④在端子之间进行绝缘耐压试验,电压 2 kV,时间 1 min。

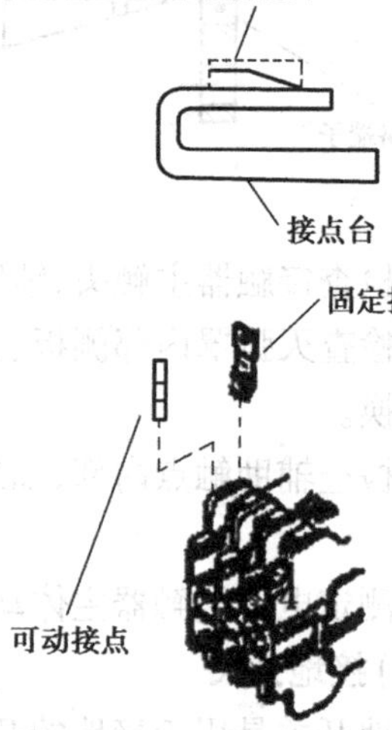

图 5.35　HB 投入接触器触点

(7)控制逻辑装置(见图 5.37)

逻辑控制装置,由装有以半导体为主的电子零件的印刷电路板和与电源部、外部进行电气性、光性接续的连接器组成。构成零件有稳定电源、印刷电路板和风扇电源。

①外观检查风扇单元、电路板有无异常变色,焊锡部位有无裂纹。用吸尘器进行吸引清扫,有异常更换。

②更换稳定电源。

③测量印刷电路板备用电池的电压,3 V 以下进行更换。确认安装螺钉无松动。

(8)线缆及开关

①37 芯连接器插头和插座

检查外部电气连接插,各电气连接插无裂纹,插头紧固无松动。

②光纤电缆是将来自逻辑控制部分的门电路信号传送到动力单元门极驱动的电缆。大修时联系厂家进行光量测定。

③HSCB 用经济电阻器串联插入 HB 的线圈中,把线圈保持电流限制在 0.41 A。架修时检查其表面是否有脏污并及时清洁。

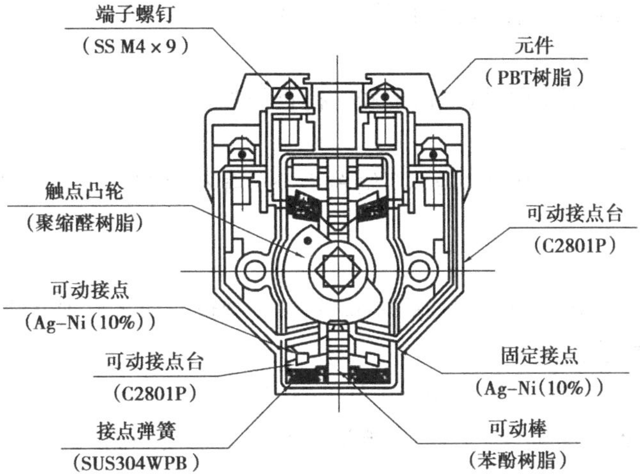

图5.36　控制线路断路器

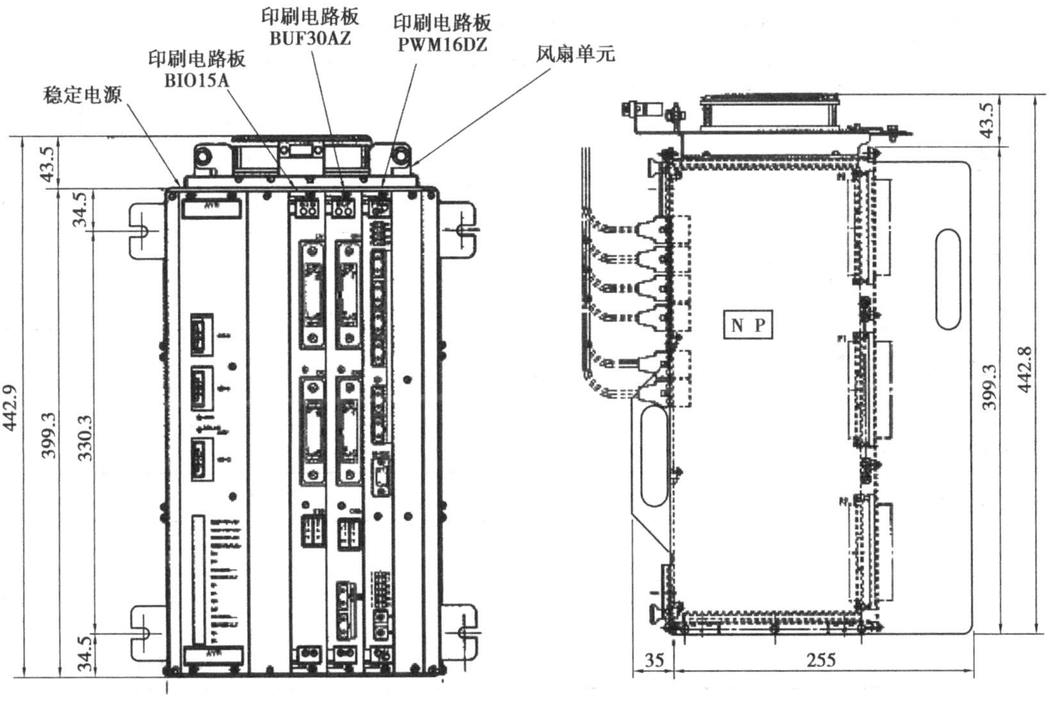

图5.37　控制逻辑装置

④放电和充电电阻器

放电电阻器是实施主开关的打开与关闭操作时,为了使滤波电容器电荷能量释放出而连接的电阻器。充电电阻器是在主电路闭合时,抑制滤波电容器的充电电流,防止过大电流流过电容器或者接点。架修时检查其表面是否有脏污并及时清洁,检查端子螺钉是否有松动。

⑤电流传感器

利用霍尔效应测定电流。架修时测定其反馈电流值。

⑥DCPT盘

用于检测电路的电压。架修时检查外观并清洁。

⑦试验开关

试验开关有试验和正常两个位置，架修时检查外观并清洁。

⑧耐压试验连接器

进行耐压试验时，把手柄从“通常”位置拆下，插入“耐压”位置。架修时检查外观并清洁。

⑨风扇逆变器

风扇逆变器是控制逻辑装置冷却风扇的逆变器，架修时检查外观并清洁。

(9)组装并绝缘测试

①架修：电器部件绝缘测试，绝缘值不低于10 MΩ。

②大修：VVVF绝缘测试，VVVF静态测试，VVVF高压动态测试。

【效果评价】

评价表

项目名称	城市轨道交通车辆的架修及大修	学生姓名	
任务名称	任务7　牵引主电路系统的架大修	分　数	
项　目		分　值	考核得分
1. 受电弓架大修作业内容		10	
2. 司控器架大修作业内容		10	
3. 牵引电机分解更换、功能试验作业内容		20	
4. 制动电阻架大修作业内容		10	
5. 高速断路器架大修作业内容		10	
6. 牵引逆变器架大修作业内容		25	
7. 编制学习汇报报告情况		10	
8. 基本素养考核情况		5	
教师简要评语： 教师签名：			

任务8　空气制动的架大修

【活动场景】

空气制动部分包括供风模块、制动控制模块和踏面制动单元。

【任务要求】

掌握城轨车辆制动系统特点及架大修维护保养内容。

【知识准备】

西安地铁2号线车辆的制动系统采用日本NABTESCO公司生产的制动系统,该系统采用车控方式,按照1动1拖为一个单元进行系统设计。压机及相关冷却和干燥设备组装为“风源模块”,安装在每个Mp车上。风源系统由空压机和干燥器及二次冷却器组成,为制动系统提供干燥、足够的压缩空气。

制动控制装置及相关设备组装为“制动控制集成”,安装在每辆车上。每辆车配备一套制动控制装置,用于进行带有空重车调整的常用制动和紧急制动以及滑行保护等的控制,此外具有自诊断等诸多功能。其主要分为电子制动控制单元和制动控制单元。

列车每根轴上均配备一套带停放制动和不带停放制动的踏面制动单元用于执行停放制动,常用制动和紧急制动。

【任务实施】

1. 供风模块

(1)空压机(见图5.38)

1)架修

①将空压机与车体的气路、电路和机械连接拆除,空压机送至检修区。空气压缩机外观清洁、检查,要求无积垢、无灰尘、无裂纹。

②对吸入式滤尘器、滤油器进行清洁并吹干。更换活塞环、油封环、油环、阀件和各种密封垫、密封圈。

图5.38　空气压缩机

③拧开排油孔,将空压机的残余润滑油排净。然后加注0.5 L润滑油清洗空压机曲轴箱,然后排净润滑油。拧紧排油孔螺堵,加注3.7 L润滑油。

④列车送电后,检查空压机运转无异音及异常震动;电机转动方向与箭头方向一致。空压机供风时间正常。主风管压力达到750 kPa以上时,使用肥皂水检查管路是否有漏气现象。漏泄检查后必须迅速清除肥皂水痕迹,并在管路接头处以喷雾的方式涂上防锈油。

2)大修

①查看轴承是否有伤痕,运转时是否有异音,如果有进行更换。

②检查曲轴、活塞、气缸、齿轮泵和联轴节的磨耗情况,严重磨损则更换。

(2)除湿装置(见图5.39)

1)冷却器

更换密封垫,然后进行泄露检查。

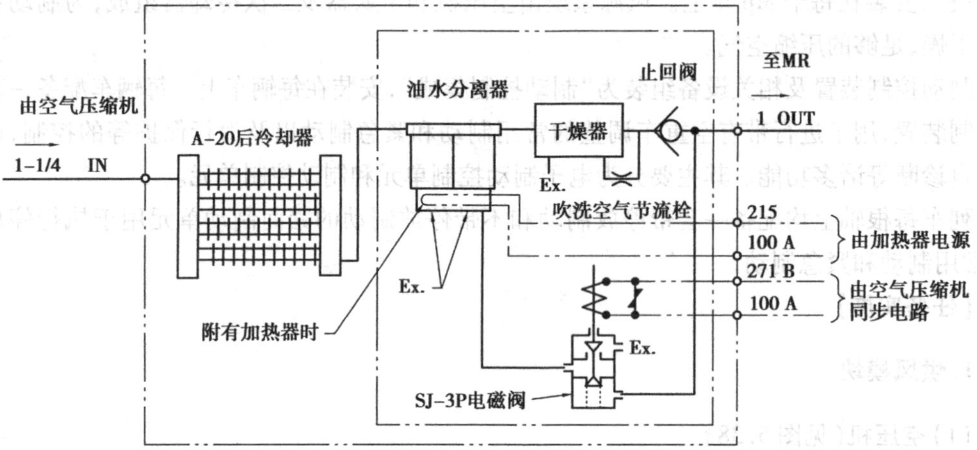

图5.39 除湿装置气路图

2)油水分离器

检查主体、管座有无龟裂并清洁,同时更换O形密封圈和过滤器。

3)二通排水阀

①检查阀体有无龟裂并清洁,对O形密封圈和密封垫进行更换,检查弹簧,确认弹力减弱情况。

②检查衬套和活塞磨损情况,磨损严重的进行更换。

4)干燥器

对本体出口侧端面进行检查,更换O形密封圈。

5)止回阀

①检查阀体有无龟裂并清洁,对节流栓的网眼堵塞情况进行检查。

②更换O形密封圈、挡圈,检查弹簧,如果弹力减弱则进行更换。

③检查阀体和衬套,如果磨损则进行更换。

6)电磁阀

①更换阀座和铁心组件,检查控制弹簧和复位弹簧的自由长度。

②检查线圈的电阻。

2.空压机启动装置

空压机启动装置通过检测主储气筒管压力来控制电动空气压缩机运行的启动装置。在呈防滴结构的外箱内,集成装有控制电动空气压缩机运行的压力开关、电磁接触器、各种继电器及定时器。在外箱的后部,设有高压电路导线引入口(连接器)与压力开关空气引入口(Rc3/8)。在外箱的侧面,则设有低压电路的导线引入口连接器。

(1)外箱及通气口

①检查外箱有无损伤,锁定状态以及防水密封垫的好坏,外箱有显著损伤或者锁定状态不好时,更换外箱。密封垫有渗水时,更换。

②滤尘器有无损伤,有损伤时,或者每次进行全面检查时,将滤尘器更换为新品。进行清洁:用水及中性洗涤剂进行清洗,并使其充分干燥之后,再行装入。

(2)各连接器、连接线及空气导管

①连接器连接状态的好坏。连接器触点有无生锈、变形。连接器触点有生锈、变形时将连接器更换为新品。

②压接端子有无松弛,导线有无部分裸线断线及外皮损伤。压接端子有松弛,导线有部分裸线断线及外皮损伤时,更换为新品。

③压接端子,导线

接头有无裂纹、损伤、缺陷。有裂纹、损伤、缺陷时,或者每次进行重要部位检查时,将PMA 接头整体更换为新品。

④空气导管有无漏气。有漏气时,或者每次拆下时,或者每次进行全面检查时,将聚乙烯树脂管与接头更换为新品。

(3)各电子器件

对电子器件进行全面更新,更换压力开关、变压器、继电器、断路器、定时器、浪涌吸收器和变阻器。

3.制动控制系统

(1)安全阀和调压阀

对阀分解后进行全面清洁,对动作压力进行检查。

(2)高度调整阀

1)架修

①清洁高度阀及高度阀连接杆,要求无积垢、灰尘。

②润滑高度阀活动部件,高度阀的功能测试。功能良好,无泄漏。

2)大修

①分解阀体进行全面清洁,如果发现有损伤的零件全部进行更换。

②检查阀门动作相关参数是否正常。

不灵敏区:操作杠杆寻找开始供气的位置和开始排气的位置,其间隔以在杠杆端形成的弦节距来表示,标准值是3~5 mm。

动作的延迟时间:是指使杠杆从不灵敏区的中心位置快速地移动20 mm,然后开始供气或排气的间隔时间,标准值3 s±1 s。

空气流量:将40 L气缸内的压力调为大气压之后连接高度阀,供给500 kPa 的压缩气,且杠杆急剧地移动20 mm,然后测量气缸内压力变为200 kPa 为止的所要时间;或是气缸内压力调为500 kPa 后,放开高度阀而排气,气缸内的压力降低到300 kPa 为止的所要时间,标准值是40 s以下。

上述参数是参考值，如果差别过大则应检查是否有漏气、弹簧失效以及紧固松动、垫圈磨损等方面的原因。

(3)差压阀

①分解差压阀，检查是否能平滑动作。

②更换弹簧、O形环以及胶皮座。更换防松用的卷绕钢丝。

(4)中继阀

中继阀随着从常用电磁阀或紧急电磁阀的指令空气压力，供给或排出制动缸的压力空气。空重车调整阀向紧急电磁阀供给满足空气弹簧的空气压力（车辆负荷）的压力空气。压力传感器（Sensor）将各部的空气压转换为电信号。

1)架修

①中继阀部、空重车调整阀部。

金属件用白汽油等清洗，然后用干净的压缩空气吹干。橡胶部件用蘸有汽油的脱脂棉等轻轻地擦拭。分解检查，如果存在有害的瑕疵（龟裂、剥离、裂口）或凸缘变平应更换新品，弹簧确认没有弹性减弱、歪斜或被腐蚀等现象。检查完毕进行压力检查。

②更换常用电磁阀部、紧急电磁阀部和压力传感器，更换完毕后进行功能确认。

2)大修

更换中继阀部、空重车调整阀部、常用电磁阀部、紧急电磁阀部和压力传感器，更换完毕后进行压力测试。

(5)EBCU

1)架修

①外观清洁、检查。要求无积垢、无灰尘、无裂纹。检查接线、插头是否紧固，进行EBCU自检，确认自检通过，下载并清除故障数据。

②进行中继阀、紧急制动电磁阀功能测试，功能良好。

2)大修

①从ECU机箱拆出所有电子板并吹尘清洁，更换电路板上电池。

②更换所有安装紧固螺栓和弹簧垫圈，BCU整件功能测试。

4.踏面制动控制单元（见图5.40）

(1)架修

①排静制动缸及管路中的压缩空气，将制动机完全缓解，利用架车机将车辆升高到合适（架车机上升约800 mm）的高度。将闸瓦钎开口销取下，然后取下闸瓦钎、闸瓦等。拆除常用制动缸、停放制动缸的管路连接。用透明胶布封好管路接头。拆除停放制动手动缓解装置与转向架构架上的安装支架，将拆下的踏面制动单元送至待续件存放区。

②使用清洁剂、百洁布、钢丝球、棉抹布等清洁踏面制动单元外观，目视无小片油迹、浮尘。检查闸瓦厚度、螺栓紧固情况，要求紧固无松动。

③拆卸闸瓦拖螺栓并涂抹润滑脂，更换波纹管，用白汽油进行清洁油污，并用压缩空气吹干。

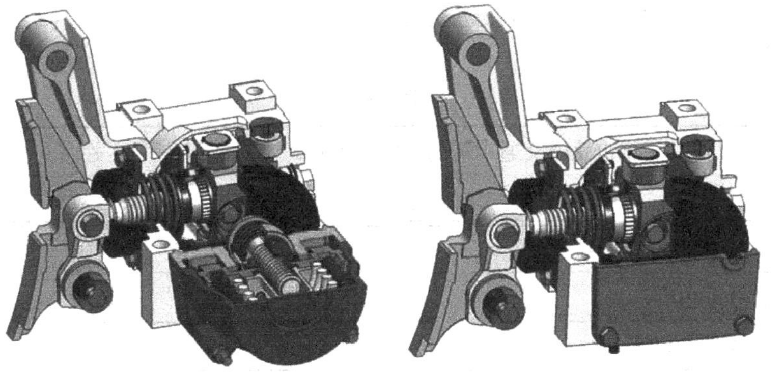

图5.40　带停放和不带停放的踏面制动单元

④检查制动机动作正常,无异音。检测制动机无漏气、串气现象,使用肥皂水检查管路接头是否有漏气现象,漏泄检查后必须迅速清除肥皂水痕迹,并在管路接头处以喷雾的方式涂上防锈油。

(2)大修

①检查制动缸密封环、耐磨环有无异常磨损,各种O形密封圈和防尘垫应无破损,各种弹簧应无松弛、蠕变与腐蚀。更换橡胶件。

②组装并在制动缸的端面及O形圈上均匀地涂上润滑脂,并根据润滑计划涂抹润滑脂,组装完毕后应进行功能测试。功能良好。

5.其他辅助系统

(1)防滑阀

1)架修

①清洁阀的表面及管接头,更换管接头处密封铝垫片。

②防滑阀的功能测试,要求功能良好,无泄漏,绝缘性能良好。

2)大修

防滑电磁阀的分解、清洁,更换阀磁铁、密封圈、弹簧。

(2)受电弓执行机构

①升弓电磁阀的功能测试,要求功能良好,无泄漏。

②检查过滤器滤网,要求滤网干净,否则更换。

(3)风缸及管路

1)架修

①清洁并检查车底所有风缸、管路、管接头、软管及安装支座,要求表面清洁,无积垢、无灰尘,无损伤、无变形。

②软管无老化,否则更换。打开所有风缸下部的排水塞门,排水后关闭。

③检查风缸及管路的气密性。

2)大修

①清洁并检查车底风缸、不锈钢管路外表,更换所有软管。

②风缸进行 X 射线探伤,如有裂纹进行更换。

【效果评价】

评价表

项目名称	城市轨道交通车辆的架修及大修	学生姓名	
任务名称	任务 8　空气制动的架大修	分　数	
项　目		分　值	考核得分
1. 空压机架大修作业内容		15	
2. 除湿装置架大修作业内容		10	
3. 空压机启动装置架大修作业内容		15	
4. 制动控制系统架大修作业内容,以及安全阀、中继阀、高度调整阀等阀类,风缸、气路的维护内容		30	
5. 踏面制动单元架大修作业内容		15	
6. 编制学习汇报报告情况		10	
7. 基本素养考核情况		5	
教师简要评语: 教师签名:			

任务 9　辅助系统的架大修

【活动场景】

辅助系统包括辅助逆变器、蓄电池等电气部件,维修方式和主电路相近。

【任务要求】

掌握城轨车辆辅助系统的架大修作业内容,重点是蓄电池。

【知识准备】

母线连接至 Tc 车的 DC 1500 V 电源经过隔离开关箱,连接至启动机和辅助逆变器,将逆变得到的 AC380 V 电源经过整流装置,最终输出三相 AC380 V 电源、DC110 V 电源、DC24 V 电源,为整车设备供电。

辅助逆变器从架空网上受电用作辅助电源。每列车的两套逆变器(SIV)向全列车辅助系统的负载提供电源;当其中 1 套逆变器(SIV)故障时,余下的 1 套能承担 6 辆车的基本负载并保证列车的正常运行。基本负载是指全部负载中减掉全列车每套空调机组的一台压缩机。辅助逆变器箱体为长方形,安装在 Tc 车底架上。

整流装置内置一个电感,其功效是让 DC 1500 V 电源电压保持一个恒定的值。同时变压器内部有一个变压器,把从 SIV 输出的低压、大电流的三相电源整定为稳定的工频 AC380 V,

DC110 V,DC24 V 辅助电源供车辆的空调、照明、电热等辅助系统工作。辅助熔断器的作用是辅助系统从架空网上受电过流时,对辅助系统起限流保护作用,安装在 Tc 车底架上。

整列车设置辅助隔离开关箱,安装在 Tc 车底架上。设手动隔离开关,用以在维修时将系统与高压输入隔离。同时箱内设有 1 500 V DC 的车间电源插头以代替受电弓向整列车辅助系统供电。任何一个车间电源接通时,均可向整列车辅助系统供电。车间电源供电与受电弓供电之间有连锁,以保证整列车任何时候只有一种供电,且当由车间电源供电时牵引系统不能得电。

蓄电池安装在 Tc 车底架上,每列车两台。蓄电池包括 78 个镍-镉电池单元,为 Hoppecke FNC 电池。蓄电池容量为 160 Ah。蓄电池箱体采用不锈钢制作,内部采用防电解液的绝缘材料。蓄电池箱有良好的通风和排水功能。

交流接触箱安装在 Tc 车底架上面,当 1 台 SIV 装置因保护动作停止时,交流接触器闭合,另外 1 台 SIV 装置将提供全列车的基本负载并保证列车的正常运行。基本负载是指全部负载中减掉全列车每套空调机组的一台压缩机。

启动装置对进入 SIV 的输入电源进行开关控制,对输入电源起到滤波的作用,含有对 SIV 装置进行放电的放电电阻及接触器。主要部件构成:直流电抗器、线路接触器、放电电阻、放电接触器等。

【任务实施】

1. 辅助逆变器(见图 5.41)

(1)架修

①拆下辅助逆变器模块,拆除逆变器的安装螺丝和电气连接螺丝,电缆电线连接。

②清洗散热器,使用清洁剂对散热器进行清洁,表面清洁无积尘。清洁表面灰尘,各部件、绝缘体表面清洁无灰尘。

③外观检查铜排、支持绝缘子、传感器,各部件完整、无损坏、变形,各连接完整紧固。

④电缆检查(电缆绝缘、电缆固定、连接插座),电缆线无破裂或磨损,无外露,连接可靠完好。

⑤电气部件检查,各电器元件不得受污染,所有电路板和元件完整,电容电阻不得鼓胀,不得有异常变形,安装及接线良好,各部件紧固螺丝校正力矩。

(2)大修

①检查箱内、外所有可见的螺母,更换紧固件,更换密封橡胶条、铰链。

②更换通用风扇单元、变压器、电解电容、DCPT 盘和霍尔 CT。

2. 辅助断路器(见图 5.42)

辅助断路器是用于进行电源开关操作的刀型开关,箱体采用防火材料制成,可以提高绝缘可靠性。

①外观检查端子紧固状态,查看有无变色。用干燥的压缩空气吹扫内外部,清除上面的沙尘和异物。

②查看手柄等绝缘物上是否出现裂纹或者漏电痕迹,如果出现则更换。端子出现裂纹或者导线束有断股时更换为新品。更换箱盖的紧固件和密封件。

③拧紧出现松动的螺母。

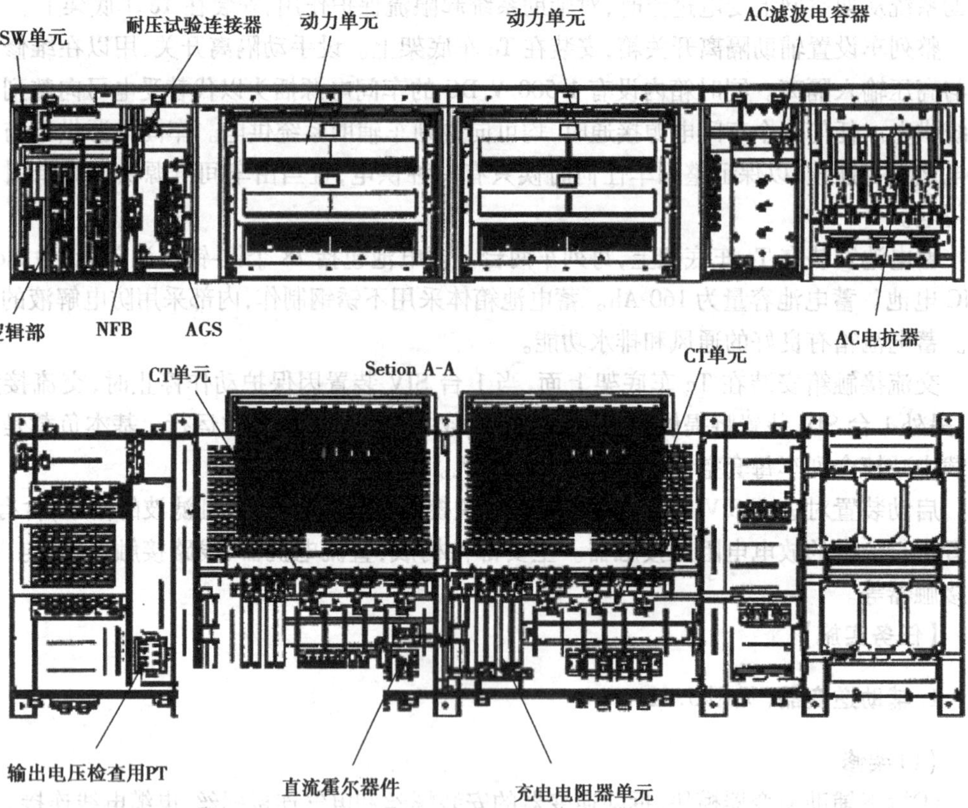

图 5.41　辅助逆变器外形图

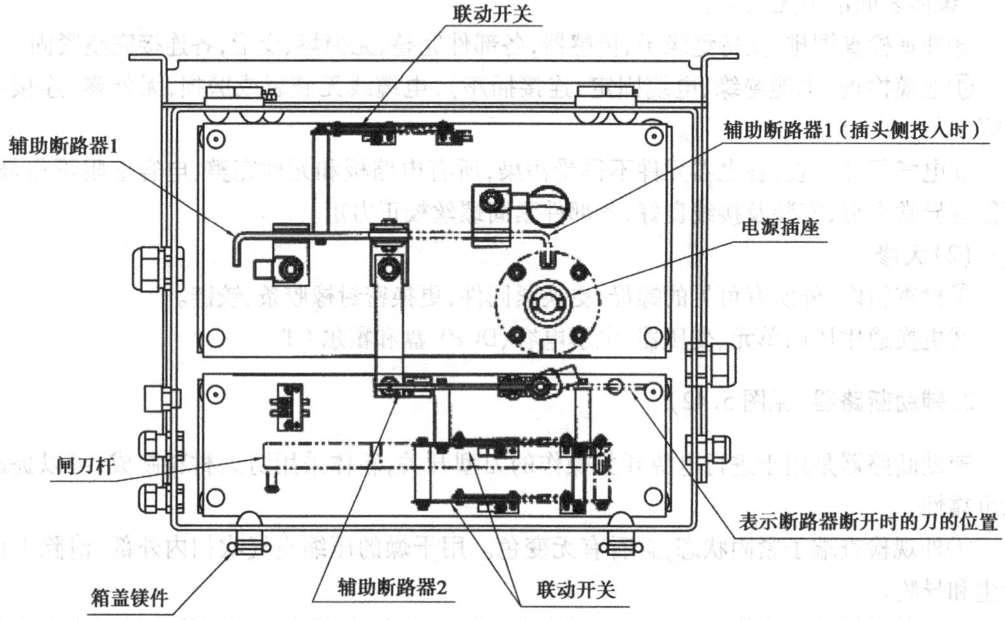

图 5.42　辅助断路器结构图

3. **扩展供电装置**(见图5.43)

(1)架修

①对通电部分进行紧固,对箱体内进行吹气清洁。

②检查箱体是否有变形,变形超过10 mm以上修正。检查防水部分和密封部分是否有裂缝,如果有异常则更换。

③检查绝缘物、树脂是否有变色和裂纹,如果有异常则更换为新零件。

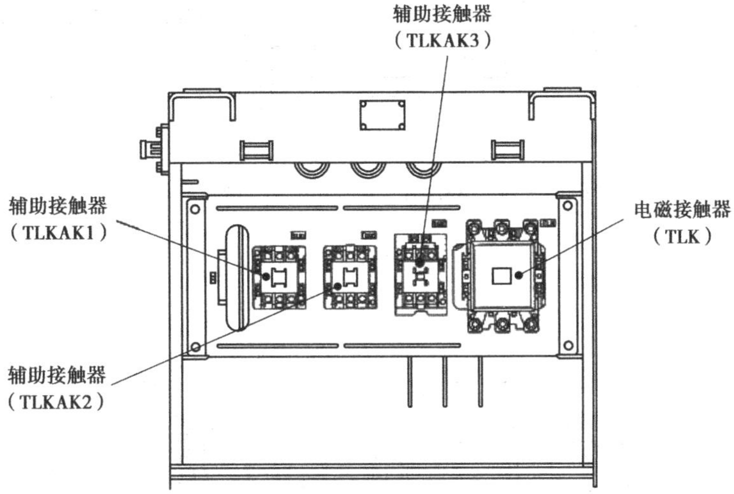

图5.43 扩展供电装置

(2)大修

更换电磁接触器、辅助接触器。

4. **整流装置**(见图5.44)

整流装置是把辅助逆变器过来的AC530 V转换成AC380 V及DC110 V转换成DC24 V后输出的装置,由变压器、整流单元、过滤电路、整流器构成,安装在车辆底部。

(1)架修

①对电气连接部分进行检查,确认有无过热痕迹。对通电部分进行紧固,对箱体内进行吹气清洁。

②检查箱体是否有变形,变形超过10 mm以上修正。检查防水部分和密封部分是否有裂缝,如果有异常则更换。

③检查电容器无漏油,壳体无异常变形,绝缘子无破裂,如有异常则更换。检查电磁接触器、霍尔元件确认外观无异常。检查绝缘物、树脂是否有变色和裂纹,如果有异常则更换为新零件。

(2)大修

更换电磁接触器、霍尔元件和电解电容器。

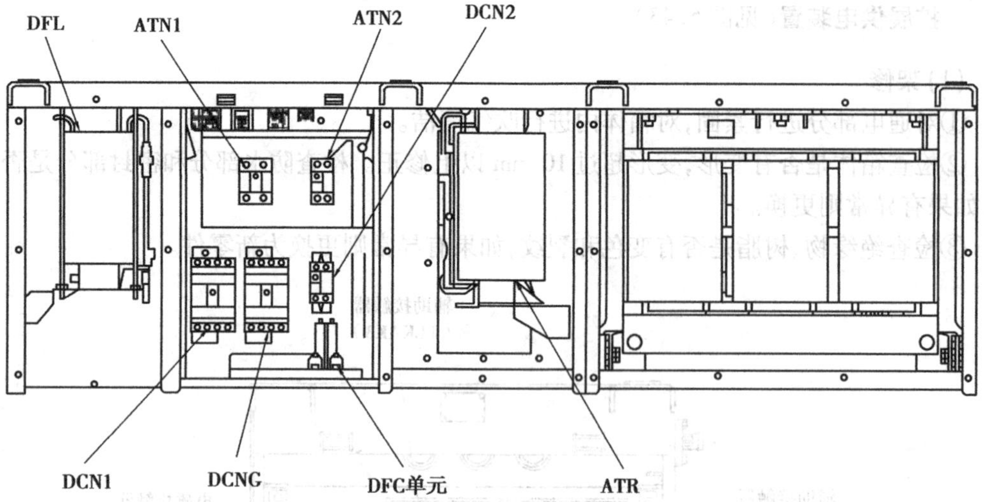

图 5.44　整流装置(背面)

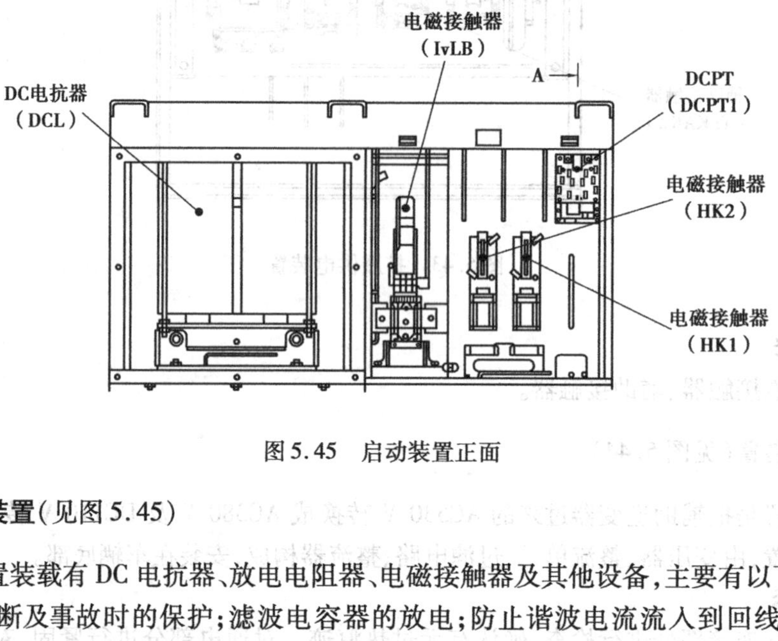

图 5.45　启动装置正面

5. 启动装置(见图 5.45)

启动装置装载有 DC 电抗器、放电电阻器、电磁接触器及其他设备,主要有以下作用:主电路的投入、遮断及事故时的保护;滤波电容器的放电;防止谐波电流流入到回线电流。包括 DCPT、放电电阻器、电磁接触器、DC 电抗器和连接器。

架大修作业内容参照整流装置和扩展供电装置。

6. 蓄电池

(1)架修

①蓄电池均衡充放电。蓄电池落车,测量每个蓄电池单元的开路电压。蓄电池单体开路电压为 1.29 ~1.35 V, 开路电压低于 1.29 V 应作标记和记录,充放电后仍不能恢复的,则进行更换。

②检查蓄电池壳体、通风塞、温度传感器。蓄电池壳体无严重变形、无裂纹漏液现象,通

风塞关闭良好,关闭不良者则更换。

③检查蓄电池间连线、连接板、螺钉、绝缘护套。蓄电池间连线、连接板、螺钉无过热变色现象,接线端子压接良好,螺钉紧固,绝缘头无破损,绝缘护套无过热熔化、破损现象,安装到位。

④检查电解液高度,加注蒸馏水。加注蒸馏水到最大刻度线。清洁蓄电池,清理灰尘、溢出物以及残留的液体。用清水冲洗蓄电池外壳,用棉布擦拭干净后风干。

⑤清洁蓄电池箱体内部,用干燥压缩空气吹扫后使用棉布进行清洁,箱体内部应无灰尘、杂物。蓄电池箱外观检查,蓄电池箱无损坏、变色现象,箱盖须锁闭紧固,箱体外表无灰尘。检查蓄电池箱门密贴状态,密贴良好。检查蓄电池箱门锁状态,锁闭紧固,无松动。

(2)大修

将单体电池间的连接片拆除,更换电解液,用蒸馏水清洁电池内部极片,蓄电池充放电及容量测试,充电结束 1 h 后,若电解液比重低于 1.16 则补电解液,若液位低于最高刻度 5 mm 以上时补蒸馏水。

7. 电抗器

(1)架修

①检查电抗器安装及接线状态,打开电抗器的接线端盖,检查接线端紧固螺钉紧固,防松线清晰无错位,无放电痕迹。

②外观检查电抗器安装支架无变形、裂纹,绝缘无破损、变色。清洁电抗器,用压缩空气进行吹扫。

(2)大修

①用吸尘器清洁,检查电抗器,要求无损伤、烧灼。外部绝缘良好,绝缘电阻大于 50 MΩ。用 LC 表测量,滤波电感:5.2 mH(±5%),平波电感:5 μH(±5%)。

②外观检查电抗器安装支架无变形、裂纹,绝缘无破损、变色。清洁电抗器,用压缩空气进行吹扫。

【效果评价】

评价表

项目名称	城市轨道交通车辆的架修及大修	学生姓名	
任务名称	任务9　辅助系统的架大修	分　数	
项　目		分　值	考核得分
1. 辅助逆变器架大修作业内容		25	
2. 扩展供电装置架大修作业内容		10	
3. 整流装置架大修作业内容		10	
4. 启动装置架大修作业内容		10	
5. 蓄电池架大修作业内容		15	
6. 滤波电抗器架大修作业内容		10	
7. 辅助断路器架大修作业内容		5	

续表

项　目	分　值	考核得分
8.编制学习汇报报告情况	10	
9.基本素养考核情况	5	
教师简要评语： 教师签名：		

任务10　列车组装及调试的架大修

【活动场景】

在城轨车辆生产车间或检修现场教学，或用多媒体展示城轨车辆车体的使用与生产。

【任务要求】

掌握城轨车辆车体的基本作用、基本特征及典型车辆的结构。

【知识准备】

1.列车组装

①各箱、柜外观清洁和检查，要求无积尘、无变形、无油漆剥离。

②打开各箱、柜盖进行盖子内侧，清洁并检查各箱、柜外部接插件。要求无严重烧黑、插头接触良好、锁口紧固。

③更换各箱、柜内继电器，按照规定清单更换。检查各箱、柜的各类接线有无松动，锈蚀。无松动、无锈蚀。

④列车组装。安装受电弓、空调、气动部件和电子板及其他电子设备，要求安装牢固、可靠。将两个三节车的半自动车钩连接，要求机械、电气连接牢固、可靠，列车各个部件的组装顺序按照表5.1所示进行。

表5.1　列车各部件组装顺序

序号	项　目	内　容	工装设备	技术要求
1	供风气路	安装气路部件	搬运车、扭力尺	安装牢固
	空压机	安装空压机	升降小车、扭力尺	安装牢固
2	客室车门	安装车门组件	通用工具	安装牢固、管路对接正确
		安装门页	车门搬运车、电动工具	门页安装牢固，橡胶条喷涂橡胶保护剂

续表

序号	项 目	内 容	工装设备	技术要求
3	车钩	安装半自动车钩	液压升降小车 风动扳手、液压扳手	调整车钩水平及车钩高度
		安装半永久牵引杆	液压升降小车、风动扳手、液压扳手	调整车钩水平及车钩高度
4	转向架	拆卸空气弹簧,更换气囊新件并测漏	风固定式架车机 动工具	
		用列车外接供气接头,进行供气并检查	压缩空气、快速接头、肥皂液	供气至空气弹簧完全充气,检查无泄漏
		紧固所有空气簧固定螺栓,导板涂二硫化钼润滑剂	扭力尺、二硫化钼	按扭矩表校核并画线导板均匀涂抹二硫化钼润滑剂
		安装转向架组件,更换所有紧固件	固定式架车机、风动扳手	安装牢固、紧固螺栓画线
		安装接地线及固定速度传感器电缆	风动扭力扳手	紧固并画线
		更换安装所有闸瓦和开口销	铁钳、铜锤	更换所有闸瓦,打贴防松销
		调整制动闸瓦间隙	开口扳手	闸瓦托调整到位
5	受电弓	安装受电弓	天车、电动工具	更换碳滑板,安装牢固、紧固螺栓画线
6	空调单元	安装空调单元	天车、空调吊架、电动工具	安装牢固、紧固螺栓画线
7	电子设备	安装电子板及其他电子设备	搬运车	安装牢固
8	列车连挂	将两个三节车的车钩连接	通用工具	机械、电气连接牢固、无泄漏

2. 静态调试

(1)尺寸测量

应使车辆处于水平轨道上,AWO状态、停放制动缓解。检测空气弹簧(充放气)位移高度、测量充气状态下的地板面高度。

①测量泄气情况下测量紧急弹簧座(包括座下垫片)距轨面的距离,测量一系弹簧高度尺

寸，测量充气状态下的车体水平度。

②测量空气弹簧的充气高度，测量紧急弹簧座下的垫片厚度，测量中心销间隙，记录充气状态下的地板面高度。测量车轮直径和轮缘厚度。

(2)车辆初始状态检查

①检查车底DC/DC，DC/AC、车间电源、蓄电池、VVVF、辅助电气柜。柜内各部件齐全完好，安装牢固，标志清晰。

②检查车下各箱体、车上电气柜、空调柜，要求箱体内电气部件安装，接线紧固；柜内各部件齐全完好，安装牢固，标志清晰。

③检查所有手动开关、空气开关。将所有空气开关合上。检查两头车车下蓄电池控制开关，合上空开。

(3)蓄电池供电检查

①列车得电检查：在头车合上蓄电池，查看电压表数值，观察整列车得电情况。

②司机室指示灯测试：按下试灯按钮，测试指示灯显示正常。

③车间电源供电模式检查：列车在车间电源供电模式功能正常。确认空压机、ACM、蓄电池充电机等负载工作状态正常。

④受电弓检查：受电弓检查，检查受电弓升降情况，测量升降弓时间。测量受电弓接触压力。外观检查。a.受电弓与接触网之间的静接触压力110 N ± 100 N；b.降弓时应有两个阶段：与接触网迅速分离和平稳下降；c.升弓和降弓时间：7 s ±1 s。

(4)接触网供电检查

1)升弓功能检查

有电无气升弓检查。要求：受电弓升弓平稳，接触良好，网压表显示正常。逆变器启动正常，无故障，绿灯显示正常，声音正常。空压机组工作正常，运转状况良好，无异声。空调机组工作正常，无故障显示。

2)整车气密性试验制动缸压力测试

打开空气系统中所有储风缸下面的排泄阀，排放储风缸中的水分。主风缸压力充至9 bar，所有用风装置处于压力下，但不工作，分断主风缸截断塞门，检查空气管路、制动装置、制动管路和制动缸的气密性。

在各个车的制动控制单元检查孔测试常用和紧急制动下的BC压力值。

3)客室和司机室照明检查

合司机室灯检查司机室照明。合客室灯检查客室照明。降下受电弓，检查客室紧急照明。

4)头灯、尾灯、运行灯检查

方向手柄推向后、前。转动头灯暗亮转换开关。换另一端，重复以上步骤。

5)高速断路器、司机室设备检查

升起受电弓后，闭合高速断路器，应可听到车下断路器动作的声响，按钮上的指示灯亮。检查速度表、压力表外观及表内照明灯完好。检查刮雨器完好，工作正常。

6)司机室功能检查

列车广播、司机对讲功能检查，激活列车和司机室。操作屏幕按键，依次报站广播。测试报站、预报站、人工广播、司机室对讲和紧急报警，逐个检查客室内的喇叭和动态地图，广播应音质清晰，内容完整，音量适中，地图显示正确。若音量不合适，需调整。

换另一端司机室，重复以上步骤。

检查司机室前窗玻璃加热工作正常。检查司机室风扇完好，工作正常。检查司机室内附属设备齐全完好。

7）司机室车门检查

司机室侧门、紧急疏散门和间壁门，外观检查。

客室侧门开关门动作正常，防夹功能正常，开关门时间正常，开关门基本同步，如有异常则进行调整。

8）空调

制冷功能、紧急通风功能检查。检查各部件启动运转无异常，各种保护开关动作正常，制冷剂无欠缺。

3. 动态调试

（1）试车线测试

1）洗车模式

列车洗车模式，3 kW/h 限速。

2）车门开、关、保护功能

ATP 保护下，操作开关门，检查列车开门功能正常；列车运行中，紧急开门，检查列车是否紧急制动，要求车门开、关及保护功能正常。

3）旁路功能测试

车门旁路功能、主风压力旁路功能、紧急制动旁路功能、零速旁路功能、气制动旁路功能。

4）制动功能测试

①司机室左、右紧急按钮功能，警惕按钮功能检查。常用制动，检查 20，40，60，80 km/h 下的制动性能。

②快速制动：检查 20，40，60，80 km/h 下的制动性能。AWO 状态下的制动距离 80 km/h 下 $\leqslant$220 m。

③紧急制动：检查 20，40，60，80 km/h 下的制动性能。

在制动距离测试时，记录以下信号，包括牵引命令、网压、线电流、制动缸压力、无制动命令、无快速制动命令、无紧急制动命令、无缓解停车制动命令、无电制动故障、实际速度、实际指令值、4 个动车实际牵引制动力矩。

（2）正线运行测试

①结合进行信号调试，ATO\ATP\IATP\RM\NRM 运行模式测试，并进行自动开门、手动开门测试。

②检查 PIS 自动报站功能正常，运行中无异常声音，测量客室广播、司机室监听广播以及噪音音量。

③各车站停站自动开关客室车门和屏蔽门，模拟正线正常运行条件进行调试，要求各系统（牵引、制动、主电路、车门、PIS、空调）功能正常。

④列车回库后，重点对转向架、车底悬挂件进行检查，要求车底关键设备及紧固件状态良好。

【效果评价】

评价表

项目名称	城市轨道交通车辆的架修及大修	学生姓名	
任务名称	任务10　列车组装及调试的架大修	分　数	

项　目	分　值	考核得分
1. 列车组装顺序内主要部件	20	
2. 静态调试作业内容	30	
3. 动态调试作业内容	30	
4. 编制学习汇报报告情况	10	
5. 基本素养考核情况	10	
教师简要评语： 教师签名：		

项目小结

架修和大修属于高级别的定期维修,是一种强制性的预防性维修方式。架大修的重点是车辆的走行部、车钩和空气制动部分,对各种损伤进行修复,按照限度更换磨损过限的零件,减少日常的临时维修作业,提高车辆的使用效率。

本项目结合西安地铁2号线车辆,按照系统划分对架大修作业内容进行了介绍,学生可在学习的基础上到架大修库进行现场参观实习,加深学习效果。

思考练习

1. 简述架大修筹备和项目管理的内容。
2. 简述转向架的构成及架大修作业内容。
3. 总结电气部件架大修作业的共同点。
4. 根据空调架大修作业内容编制空调作业路线。
5. 简述电动列车动静态调试作业内容。

项目 6
城市轨道交通车辆检修的常用工器具及使用

【项目描述】

本项目归纳总结了车辆检修所需的常用工器具的使用方法，通过学习本章节，能够更好地进行城市轨道交通车辆检修作业。

【学习目标】

1. 了解地铁车辆检修作业中常用的工器具。

2. 了解地铁车辆检修作业中常用工器具的结构及特点。

3. 熟练掌握地铁车辆检修作业中常用工器具的使用方法及维护保养。

【技能目标】

能够掌握车辆检修作业中常用工器具的原理，并能通过工器具的结构特征对被测工件（系统）进行正确的测量（检测）。

任务1　第四种检查器及使用

【活动场景】

在城轨车辆生产车间或检修现场教学，或用多媒体展示城市轨道交通车辆的第四种检查器的使用。

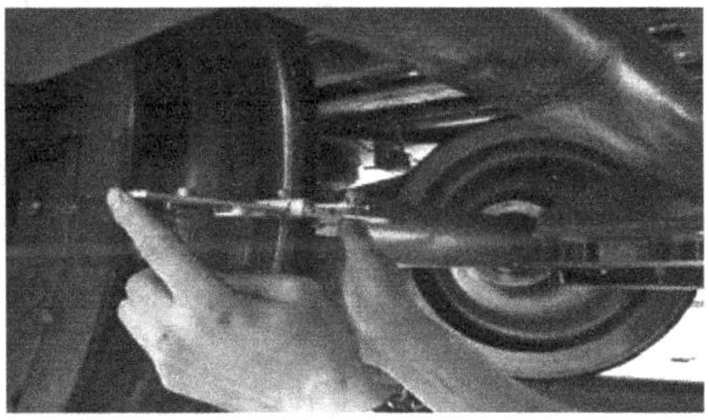

【任务要求】

1. 正确使用第四种检查器准确测量车辆轮对玻璃及擦伤值。

2. 在实际工作中熟练掌握第四种检查器的使用方法及维护保养。

【知识准备】

第四种检查器是国内测量机车车辆车轮轮辋、踏面等相关尺寸的一种新型测量工具。第四种检查器分为 LLJ-4 型、LLJ-4 A 型、LLJ-4 B 型。LLJ-4 B 型第四种检查器是继“LLJ-4 型”“LLJ-4 A 型”后新研制开发的车辆车轮检查器。该检查器采用新的结构和游标卡尺工艺，与原有第四种检查器相比,具有操作简便、长期使用稳定可靠、测量功能齐全的特点。

1. 第四种检查器的结构特点

检查器的结构和各部件的结构如图 6.1 所示,该尺的结构特点在于底板(1)相连的尺框(4)有上下两个导槽,下面的导槽使尺框在底板上左右移动,上面导槽用于装轮缘厚度测尺。踏面圆周磨耗测量基准点直接选在车轮踏面滚动圆中心,通过测量轮缘高度的变化,测得踏面磨耗值。轮缘厚度测点固定在滚动圆中心向上 12 mm 处,实现了以踏面为基准测量轮缘厚度的方案。

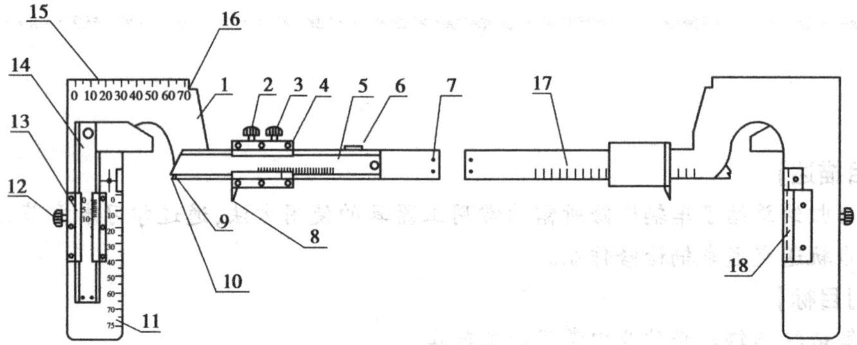

图 6.1　第四种检查器的结构

1—底板;2—尺框定位钉;3—轮缘厚度测尺紧固钉;4—轮缘厚度测尺尺框;5—轮缘厚度测尺;6—定位块;7—螺钉;8—踏面定位测头;9—垂直磨耗测头;10—轮缘厚度测尺测头;11—轮辋厚度测头;12—踏面磨耗测尺紧固钉;13—踏面测尺尺框;14—踏面磨耗测尺;15—刻度尺;16—碾宽测量线;17—轮辋宽度刻度尺;18—定位角铁

2. 第四种检查器的使用方法

(1)车轮踏面圆周磨耗测量(见图 6.2)

图 6.2　车轮踏面圆周磨耗测量

磨耗型车轮踏面 70 mm 处圆周磨耗的测量，移动轮缘厚度测尺尺框(4)，使踏面定位测头(8)定位在滚动圆中心 70 mm 处，紧固尺框定位钉(2)或用定位块快速定位，向左推动螺钉(7)使轮缘厚度测尺(5)到达极限位置，同时，定位块带动尺框(4)向左移动到预定位置，即踏面定位测头(8)定位在滚动圆中心 70 mm 处，紧固尺框定位钉(2)。将检查器置于车轮上，使定位角铁(18)和踏面定位测头分别与轮辋内侧面和踏面滚动圆中心靠紧，向下推动踏面磨耗测尺(14)使之与轮缘顶部接触，即可在游标上读出踏面磨耗值。

测量范围：-3～10 mm；分度值：0.1 mm。

(2)轮缘厚度测量(见图6.2)

完成上项操作后，向左推动轮缘厚度测尺(5)，使之与轮缘接触，即可在游标上读出轮缘厚度值。

测量范围：12～35 mm；分度值：0.1 mm。

(3)踏面擦伤、剥离、凹陷深度测量(见图6.5)

松开定位钉(2)，移动轮缘厚度测尺尺框(4)，使踏面定位测头(8)置于踏面擦伤、剥离、凹陷最深处，利用相对测量方法，测量磨耗型踏面局部擦伤、剥离、凹陷深度尺寸。

如在踏面擦伤、剥离、凹陷处测量为 3.5 mm，在统一直径线上未擦伤、剥离、凹陷处测量为 2 mm，则踏面擦伤、剥离、凹陷深度为 1.5 mm。

测量范围：-3～10 mm；分度值：0.1 mm。

(4)踏面擦伤、剥离、凹陷长度和宽度测量(见图6.5)

刻度尺(15)在踏面擦伤、剥离、凹陷处进行长度和宽度测量。

测量范围：0～70 mm；分度值：1 mm。

(5)轮辋厚度测量(见图6.2)

将检查器置于车轮上，同轮辋内侧面和滚动圆 70 mm 处靠紧，从轮辋厚度测尺(11)直接读出轮辋厚度值。

测量范围：0～70 mm；分度值：1 mm。

(6)轮辋宽度测量(见图6.3)

图6.3　轮辋宽度数值

将尺框(4)向右推至端部，把检查器置于车轮上，与车轮内侧面密贴，再向左移动尺框(4)，使踏面定位测头(8)与轮辋外侧面接触，从轮辋宽度刻度尺(17)读出轮辋宽度值。如踏面有碾宽，应减去踏面碾宽数值，即为轮辋的实际宽度。

测量范围:60～150 mm;分度值:1 mm。

(7)踏面碾宽超限测量(见图6.4)

利用碾宽测量线(16)来判定。

图6.4　测量碾宽

(8)轮缘垂直磨耗超限测量(见图6.5)

在测量轮缘厚度时可同时观测垂直磨耗是否超限,方法是在轮缘厚度测头(10)与轮缘接触时,其上边的垂直磨耗测头(9)是否与轮缘接触。如果未接触,说明轮缘垂直磨耗没有超限,否则超限。

图6.5　测量未擦伤处

3.第四种检查器的应用

第四种检查器是国内测量车轮轮辋、踏面及相关缺陷尺寸的一种新型测量工具,它具有8个测量功能。具有轮缘厚度测量;踏面擦伤、剥离、凹陷深度测量;踏面擦伤、剥离、凹陷长度和宽度测量;轮辋厚度测量;轮辋宽度测量;踏面碾宽超限测量;轮缘垂直磨耗超限测量等功能。

4. 第四种检查器的维护和保养

①第四种检查器要轻拿轻放，用完后不应和其他工具放在一起，特别不能和手锤、锉刀、凿子、车刀等刃具放在一起。

②第四种检查器要平放，如果随便放在不平的地方，会使主尺变形。带有深度尺的游标卡尺，测量工作完毕后，要及时将侧杆推入，防止变形甚至折损。

③第四种检查器不使用时，应擦拭干净、涂油，放在专用的盒内。

④不能把第四种检查器放在带有磁场的物体附近，以免使卡尺磁化。

⑤第四种检查器刻度表面生锈或积结污物，不应使用砂布或研磨砂来擦除，如需清洁时，只能用极细的研磨膏仔细地进行擦拭修理。

【任务实施】

第四种检查器使用时，掌握第四种检查器的结构特点、使用方法、应用范围及第四种检查器的维护保养。

【效果评价】

评价表

项目名称	城市轨道交通车辆检修的常用工器具及使用	学生姓名	
任务名称	任务1　第四种检查器及使用	分　数	
项　目		分　值	考核得分
1. 第四种检查器相关知识、图片的搜集、整理		10	
2. 是否有小组计划		5	
3. 第四种检查器对车轮踏面圆周磨耗测量基本要求认知情况		10	
4. 第四种检查器对轮缘厚度测量基本要求认知情况		10	
5. 第四种检查器对踏面擦伤、剥离、凹陷深度测量基本要求认知情况		10	
6. 第四种检查器对踏面擦伤、剥离、凹陷长度和宽度测量基本要求认知情况		10	
7. 第四种检查器对轮辋厚度测量、轮辋宽度测量基本要求认知情况		5	
8. 第四种检查器对踏面碾宽超限测量基本要求认知情况		5	
9. 第四种检查器对轮缘垂直磨耗超限测量基本要求认知情况		10	
10. 第四种检查器对车轮踏面圆周磨耗测量基本要求认知情况		5	
11. 第四种检查器的维护保养要求认知情况		5	
11. 编制学习汇报报告情况		10	
12. 基本素养考核情况		5	
教师简要评语： 教师签名：			

任务2　轮径尺的使用方法及应用

【活动场景】

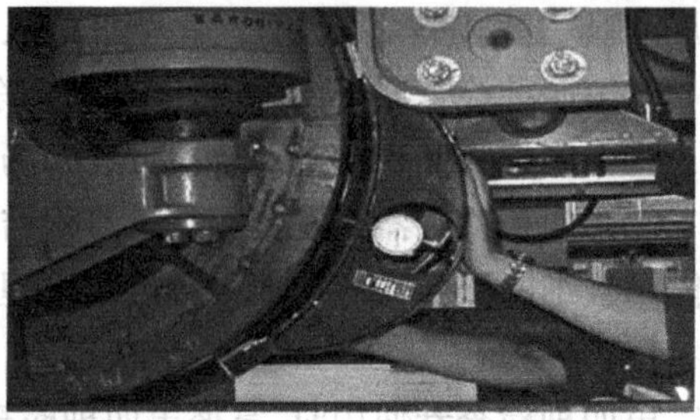

在城轨车辆生产车间或检修现场教学，或用多媒体展示城市轨道交通车辆的轮径尺使用。

【任务要求】

1. 了解、掌握轮径尺的种类、结构。

2. 正确使用车辆轮径尺准确测量地铁车辆轮对直径。

3. 在实际工作中熟练掌握轮径尺的使用方法及维护保养。

【知识准备】

轮径尺分为固定式测量尺、便携式轮径尺（机械指针）、便携式轮径尺（数字指针），目前国内地铁普遍采用便携式轮径尺（机械指针）作为车辆轮对测量专用工具。

1. 轮径尺的结构形式及技术参数

图6.6、表6.1用于机车车辆轮径测量的GF系列轮径测量仪（传动比1∶10）由构架、测量块、侧头、锁紧螺钉、指示表、标准圆组成。

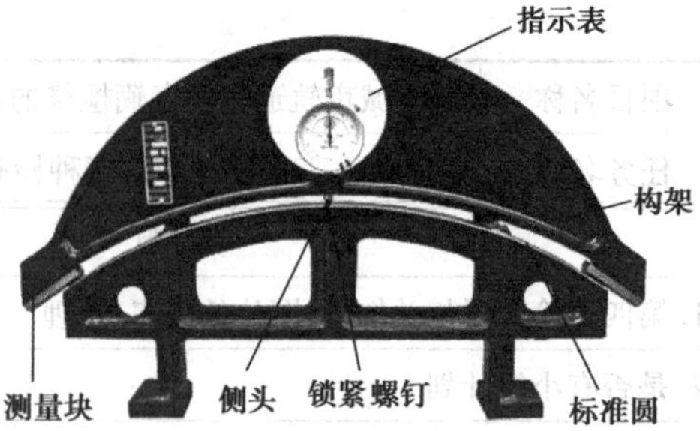

图6.6　轮径测量仪

表6.1　GF922系列机车车辆轮径测量仪主要技术指标（单位：mm）

型号	测量范围	分度值	左右轮直径差测量极限误差	车轮直径测量极限误差	重量	长度	标准圆名义直径	用　途
GF922-1 050	960～1 060	0.1	≤0.2	≤0.5	1.5	650	1 000	内燃机车、不落轮
GF922-1 250	1 160～1 260				1.6	750	1 200	电力机车、不落轮
GF922-L-860	760～860				1.3	505	850	货车、不落轮、城轨列车
GF922-L-960	860～960				1.4	560	860	客车、不落轮

2. 轮径尺的使用方法

(1) 机械指示表读数方式“零位”校对方法

拧紧指示表测头和测量仪测头，以免校对“零位”或作测量时测头松动而带来测量误差。

在测量仪上装上指示表。

将测量仪放置在标准圆上,保证两测量块均与标准圆弧面接触良好,定位架与标准圆定位端面密贴,然后通过上下移动指示表,将指示表读数调整为标准圆直径值。

(2)测量轮径

测量时,两手握住测量仪两端的构架部位,放置在被测车轮上,使定位架与车轮内侧面靠紧(因为有磁性,只要一接触就能保证密贴),两手轻轻压一压,至两测量块均与车轮踏面接触到位,这时即可从指示表中读出直径值。

(3)指示表操作及读数方法

图6.7 指示表中短指针指示的是10 mm以上的数,长指针指示的是10 mm以下的数,分度值为0.1 mm可估读到0.01 mm。

图6.7 读数为853.10 mm。

3. 轮径尺的保养与使用注意事项

①使用过程中,应防止对各部件的剧烈摔碰,以免损坏和变形。

②两测量块是测量仪的关键部位,不得拆动,以免影响测量准确度。

③标准圆使用后要涂机油,以防止生锈。较长时间不用时,测头、测量块应擦上机油。

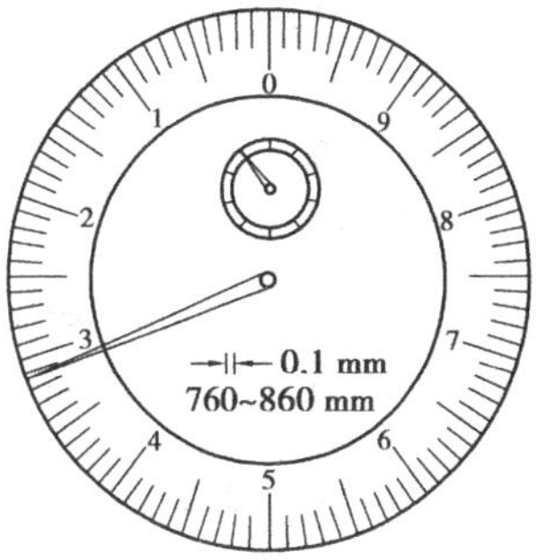

图6.7 指示表

【任务实施】

轮径尺使用时,掌握轮径尺结构形式、技术参数、使用方法及保养。

【效果评价】

评价表

项目名称	城市轨道交通车辆检修的常用工器具及使用	学生姓名	
任务名称	任务2 轮径尺的使用方法及应用	分 数	
项 目		分 值	考核得分
1. 轮径尺相关知识、图片的搜集、整理		10	
2. 是否有小组计划		5	
3. 轮径尺结构形式基本要求认知情况		20	
4. 轮径尺使用方法基本要求认知情况		20	
5. 轮径尺读数方法基本要求认知情况		20	
6. 轮径尺的维护保养要求认知情况		15	
7. 编制学习汇报报告情况		5	
8. 基本素养考核情况		5	
教师简要评语: 教师签名:			

任务3　游标卡尺的使用方法及应用

【活动场景】

在城轨车辆生产车间或检修现场教学，或用多媒体展示城市轨道交通车辆的游标卡尺的使用。

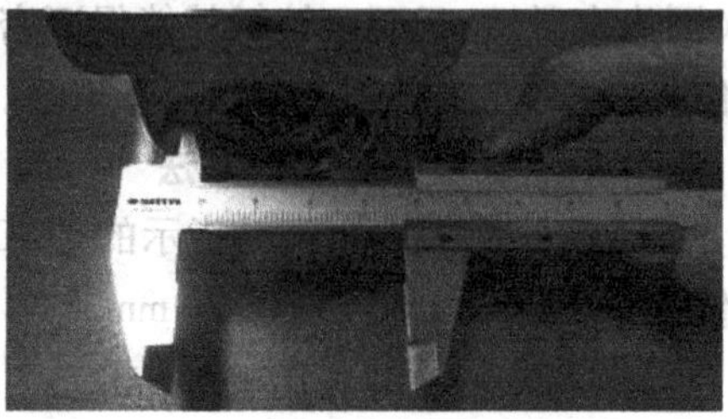

【任务要求】

1. 了解、掌握游标卡尺的种类、结构。

2. 正确使用游标卡尺准确测量标准件。

3. 在实际工作中熟练掌握游标卡尺的使用方法及维护保养。

【知识准备】

游标卡尺有公制和英制两种。游标卡尺可以测量产品的内、外尺寸(长度、宽度、厚度、内径和外径)，孔距，高度和深度等。

1. 游标卡尺的结构

游标卡尺根据其结构可分单面卡尺、双面卡尺、三用卡尺等。

(1)单面卡尺带有内外量爪，可以测量内侧尺寸和外侧尺寸，如图6.8所示。

(2)双面卡尺的上量爪为刀口形外量爪，下量爪为内外量爪，可测内外尺寸，如图6.9所示。

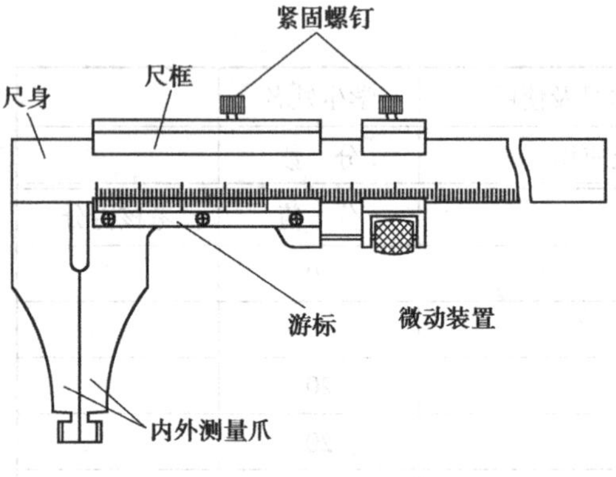

图6.8　单面卡尺

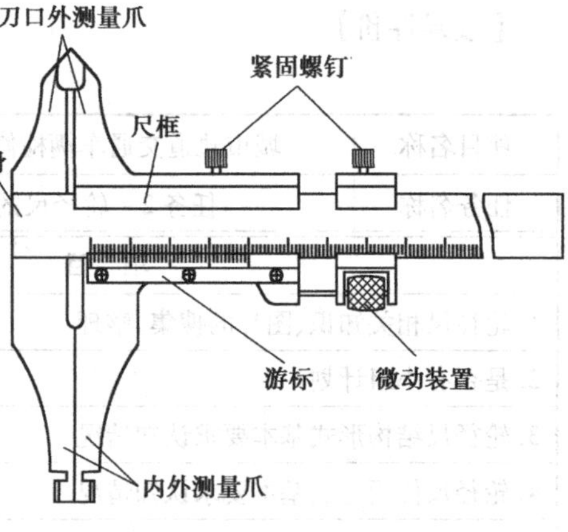

图6.9　双面卡尺

(3)三用卡尺的内量爪带刀口形，用于测量内尺寸；外量爪带平面和刀口形的测量面，用于测量外尺寸；尺身背面带有深度尺，用于测量深度和高度，如图6.10所示。

2. 游标卡尺读数原理与读数方法

①为了掌握游标卡尺的正确使用方法，必须学会准确读数和正确操作。游标卡尺的读数装置，是由尺身和游标两部分组成，当尺框上的活动测量爪与尺身上的固定测量爪贴合时，尺框上游标的“0”刻线(简称游标零线)与尺身的“0”刻线对齐，此时测量爪之间的距离为零。

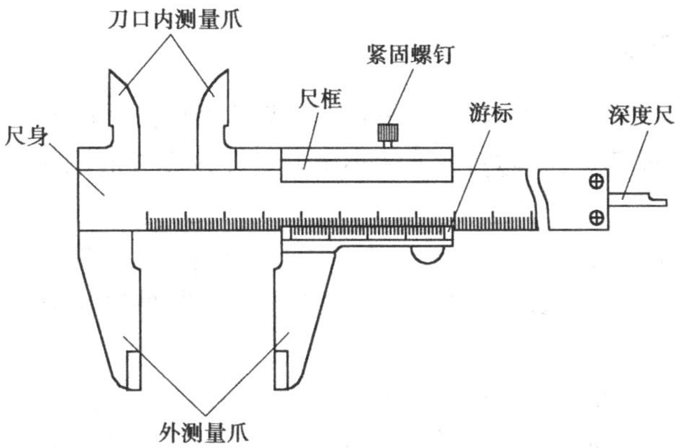

图 6.10　三面卡尺

测量时,需要尺框向右移动到某一位置,这时活动测量爪与固定测量爪之间的距离,就是被测尺寸,如图 6.11 所示。假如游标零线与尺身上表示 30 mm 的刻线正好对齐,则说明被测尺寸是30 mm;如果游标零线在尺身上指示的尺数值比 30 mm 大一点,应该怎样读数呢?这时,被测尺寸的整数部分(为 30 mm),如上所述可从游标零线左边的尺身刻线上读出来(图中箭头所指刻线),而比 1 mm 小的小数部分则是借助游标读出来的(图中●所指刻线,为 0.7 mm),两者之和被测尺寸是 30.7 mm,这是游标测量器具的共同特点。由此可见,游标卡尺的读数,关键在于小数部分的读数。

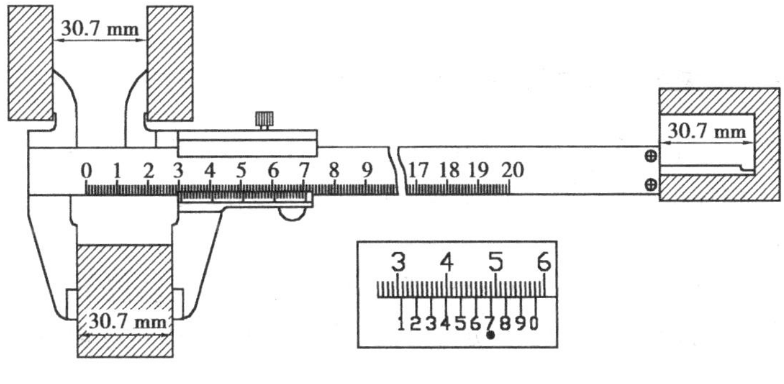

图 6.11　游标卡尺测量尺寸

游标的小数部分读数方法是首先看游标的哪一条线与尺身刻线对齐;然后把游标这条线的顺序数乘以游标读数值,就得出游标的读数,即

游标的读数 = 游标读数值 × 游标对齐刻线的顺序数

②游标卡尺读数时可分 3 步

a. 先读整数——看游标零线的左边,尺身上最靠近的一条刻线的数值,读出被测尺寸的整数部分。

b. 再读小数——看游标零线的右边,数出游标第几条刻线与尺身的数值刻线对齐,读出被测尺寸的小数部分(即游标读数值乘其对齐刻线的顺序数)。

c. 得出被测尺寸——把上面两次读数的整数部分和小数部分相加,就是卡尺的所测尺寸。

3. 游标卡尺的使用方法

①在卡尺上读取数值时，应把卡尺拿平朝向亮光，使视线尽可能地和尺上所读的刻线垂直，以免因视线歪斜造成读数的误差，为了减小误差最好在零件的同一位置上多测几次，取它的平均读数值。

②测量零件外部尺寸时，先把零件放置两个张开的外量爪内，贴靠在固定外量爪上，然后用轻微的压力把活动量爪推过去，当两个量爪的测量面与零件紧靠时，即可由卡尺上读出零件的尺寸。

③在测量零件内部尺寸时，要使两个内量爪的测量刃口距离小于所测量的孔或槽的尺寸，然后慢慢地使活动量爪向外分开，当两个测量刃口都与零件表面相接触后，须把制动螺钉拧紧再取出卡尺，读取数值。

④在测量零件外径、孔径或沟槽时，量爪要放正，不能歪斜。应当在垂直于零件轴线的平面内进行测量，否则量得就不准确。

⑤用大卡尺测量大零件时，须用两手拿住卡尺。

⑥当用游标卡尺来校准卡钳的测量尺寸时，应先将游标尺按所需要的尺寸定位。然后把游标卡尺平放在手掌里，再调准卡钳。

⑦如果用带有测深杆的游标卡尺测量零件深度时，卡尺要与零件空(或槽)的顶平面保持垂直，再向下移动量爪，使深度尺和孔(或槽)底部轻轻地接触，然后拧紧制动螺钉，取出卡尺读取数值。

4. 使用游标卡尺测量零件尺寸时，必须注意4点

①测量前应把卡尺揩干净，检查卡尺的两个测量面和测量刃口是否平直无损，把两个量爪紧密贴合时，应无明显的间隙，同时游标和主尺的零位刻线要相互对准。这个过程称为校对游标卡尺的零位。

②移动尺框时，活动要自如，不应有过松或过紧，更不能有晃动现象。用固定螺钉固定尺框时，卡尺的读数不应有所改变。在移动尺框时，不要忘记松开固定螺钉，亦不宜过松以免掉了。

③当测量零件的外尺寸时，卡尺两测量面的连线应垂直于被测量表面，不能歪斜。测量时，可以轻轻摇动卡尺，放正垂直位置，如图6.12所示。否则，量爪若在如图6.12所示的错误位置上，将使测量结果 a 比实际尺寸 b 要大；先把卡尺的活动量爪张开，使量爪能自由地卡进工件，把零件贴靠在固定量爪上，然后移动尺框，用轻微的压力使活动量爪接触零件。如卡尺带有微动装置，此时可拧紧微动装置上的固定螺钉，再转动调节螺母，使量爪接触零件并读取尺寸。绝不可把卡尺的两个量爪调节到接近甚至小于所测尺寸，把卡尺强制的卡到零件上去。这样做会使量爪变形，或使测量面过早磨损，使卡尺失去应有的精度。

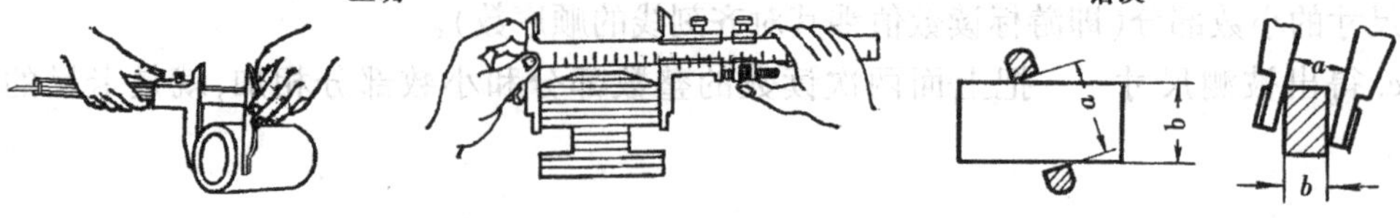

图6.12　测量外尽寸时正确与错误的位置

④在游标上读数时，避免视线误差。

5. 游标卡尺的维护和保养

①游标卡尺要轻拿轻放，用完后不应和其他工具放在一起，特别不能和手锤、锉刀、凿子、车刀等刃具放在一起。

②游标卡尺要平放，如果随便放在不平的地方，会使主尺变形。带有深度尺的游标卡尺，测量工作完毕后，要及时将侧杆推入，防止变形甚至折损。

③游标卡尺不使用时，应擦拭干净、涂油，放在专用的盒内。

④不能把游标卡尺放在带有磁场的物体附近，以免使卡尺磁化。

⑤游标卡尺刻度表面生锈或积结污物，不应使用砂布或研磨砂来擦除，如需清洁时，只能用极细的研磨膏仔细地进行擦拭修理。

【任务实施】

游标卡尺使用时，掌握游标卡尺的结构特点、读数原理、使用方法及维护保养。

【效果评价】

评价表

项目名称	城市轨道交通车辆检修的常用工器具及使用	学生姓名	
任务名称	任务3　游标卡尺的使用方法及应用	分　数	
项　目		分　值	考核得分
1. 游标卡尺相关知识、图片的搜集、整理		10	
2. 是否有小组计划		5	
3. 游标卡尺的结构形式基本要求认知情况		20	
4. 游标卡尺的使用方法基本要求认知情况		20	
5. 游标卡尺的读数方法基本要求认知情况		20	
6. 游标卡尺的维护保养要求认知情况		15	
7. 编制学习汇报报告情况		5	
8. 基本素养考核情况		5	
教师简要评语： 教师签名：			

任务4　卡钳的使用方法及应用

【活动场景】

在城轨车辆生产车间或检修现场教学，或用多媒体展示城市轨道交通车辆的卡钳使用。

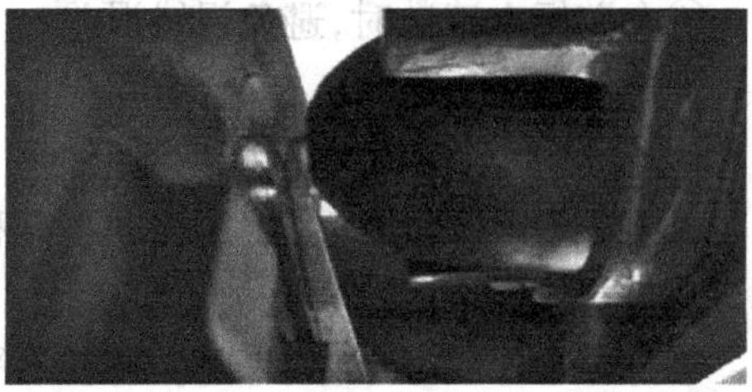

【任务要求】

1. 了解、掌握卡钳的分类、结构。

2. 正确使用内外卡钳测量给定工件的尺寸。

3. 在实际工作中熟练掌握卡钳的使用方法及适用范围。

【知识准备】

卡钳有测量外径尺寸和内径尺寸两种。测量外径尺寸的卡钳用于测量零件的厚度、宽度及外径等，叫外卡钳。测内径尺寸的卡钳用于测量孔及沟槽等尺寸，叫做内卡钳。

1. 卡钳的种类

图 6.13 是常见的两种内外卡钳。内外卡钳是最简单的比较量具。外卡钳是用来测量外径和平面的，内卡钳是用来测量内径和凹槽的。它们本身都不能直接读出测量结果，而是把测量的长度尺寸（直径也属于长度尺寸），在钢直尺上进行读数，或在钢直尺上先取下所需尺寸，再去检验零件的径是否符合。

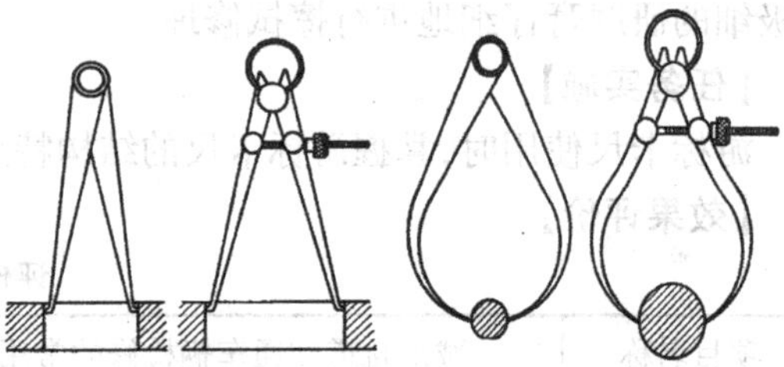
(a)内卡钳　(b)外卡钳

图 6.13　内外卡钳

2. 卡钳的使用

①内卡钳的使用。用内卡钳测量内径时，应使两个钳脚的测量面的连线正好垂直相交于内孔的轴线，即钳脚的两个测量面应是内孔直径的两端点。因此，测量时应将下面的钳脚的测量面停在孔壁上作为支点（图 6.14a），上面的钳脚由孔口略往里面一些逐渐向外试探，并沿孔壁圆周方向摆动，当沿孔壁圆周方向能摆动的距离为最小时，则表示内卡钳脚的两个测量面已处于内孔直径的两端点了。再将卡钳由外至里慢慢移动，可检验孔的圆度公差，如图 6.14b 所示。用已在钢直尺上或在外卡钳上取好尺寸的内卡钳去测量内径，如图 6.15a 所示。就是比较内卡钳在零件孔内的松紧程度。如内卡钳在孔内有较大的自由摆动时，就表示卡钳尺寸比孔径内小了；如内卡钳放不进，或放进孔内后紧得不能自由摆动，就表示内卡钳尺寸比孔径大了，如内卡钳放入孔内，按照上述的测量方法能有1 ~2 mm 的自由摆动距离，这时孔径与内卡钳尺寸正好相等。测量时不要用手抓住卡钳测量，如图 6.15b 所示，这样手感就没有了，难以比较内卡钳在零件孔内的松紧程度，并使卡钳变形而产生测量误差。

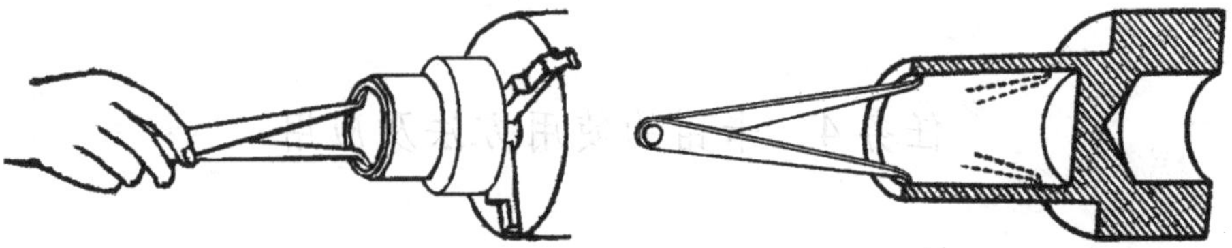
(a)　(b)

图 6.14　内卡钳测量方法

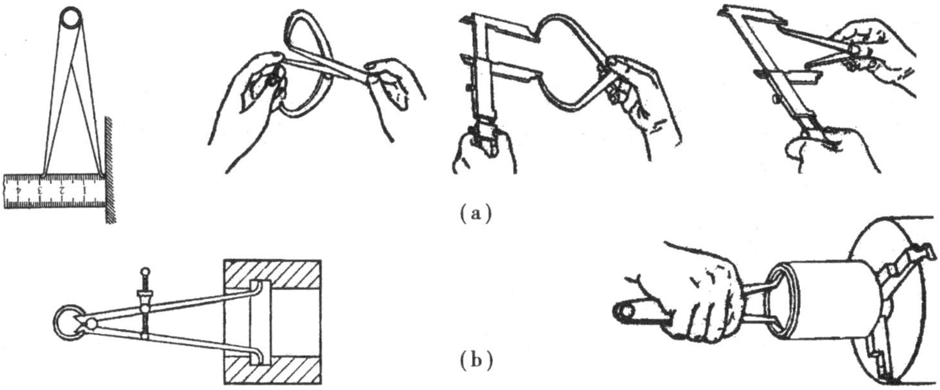

图6.15　内卡钳取尺寸和测量方法

②外卡钳的使用。外卡钳在钢直尺上取下尺寸时，如图6.16a所示，一个钳脚的测量面靠在钢直尺的端面上，另一个钳脚的测量面对准所需尺寸刻线的中间，且两个测量面的连线应与钢直尺平行，人的视线要垂直于钢直尺。

用已在钢直尺上取好尺寸的外卡钳去测量外径时，要使两个测量面的连线垂直零件的轴线，靠外卡钳的自重滑过零件外圆时，我们手中的感觉应该是外卡钳与零件外圆正好是点接触，此时外卡钳两个测量面之间的距离，就是被测零件的外径。所以，用外卡钳测量外径，就是比较外卡钳与零件外圆接触的松紧程度，如图6.16b所示，以卡钳的自重能刚好滑下为合适。如当卡钳滑过外圆时，我们手中没有接触感觉，就说明外卡钳比零件外径尺寸大，如靠外卡钳的自重不能滑过零件外圆，就说明外卡钳比零件外径尺寸小。切不可将卡钳歪斜地放上工件测量，这样有误差，如图6.16c所示。由于卡钳有弹性，把外卡钳用力压过外圆是错误的，更不能把卡钳横着卡上去，如图6.16d所示。对于大尺寸的外卡钳，靠它自重滑过零件外圆的测量压力已经太大了，此时应托住卡钳进行测量，如图6.16e所示。

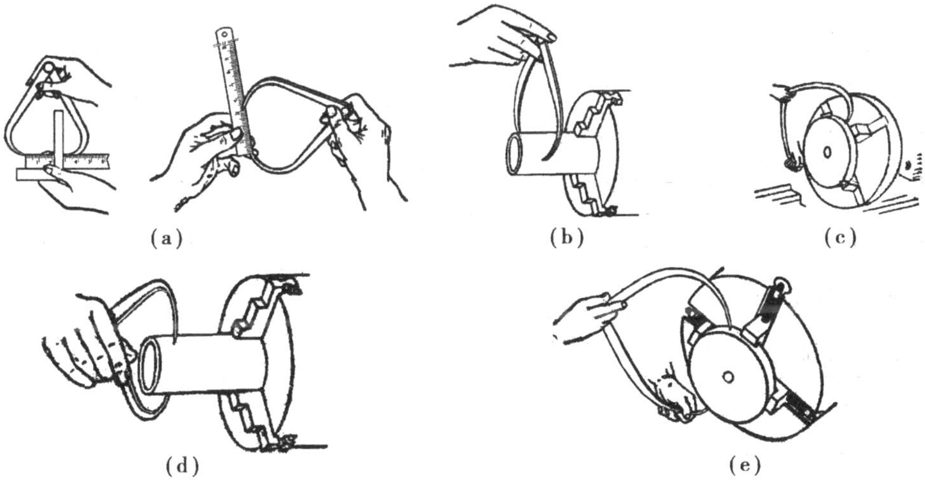

图6.16　外卡钳在钢直尺上取尺寸和测量方法

3. 卡钳的适用范围

卡钳是一种简单的量具，由于它具有结构简单，制造方便、价格低廉、维护和使用方便等特点，广泛应用于要求不高的零件尺寸的测量和检验，尤其是对锻铸件毛坯尺寸的测量和检验，卡钳是最合适的测量工具。

4. 卡钳使用的注意事项

①调节卡钳的开度时，应轻敲卡脚，不应敲击钳口，因为两钳口是工作面，不能损伤。

②检验零件时，不能将外卡钳用力压下，也不能把内卡钳使劲塞入孔或沟槽内，否则会使卡钳两脚扭动，得不到准确尺寸。

③定好尺寸的卡钳，不要乱放。

④检验或测量零件时，卡钳必须放正，如果斜歪，测出的尺寸就不正确。

⑤不能在旋转的零件上去测量尺寸，因为这样做会使钳口磨损，不易量出正确尺寸，甚至会引起其他事故。

【任务实施】

游标卡尺使用时，掌握游标卡尺的结构特点、读数原理、使用方法及维护保养。

【效果评价】

评价表

项目名称	城市轨道交通车辆检修的常用工器具及使用	学生姓名	
任务名称	任务4　卡钳的使用方法及应用	分　数	
项　目		分　值	考核得分
1. 游标卡尺相关知识、图片的搜集、整理		10	
2. 是否有小组计划		5	
3. 游标卡尺的结构形式基本要求认知情况		20	
4. 游标卡尺的使用方法基本要求认知情况		20	
5. 游标卡尺的读数方法基本要求认知情况		20	
6. 游标卡尺的维护保养要求认知情况		15	
7. 编制学习汇报报告情况		5	
8. 基本素养考核情况		5	
教师简要评语： 教师签名：			

任务5　千分尺的使用方法及应用

【活动场景】

在城轨车辆生产车间或检修现场教学，或用多媒体展示城市轨道交通车辆的千分尺的使用。

【任务要求】

1. 了解、掌握千分尺的种类、结构。

2. 正确使用千分尺测量所给工件的指定尺寸。

3. 在实际工作中熟练掌握千分尺的使用方法及维护保养。

【知识准备】

各种千分尺的结构大同小异，是用以测量或检验零件的外径、内径、深度、厚度、凸肩厚度、板厚或壁厚等螺纹的中径和齿轮的公法线长度等（测量孔壁厚度的百分尺，其量面呈球弧形）。分为外测千分尺（图6.17）、内测千分尺（图6.18）、深度千分尺（图6.19）、尖头千分尺（图6.20）、公法线千分尺（碟式千分尺）（图6.21）等。在生产运用中主要采用外测千分尺及内测千分尺对工件进行有效的测量。

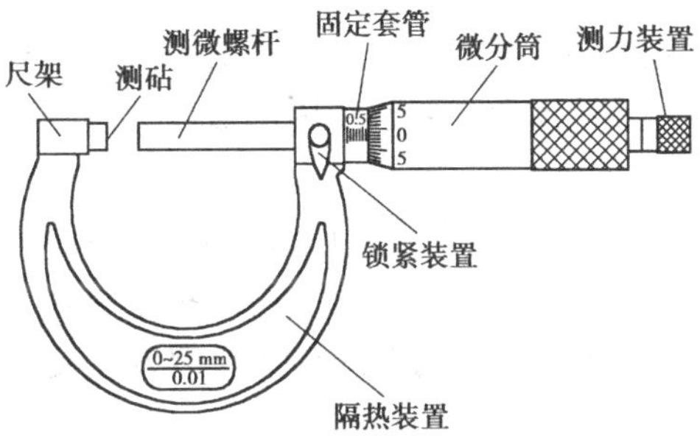

图6.17　外测千分尺

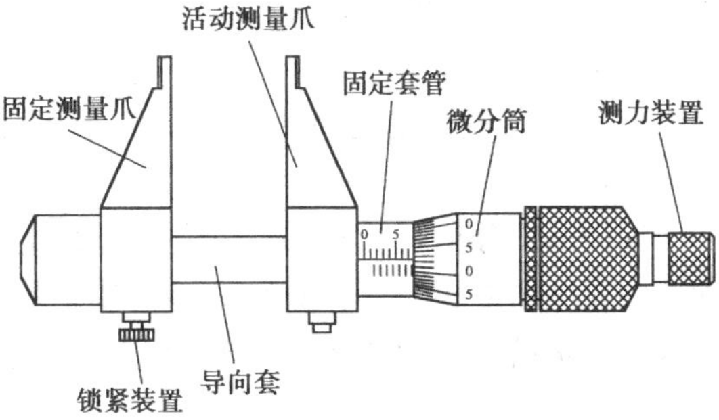

图6.18　内测千分尽

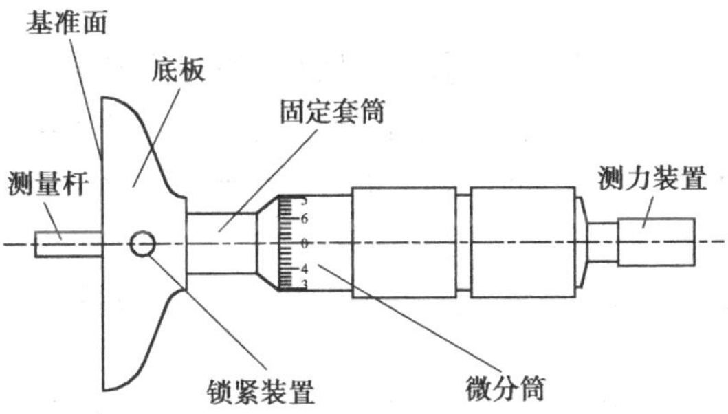

图6.19　深度千分尺

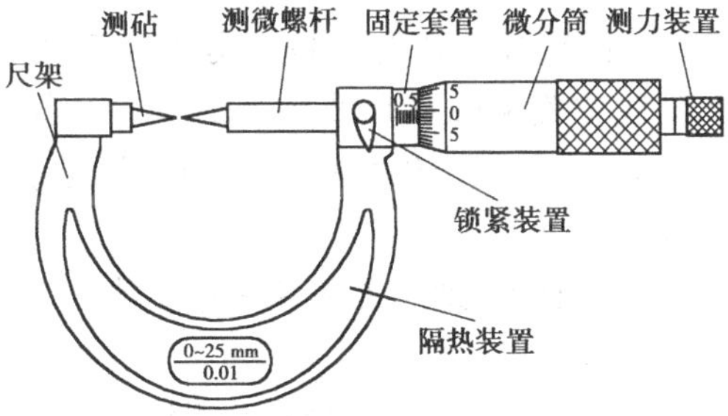

图6.20　尖头千分

1. 千分尺的结构

千分尺由尺架、测微螺杆、测力装置、锁紧机构等组成，测量范围为0～25 mm。

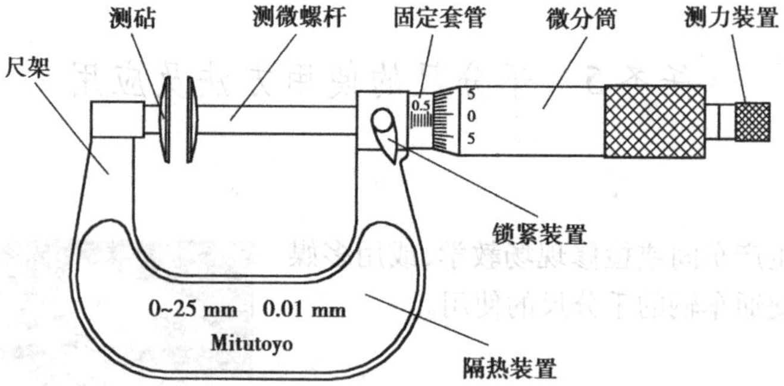

图 6.21 公发线千分

2. 千分尺的使用方法

①使用前,应把千分尺的两个测砧面擦干净,转动测力装置,使两测砧面接触(若测量上限大于25 mm 时,在两测砧面之间放入校对量杆或相应尺寸的量块),接触面上应没有间隙和漏光现象,同时微分筒和固定套筒要对准零位。

②转动测力装置时,微分筒应能自由灵活地沿着固定套筒活动,没有任何轧卡和不灵活的现象。

③测量前,应把零件的被测量表面揩干净,以免有脏物存在时影响测量精度。绝对不允许用百分尺测量带有研磨剂的表面,以免损伤测量面的精度。

④用千分尺测量零件时,应当手握测力装置的转帽来转动测微螺杆,使测砧表面保持标准的测量压力,即听到嘎嘎的声音,表示压力合适,并可开始读数。要避免因测量压力不等而产生测量误差。

⑤使用千分尺测量零件时,最好在零件上进行读数,放松后取出千分尺,这样可减少测砧面的磨损。如果必须取下读数时,应用制动器锁紧测微螺杆后,再轻轻滑出零件,把千分尺当卡规使用是错误的,因这样做不但易使测量面过早磨损,甚至会使测微螺杆或尺架发生变形而失去精度。

3. 千分尺的读数方法

①读数被测值的整数部分要主刻度上读(以微分筒(辅刻度)端面所处在主刻度的上刻线位置来确定),小数部分在微分筒和固定套管(主刻度)的下刻线上读。当下刻线出现时,小数值 = 0.5 + 微分筒上读数,当下读数,当下刻线未出现时,小数值 = 微分筒上读数。

②整个被测值 = 整数值 + 小数值:a. 0.5 + 微分筒数(下刻线出现);b. 微分筒上读数(下刻线未出现)。

如图 6.22 所示:读套筒上侧刻度为 3,下刻度在 3 之后,也就是说 3 + 0.5 = 3.5 ,然后读套管刻度与 25 对齐,是 25 × 0.01 = 0.25 ,全部加起来就是 3.75。

[例]刻度读法如图 6.23、图 6.24 所示(实际测量时读到小数点后两位即可)。

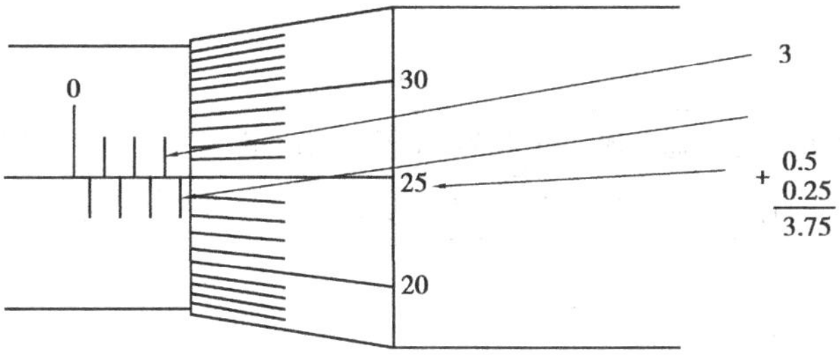

图 6.22

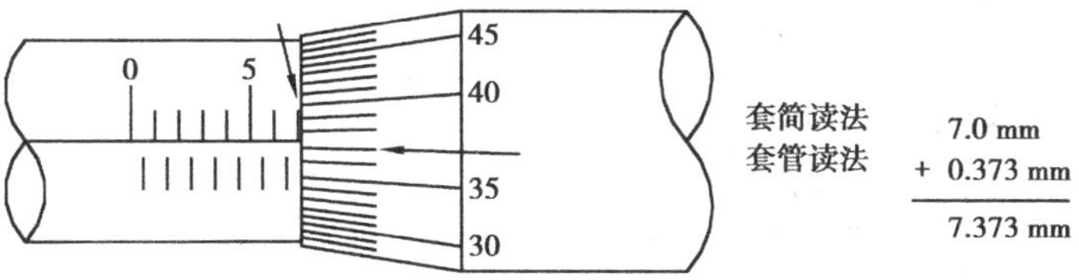

图 6.23

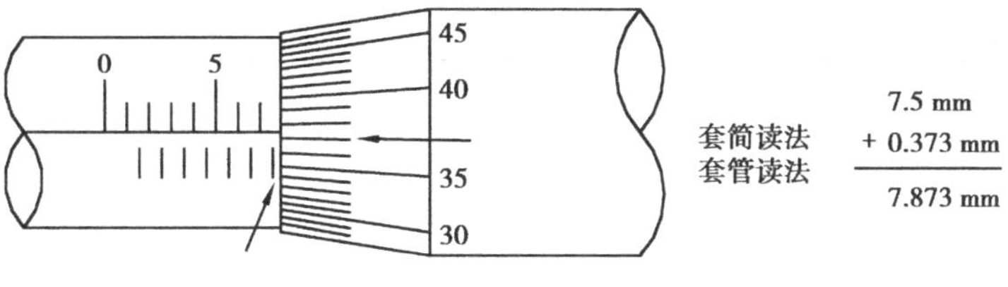

图 6.24

4. 千分尺的维护和保养

①不得私自拆装或乱扔乱放千分尺。

②使用时不能用大力扭动测微套筒。

③使用时不能超出量程，以免损坏千分尺。

④给测微套筒加适量的扭力，一般测量头与测量面接触后，再转动棘爪定压装置 2 ~ 3 圈。

⑤不能将千分尺浸于液体中（如油、水等）。

⑥用完千分尺后，用柔软无毛的布擦干净尺身及测量面，保持测量轴与可换测砧间 70.1 mm间隙左右，锁定紧固螺钉，放于盒内。

⑦如果在校验有效期内，千分尺被损坏或出现明显测量不准确的，必须立即送质检部计量室处理。

【任务实施】

千分尺使用时，掌握千分尺的结构特点、读数原理、使用方法及维护保养。

【效果评价】

评价表

项目名称	城市轨道交通车辆检修的常用工器具及使用	学生姓名	
任务名称	任务5　千分尺的使用方法及应用	分　数	
项　目		分　值	考核得分
1. 千分尺相关知识、图片的搜集、整理		10	
2. 是否有小组计划		5	
3. 千分尺的结构形式基本要求认知情况		20	
4. 千分尺的使用方法基本要求认知情况		20	
5. 千分尺的读数方法基本要求认知情况		20	
6. 千分尺的维护保养要求认知情况		15	
7. 编制学习汇报报告情况		5	
8. 基本素养考核情况		5	
教师简要评语： 教师签名：			

任务6　水平仪的使用方法及应用

【活动场景】

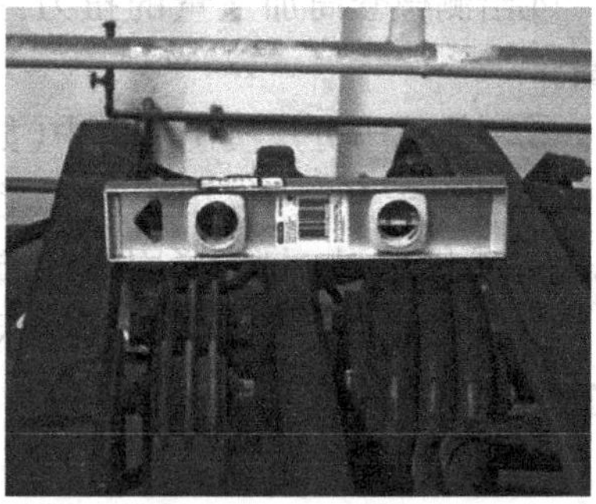

在城轨车辆生产车间或检修现场教学，或用多媒体展示城市轨道交通车辆的水平尺的使用。

【任务要求】

1. 了解、掌握水平仪的种类、结构、工作原理。

2. 正确使用水平仪测量所给工件的水平度。

3. 在实际工作中熟练掌握水平仪的使用方法及维护保养。

【知识准备】

水平仪是测量角度变化的一种常用量具，在机械行业和仪表制造中，用于测量相对于水平位置的倾斜角、机床类设备导轨的平面度和直线度、设备安装的水平位置和垂直位置等。按水平仪的外形不同可分为：条式水平仪、框式水平仪、数字式光学合象水平仪、电子式水平仪等。目前城轨行业中主要使用条试水平仪。

1. 条式水平仪的结构

条式水平仪主要由体身、水准泡系统及调整机构组成。体身可测量基面，水准泡用作读数反映出体身测量基面的真实数值，调整机构用作调整水平仪零位。

2. 条式水平仪使用方法

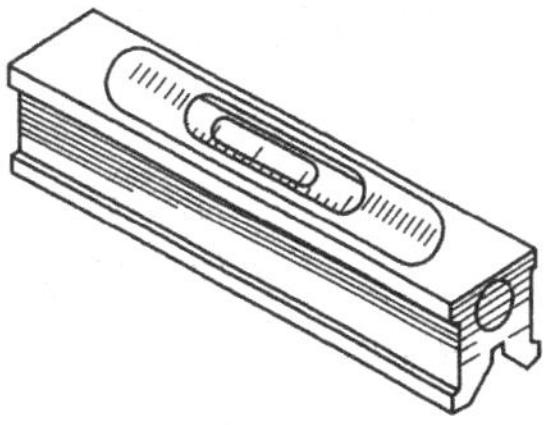

图 6.25　条式水

如图 6.25 所示，当水平仪的底平面放在准确的水平位置时，水准器内的气泡正好在中间位置（即水平位置）。在水准器玻璃管内气泡两端刻线为零线的两边，刻有不少于 8 格的刻度，刻线间距为 2 mm。当水平仪的底平面与水平位置有微小的差别时，也就是水平仪底平面两端有高低时，水准器内的气泡由于地心引力的作用总是往水准器的最高一侧移动，这就是水平仪的使用原理。两端高低相差不多时，气泡移动也不多，两端高低相差较大时，气泡移动也较大，在水准器的刻度上就可读出两端高低的差值。

条式水平仪的规格见表 6.2。条式水平仪分度值的说明，如分度值 0.03 mm/m，即表示气泡移动一格时，被测量长度为 1 m 的两端上，高低相差 0.03 mm。再如，用 200 mm 长，分度值为 0.05 mm/m 的水平仪，测量 400 mm 长的平面的水平度。先把水平仪放在平面的左侧，此时若气泡向右移动两格，再把水平仪放在平面的右侧，此时若气泡向左移动三格，则说明这个平面是中间高两侧低的凸平面。中间高出多少毫米呢？从左侧看中间比左端高两格，即在被测量长度为 1 m 时，中间高 $2\times0.05=0.10$ mm，现实际测量长度为 200 mm，是 1 m 的$\frac{1}{5}$，所以，实际上中间比左端高 $0.10\times0.2=0.02$ mm。从右侧看中间比右端高三格，即在被测量长度为 1 m 时，中间高 $3\times0.05=0.15$ mm，现实际测量长度为 200 mm，是 1 m 的$\frac{1}{5}$，所以，实际上中间比右端高 $0.15\times0.2=0.03$ mm。由此可知，中间比左端高 0.02 mm，中间比右端高 0.03 mm，则中间比两端高出的数值为 $(0.02+0.03)\div2=0.025$ m。

表 6.2　水平仪的规格

品种	外形尺寸/mm			分度值	
	长	阔	高	组别	/(mm · m^{-1})
框式	100	25 ~ 35	100	Ⅰ	0.02
	150	30 ~ 40	150		
	200	35 ~ 40	200		
	250	40 ~ 50	250	Ⅱ	0.03 ~ 0.05
	300		300		
条式	100	30 ~ 35	30 ~ 40		
	150	35 ~ 40	35 ~ 45		
	200	40 ~ 45	40 ~ 50	Ⅲ	0.06 ~ 0.15

3. 使用水平仪注意事项

①测量前，应认真清洗测量面并擦干，检查测量表面是否有划伤、锈蚀和毛刺等缺陷。

②测量前，应检查零位是否正确。如不准，对可调式水平仪应进行调整，对固定式水平仪应进行修复。

③测量时，应避免温度的影响，必须与热源和风源隔绝；温度变化会使测量产生误差，因此应注意手热、阳光直射、哈气等对水平仪的影响；检验或使用时如使用环境湿度与保存环境湿度不同，则需在使用环境中稳定3 h方可使用。

④测量时必须待气泡完全静止后方可读数，应在垂直水准器的位置上进行读数，以减少视差对测量结果的影响。

⑤水平仪使用完毕，必须将工作面擦拭干净，涂防锈油，存放在清洁、干燥处保管。

【任务实施】

水平仪使用时，掌握水平仪的结构特点、使用方法及使用中的注意事项。

【效果评价】

评价表

项目名称	城市轨道交通车辆检修的常用工器具及使用	学生姓名	
任务名称	任务6　水平仪的使用方法及应用	分　数	
项　目		分　值	考核得分
1. 水平仪相关知识、图片的搜集、整理		10	
2. 是否有小组计划		5	
3. 水平仪的结构形式基本要求认知情况		20	
4. 水平仪的使用方法基本要求认知情况		20	
5. 千分尺的读数方法基本要求认知情况		20	
6. 水平仪使用中的注意事项认知情况		15	
7. 编制学习汇报报告情况		5	
8. 基本素养考核情况		5	
教师简要评语： 教师签名：			

任务7　钩高尺的使用方法及应用

【活动场景】

在城轨车辆生产车间或检修现场教学，或用多媒体展示城市轨道交通车辆的钩高尺的使用。

【任务要求】

1. 了解、掌握钩高尺的种类、结构。

2. 正确使用钩高尺测量车钩的高度。

3. 在实际工作中熟练掌握钩高尺的使用方法及维护保养。

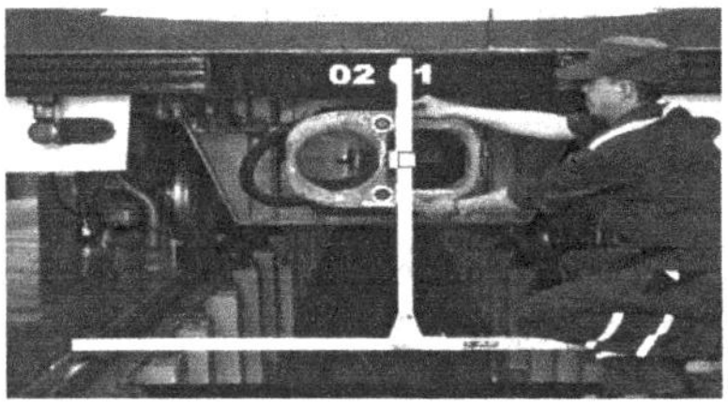

【知识准备】

钩高尺主要是用于测量机车车辆、城轨车辆两端车钩的高度。测量机车车辆、城轨车辆车钩高度的工具分为:钩高尺、简易测量工具(水平仪、铅垂、水平尺、卷尺)。西安地铁主要采用钩高尺对城轨车辆车钩进行测量。

1. 钩高尺的构造

钩高尺产品采用高碳钢或不锈钢制造主要由游框、竖尺(主尺)、尺爪、主尺量程、水平支座(横尺)、折叠机构等组成(见图6.26)。

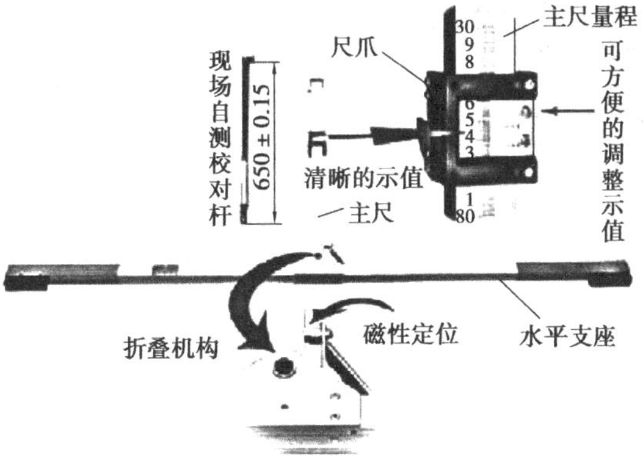

图6.26　钩高尺

2. 钩高尺的使用方法

图6.27

将钩高尺折叠打开,钩舌为锁闭状态,抬起竖尺将横尺垂直搭在钩舌前面钢轨上,并与钩舌垂直靠平。向上抬起游框,测角顶住钩舌底面。则游标对准竖尺刻线上,进行数值读取。城轨车辆根据车型不一样分为A型电客车、B型电客车,A,B型车辆的半自动车钩高度分别为720 mm(正12、负0)、660 mm(正12、负0)。如图6.27所示,数值读取为660 + 4 = 664 mm,在正常范围内。

3. 钩高尺的维护保养

①不得私自拆装或乱扔乱放钩高尺。

②使用时不能用大力压住水平支座。

③不能将钩高尺浸于液体中(如油、水等)。

④用完千分尺后，用柔软无毛的布擦干净尺身及测量面，放入存放盒中进行保管。

⑤如果在校验有效期内，钩高尺被损坏或出现明显测量不准确的，必须立即送质检部计量室处理。

【任务实施】

钩高尺使用时，掌握钩高尺的结构特点、使用方法及钩高尺的维护保养。

【效果评价】

评价表

项目名称	城市轨道交通车辆检修的常用工器具及使用	学生姓名	
任务名称	任务7　钩高尺的使用方法及应用	分　数	
项　目		分　值	考核得分
1. 钩高尺相关知识、图片的搜集、整理		10	
2. 是否有小组计划		5	
3. 钩高尺的结构形式基本要求认知情况		20	
4. 钩高尺的使用方法基本要求认知情况		20	
5. 钩高尺的读数方法基本要求认知情况		20	
6. 钩高尺使用中的注意事项认知情况		15	
7. 编制学习汇报报告情况		5	
8. 基本素养考核情况		5	
教师简要评语： 教师签名：			

任务8　塞尺的使用方法及应用

【活动场景】

在城轨车辆生产车间或检修现场教学，或用多媒体展示城市轨道交通车辆的塞尺的使用。

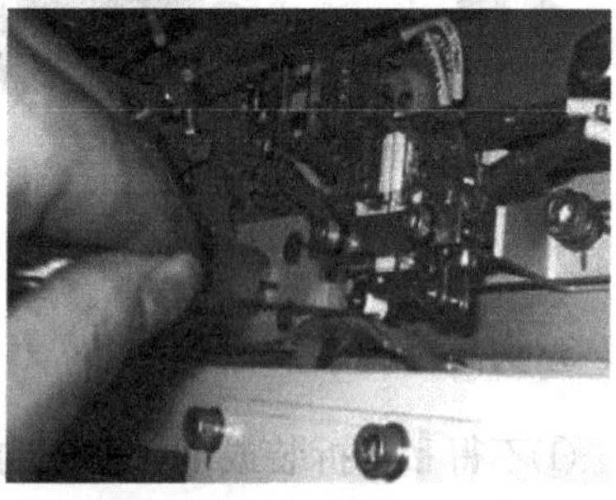

【任务要求】

1. 了解、掌握塞尺的结构。

2. 正确使用塞尺对定工件间隙进行测量。

3. 在实际工作中熟练掌握塞尺的使用方法及维护保养。

【知识准备】

塞尺也叫做厚薄规或间隙规，主要用来检验机床特别紧固面和紧固面、活塞与气缸、活塞环槽和活塞环、十字头滑板和导板、进排气阀顶端和摇臂、齿轮啮合间隙等两个结合面之间的间隙大小。

1. **塞尺的构造**

如图6.28所示,塞尺是由许多层厚薄不一的薄钢片组成,按照塞尺的组别制成一把一把的塞尺,每把塞尺中的每片具有两个平行的测量平面,且都有厚度标记,并用销钉将其一端组合在一起而构成的,以供组合使用。

2. **塞尺的尺的使用**

测量时,根据结合面间隙的大小,要先用较薄的试塞,逐步加厚,也可组合数片进行测量。

3. **塞尺的规格**

例如用0.03 mm的一片能插入间隙,而0.04 mm的一片不能插入间隙,这说明间隙在0.03~0.04 mm之间,所以塞尺也是一种界限量规。塞尺的规格见表6.3。

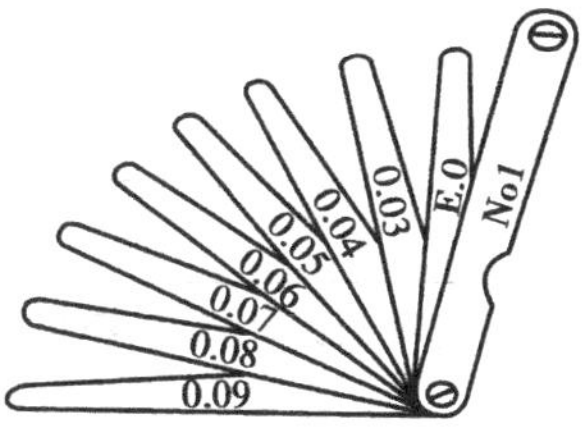

图6.28　塞尺

表6.3　塞尺的规格

A型	B型	塞尺片长度/mm	片数	塞尺的厚度及组装顺序
组别标记				
75A13 100A13 150A13 200A13 300A13	75B13 100B13 150B13 200B13 300B13	75 100 150 200 300	13	0.02;0.02;0.03;0.03;0.04; 0.04;0.05;0.05;0.06;0.07; 0.08;0.09;0.10
75 A14 100 A14 150 A14 200 A14 300 A14	75 B14 100 B14 150 B14 200 B14 300 B14	75 100 150 200 300	14	1.00;0.05;0.06;0.07;0.08; 0.09;0.19;0.15;0.20;0.25; 0.30;0.40;0.50;0.75
75 A17 100 A17 150 A17 200 A17 300 A17	75 B17 100 B17 150 B17 200 B17 300 B17	75 100 150 200 300	17	0.50;0.02;0.03;0.04;0.05; 0.06;0.07;0.08;0.09;0.10; 0.15;0.20;0.25;0.30;0.35; 0.40;0.45

4. **塞尺的维护保养**

①根据结合面的间隙情况选用塞尺片数,但片数越少越好。

②测量时不能用力太大,以免塞尺遭受弯曲和折断。

③不能测量温度较高的工件。

④因为塞尺很薄,容易折断、生锈,使用时应细心。用完后,要立即擦干净,并擦上少量防锈油及时合到夹板里面去。

【任务实施】

塞尺使用时,掌握塞尺的结构特点、使用方法、塞尺的规格型号及塞尺的维护保养。

【效果评价】

评价表

项目名称	城市轨道交通车辆检修的常用工器具及使用	学生姓名	
任务名称	任务8　塞尺的使用方法及应用	分　数	
项　目		分　值	考核得分
1. 塞尺相关知识、图片的搜集、整理		10	
2. 是否有小组计划		5	
3. 塞尺的结构形式基本要求认知情况		20	
4. 塞尺的使用方法基本要求认知情况		20	
5. 塞尺的规格认知情况		20	
6. 塞尺使用中的注意事项认知情况		15	
7. 编制学习汇报报告情况		5	
8. 基本素养考核情况		5	
教师简要评语: 教师签名:			

任务9　轮对内测距尺的使用方法及应用

【活动场景】

在城轨车辆生产车间或检修现场教学,或用多媒体展示城市轨道交通车辆的轮对内测距尺的使用。

【任务要求】

1. 了解、掌握轮对内测距尺的结构。

2. 正确使用轮对内测距尺对车辆轮对进行测量。

3. 在实际工作中熟练掌握轮对内测距尺的使用方法及维护保养。

【知识准备】

轮对内测距尺主要应用于铁路机车车辆、车轨车辆轮对内测距的测量,测量范围为 1 345 ~

1 365 mm。

1. 轮对内测距尺的结构

轮对内测距尺由不锈钢制造，主要有固定测头、活动测头、固定杆、游标尺等组成（见图6.29）。

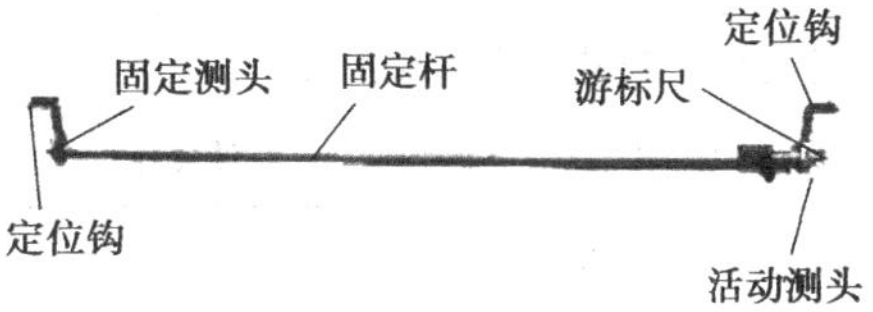

图6.29　轮对内测距尺

2. 轮对内测距尺的使用

①将定位钩放在车轮轮缘上（见图6.30）。

②将轮对内距齿的固定测头和活动测头靠在被测车内侧，摆动轮对内矩尺活动测头，寻找读数拐点，即读数锁紧定位螺钉，读取数据值时，该读书即为被测轮对内侧距离（见图6.31）。

③锁紧定位螺钉，读取数据。

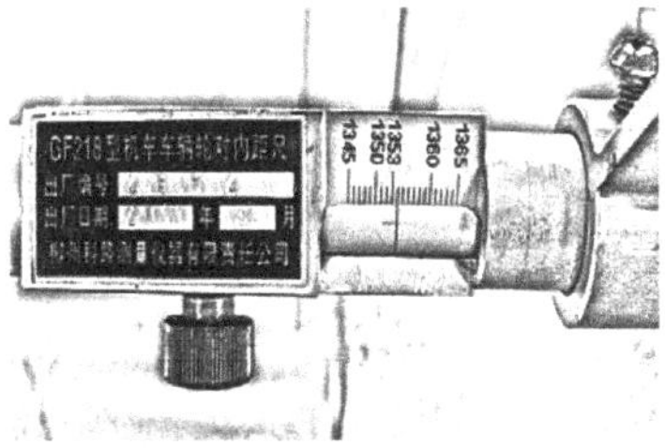

图6.30

图6.31

3. 轮对内测距维护保养

①使用过程中，应防止对各部件的剧烈摔碰，以免损坏和变形。

②两测头是测量仪的关键部位，不得拆动，以免影响测量准确度。

③使用完毕后要涂机油，以防止生锈。较长时间不用时，测头、应擦上机油放入防尘盒中。

【任务实施】

轮对内测距使用时，掌握轮对内测距的结构特点、使用方法及轮对内测距的维护保养。

【效果评价】

评价表

项目名称	城市轨道交通车辆检修的常用工器具及使用	学生姓名	
任务名称	任务9　轮对内测距的使用方法及应用	分　数	
项　目		分　值	考核得分
1. 轮对内测距相关知识、图片的搜集、整理		10	
2. 是否有小组计划		5	
3. 轮对内测距的结构形式基本要求认知情况		20	
4. 轮对内测距的使用方法基本要求认知情况		20	

续表

项　目	分　值	考核得分
5. 轮对内测距的规格认知情况	20	
6. 轮对内测距使用中的维护保养认知情况	15	
7. 编制学习汇报报告情况	5	
8. 基本素养考核情况	5	
教师简要评语： 教师签名：		

任务10　多功能万用表的使用方法及应用

【活动场景】

在城轨车辆生产车间或检修现场教学，或用多媒体展示城市轨道交通车辆的多功能万用表的使用。

【任务要求】

1. 了解、掌握多功能万用表的结构、功能。
2. 正确使用多功能万用表对定工件间隙进行测量。
3. 在实际工作中使用多功能万用表应注意的事项。
4. 熟练掌握多功能万用表的使用方法及维护保养。

【知识准备】

万用表又叫多用表、三用表、复用表，万用表分为指针式万用表和数字万用表。是一种多功能、多量程的测量仪表，一般万用表可测量直流电流、直流电压、交流电流、交流电压、电阻和音频电平等，有的还可以测交流电流、电容量、电感量及半导体、温度的一些参数。目前国内城轨单位大多数采用进口多功能万用表。

1. 多功能万用表的构造

多功能万用表可测量直流电流、直流电压、交流电流、交流电压、电阻、电容，频率，温度等，并且其以数字显示读数，使用起来更加方便。万用表由表头、液晶显示屏、表笔连接及转换开关等3个主要部分组成，如图6.32、表6.4所示。

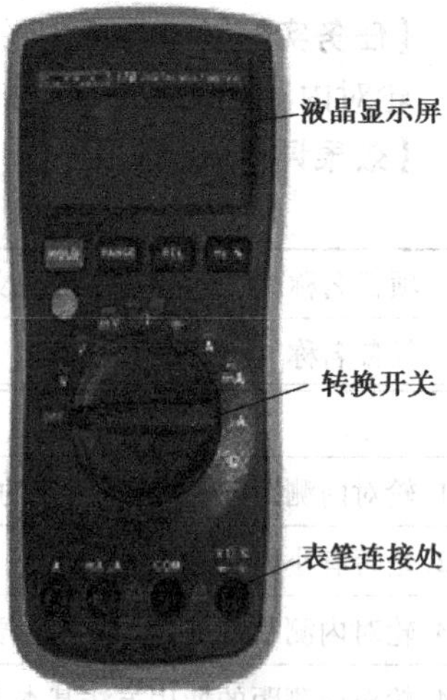

图6.32　多功能万用表

表6.4　国际电气符号

∿	AC(交流电)	⏚	接地
⎓	DC(直流电)	⊟	保险丝
≂	交流电或直流电	⧈	双重绝缘
⚠	安全须知	⚠	电击危险
▮	电池	CE	符合欧盟的相关法令
⯈	二极管	⊣⊢	电容
CAT Ⅱ	IEC CAT Ⅱ设备用于防止受到由固定装置提供电源的耗能设备,例如电视机、电脑、便携工具及其他家用电器所产生的瞬变损害	CAT Ⅲ	IEC CAT Ⅲ设备的设计能使设备承受固定安装设备内,如配电盘、馈线和短分支电路及大型建筑中的防雷设施产生的瞬态高压
⌧	请勿将本品作为未分类的城市废弃物处理		

2. 多功能万用表注意事项

①在使用电表前,应认真阅读有关的使用说明书,熟悉旋转开关、按钮、插孔的作用(见表6.5、表6.6)。请检查机壳,切勿使用已损坏的电表。

表6.5　多功能万用表1

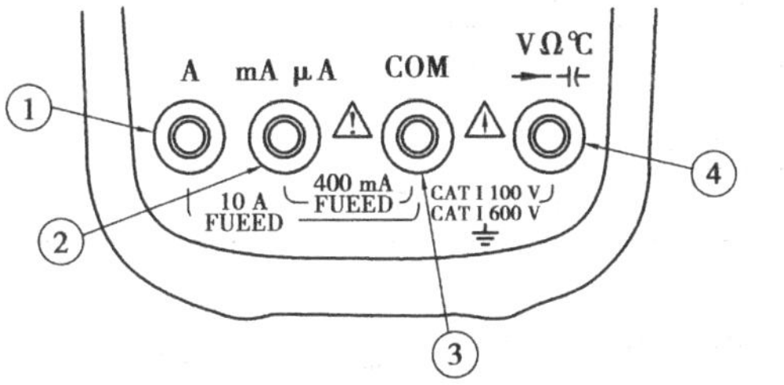

编号	说　明
1	用于交流电和直流电电流测量(最高可测量10 A)和频率测量(仅量17 B)的输入端子
2	用于交流电和直流电的微安以及毫安测量(最高可测量400 mA)和频率测量(仅限17 B)的输入端子
3	适用于所有测量的公共(返回)接线端
4	用于电压、电阻、通断性、二极管、电容、频率(仅限17 B)和温度(仅限17 B)测量的输入端子

表6.6　多功能万用表2

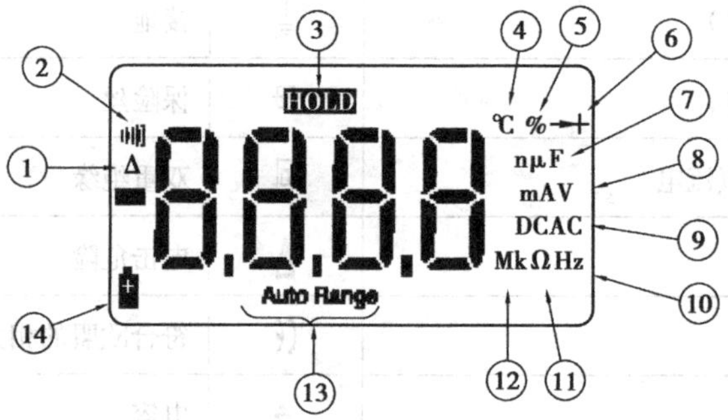

编号	说　明
1	已激活相对模式
2	已选中通断性
3	已启用数据保持
4	已选中温度
5	已选中占空比
6	已选中二极管测试
7	F—电容点位法拉第
8	A,V—安培或福特
9	DC,AC—直流或交流电压或电流
10	Hz—已选频率
11	Ω—已选欧姆
12	m,M,K—十进制前缀
13	已选中自动量程
14	电池电量不足,应立即更换

②检查测试表笔的绝缘是否损坏或表笔金属是否裸露在外。检查测试表笔是否导通。请在使用电表之前更换已被损坏的测试表笔。

③用电表测量已知的电压,确定电表操作正常。请勿使用工作异常的电表,仪表的保护措施可能已经失效。若有疑问,应将仪表送修。

④请勿在连接端子之间或任何端子和地之间施加高于仪表额定值的电压。

⑤对 30 V 交流(有效值),42 V 交流(峰值)或 60 V 直流以上的电压,应格外小心,这些电压有电击危险。

⑥测量时请选择合适的接线端子、功能和量程。

⑦请勿在有爆炸性气体、蒸汽或粉尘环境中使用电表。

⑧使用测试探针时,手指应保持在保护装置的后面。

⑨进行连接时,先连接公共测试表笔,再连接带电的测试表笔;切断连接时,则先断开带电的测试表笔,再断开公共测试表笔。

⑩测试电阻、通断性、二极管或电容器之前,应先切断电路的电源并把所有高压电容器放电。

⑪对于所有功能,包括手动或自动量程,为了避免因读数不当导致电击风险,首先使用交流功能来验证是否有交流电压存在,然后,选择等于或大于交流量程的直流电压。

⑫将旋转开关 OFF 位置即为开机。

⑬基本测量:根据需要拨到相应位置,交直流电压的测量:可直接显示混合信号的主流分量和交流分量,表笔插入相应的插孔。

⑭其他功能的测量温度,二极管筛选,温度,频率,占空比,快速脉冲,dB,逻辑分析,示波,趋势绘图,谐波分析,通断性,电导,电容的测量均可以实现。

⑮电流插孔是为了测量电流用的,不用的时候禁止使用本插孔,否则万用表将可能被烧毁。

⑯万用表量程是自动量程,如果想使用规定量程,请按量程选择键。

⑰当插错插孔时,万用表有报警。使用趋势绘图,示波,逻辑分析,谐波分析等功能时,请查看量程选择和旋转开关位置。

3. 多功能万用表的使用

(1)测量交流和直流电压(见图6.33)

为最大程度减少交流或交直流混合电压部件内的未知电压读数错误,应首先选择电表上的交流电压功能,同时留意记下产生正确测量结果所在的交流量程。然后,手动选择直流电压功能,使直流量程等于或高于前面的交流量程。该过程可最大限度降低交流瞬变所带来的影响,确保准确直流测量。

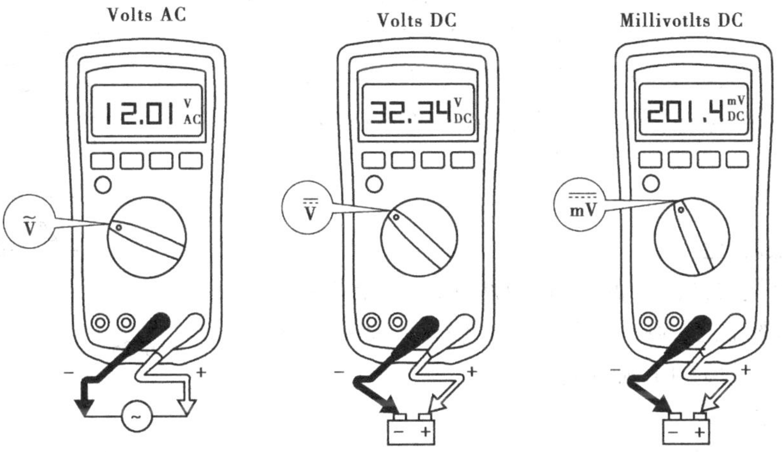

图6.33　测量直流和交流电

①调节旋钮至 $\tilde{V}$, $\overline{V}$,或 $\overline{mV}$ 以选择交流或直流。

②将红表笔连接至 VΩ℃端子,黑表笔连接至 COM 端子。

③用探针接触想要的电路测试点,测量电压。

④阅读显示屏上测出的电压。

⑤只能通过手动量程才能调至 400 量程。

(2)测量交流或直流电流(见图6.34)

①调节旋钮至 $\tilde{\overline{A}}$, $\tilde{\overline{A}}$, 或 $\tilde{\overline{\mu A}}$。

②按下"黄色"按钮,在交流或直流电流测量间切换。

③根据要测量的电流将红表笔连至 A,mA 或 μA 端子,并将黑表笔连接至 COM 端子。

④断开待测的电路路径。然后将测试表笔衔接断口并施用电源。

⑤阅读显示屏上的测出电流。

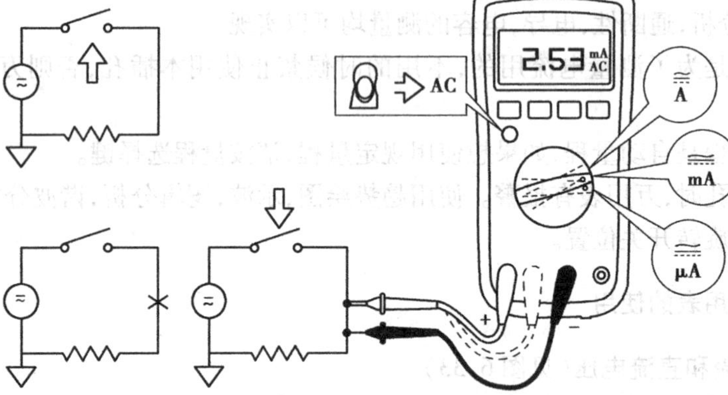

图6.34 测量交流与直流电流

(3)测量电阻(见图6.35)

在测量电阻或电路的通断性时,为避免受到电击或损坏电表,请确保电路的电源已关闭,并将所有电容器放电。

①将旋转开关转至 Ω。确保已切断待测电路的电源。

②将红表笔连接至 VΩ℃ 端子,黑表笔连接至 COM 端子。

③将探针接触想要的电路测试点,测量电阻。

④阅读显示屏上的测出电阻。

(4)测试通断性

选择电阻模式,按下"黄色"按钮两次,以激活通断性蜂鸣器。如果电阻低于 50 Ω,蜂鸣器将持续响,表明出现短路。如果电表读数为 0 L,则电路断路。

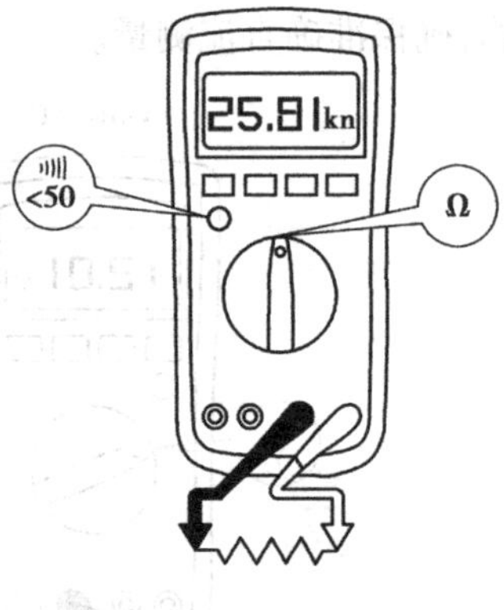

图6.35 测量电阻/通断性

(5)测试二极管

在测量电路二极管时,为避免受到电击或损坏电表,请确保电路的电源已关闭,并将所有电容器放电。

①将旋转开关转至 Ω 。

②按"黄色"功能按钮一次,启动二极管测试。

③将红表笔连接至 VΩ℃ 端子,黑表笔连接至 COM 端子。

④将红色探针接到待测的二极管的阳极而黑色探针接到阴极。

⑤读取显示屏上的正向偏压。

⑥如果表笔极性与二极管极性相反，显示读数为 0 L。这可以用来区分二极管的阳极和阴极。

(6)测量电容

为避免损坏电表，在测量电容前，请断开电路电源并将所有高压电容器放电。

①将旋转开关转至 ⊣⊢。

②将红表笔连接至 VΩ℃ 端子，黑表笔连接至 COM 端子。

③将探针接触电容器引脚。

④读数稳定后(最多 15 s)，读取显示屏所显示的电容值。

(7)测量温度

①将旋转开关转至℃。

②将热电偶插入电表的 VΩ℃ 和 COM 端子，确保标记有“ + ”符号的热电偶塞插入电表的 VΩ℃ 端子。

③阅读显示屏上显示为摄氏温度。

(8)多功能万用表的维护保养

①定期用湿布和温和的清洁剂清洁仪表的外壳。不要使用腐蚀剂或溶剂。

②定期要清洁端子否则会影响读数。

③定期更换万用表上的电池

【任务实施】

多功能万用表使用时，掌握多功能万用表的结构特点、使用方法及多功能万用表的维护保养、注意事项。

【效果评价】

评价表

项目名称	城市轨道交通车辆检修的常用工器具及使用	学生姓名	
任务名称	任务10　多功能万用表的使用方法及应用	分　数	
项　目		分　值	考核得分
1. 多功能万用表相关知识、图片的搜集、整理		10	
2. 是否有小组计划		5	
3. 多功能万用表的结构形式基本要求认知情况		20	
4. 多功能万用表的使用方法基本要求认知情况		20	
5. 多功能万用表的使用中的注意事项要求认知情况		20	
6. 多功能万用表使用中的维护保养认知情况		15	
7. 编制学习汇报报告情况		5	
8. 基本素养考核情况		5	
教师简要评语： 教师签名：			

任务11　示波器的使用方法及应用

【活动场景】

在城轨车辆生产车间或检修现场教学，或用多媒体展示城市轨道交通车辆的示波器的使用。

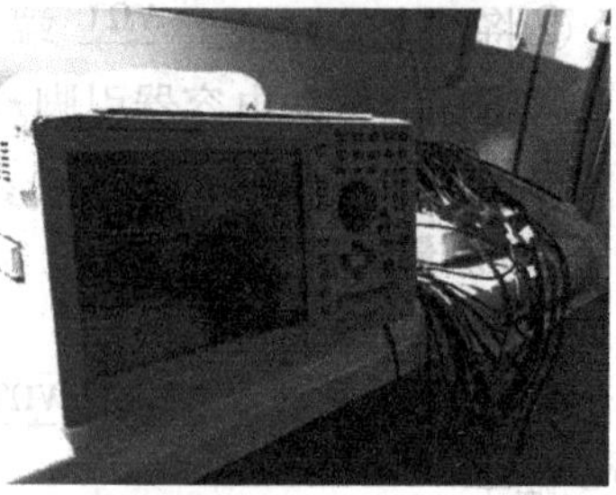

【任务要求】

1. 了解、掌握示波器分类、功能。
2. 了解、掌握示波器的操作流程。
3. 了解、掌握示波器的作用。
4. 熟练掌握示波器的使用方法及维护保养。

【知识准备】

示波器是一种用途十分广泛的电子测量仪器。它能把肉眼看不见的电信号变换成看得见的图像，便于人们研究各种电现象的变化过程。示波器利用狭窄的、由高速电子组成的电子束，打在涂有荧光物质的屏面上，就可产生细小的光点。在被测信号的作用下，电子束就好像一支笔的笔尖，可以在屏面上描绘出被测信号的瞬时值的变化曲线。利用示波器能观察各种不同信号幅度随时间变化的波形曲线，还可以用它测试各种不同的电量，如电压、电流、频率、相位差、调幅度等。

示波器可以分为模拟示波器和数字示波器，对于大多数的电子应用，无论模拟示波器和数字示波器都是可以胜任的，只是对于一些特定的应用，由于模拟示波器和数字示波器所具备的不同特性，才会出现适合和不适合的地方。

示波器虽然分成好几类，各类又有许多种型号，但是一般的示波器除频带宽度、输入灵敏度等不完全相同外，在使用方法的基本方面都是相同的。本次以 DL9000 型数字式示波器为例介绍。

1. 示波器的结构

DL9000 型数字式示波器由显示屏、操作按钮、水平轴、垂直轴、各种输出端子、USB 接口等组成(见图 6.36)。

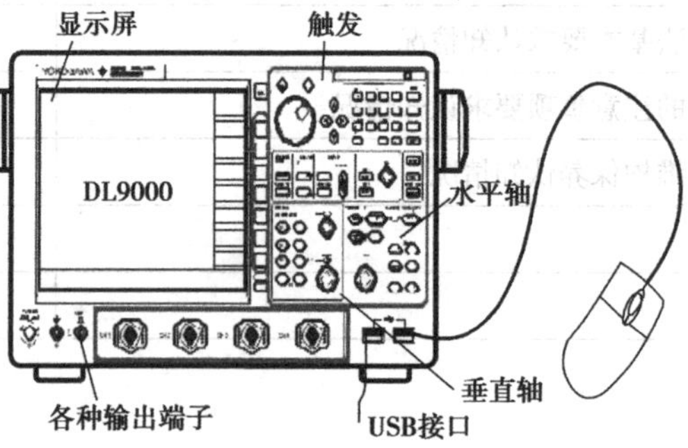

图 6.36　示波器

2. **前面板各部分名称及功能**

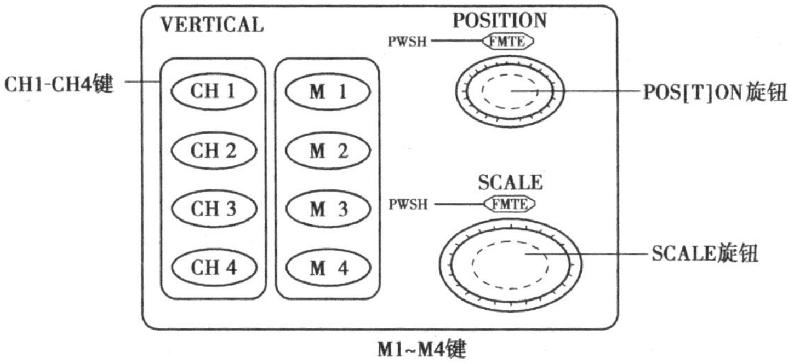

图6.37　垂直轴

(1)**垂直轴**(见图6.37)

①CH1 ~ CH4 键:调出菜单,切换显示打开/关闭通道、耦合、探头类型、偏置电压、带宽限制、放大/缩小垂直轴、波形标签。用V/DIV旋钮设置相应通道设置前,请按这些键中的一个键。打开通道后,相应通道键会亮灯。

②M1 ~ M4 键:设置波形运算或设置参考波形的相关项目。显示打开后,相应键亮灯。

③POSITION 旋钮:改变电压量程后,可以更改中心位置。此旋钮也有按钮功能,按此旋钮可以改变设置精度。常规(粗调)精度为1 div,当按此旋钮后,Fine 指示器亮灯,精度变为0.01 div。

④SCALE 旋钮:设置垂直轴的精度。按 CH1 ~ CH4 和 M1 ~ M4 中的一个键,选择调整波形。停止采集波形时如要改变设置,只有重新开始采集波形后设置才生效。此旋钮也有按钮开关功能。按此旋钮可以切换设置精度。当按此旋钮后,Fine 指示器亮灯,精度变为精细。

(2)**水平轴**(见图6.38)

TIME/DIV 旋钮:设置波形运算或设置参考波形的相关项目。

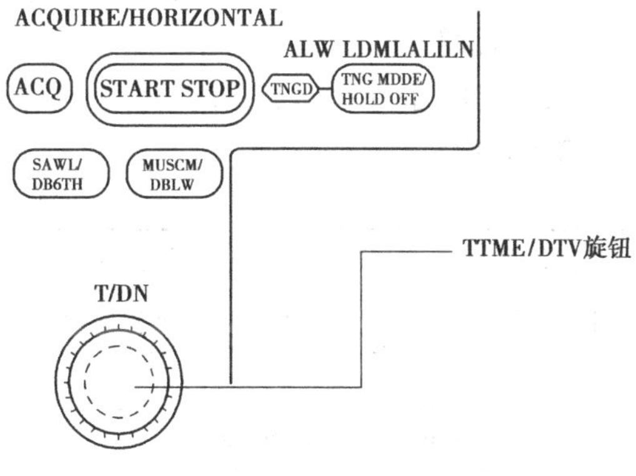

图6.38　水平轴

(3)**触发**(见图6.39)

①POSITION/DELAY 键:调出菜单,设置触发延迟与触发设置。

②EDGE/STATE 键:调出菜单,设置边沿/状态触发。按 EDGE/STATE, WIDTH 或 EVENTINTERVAL 键选择触发类型。选好后,相应键亮灯。

③WIDTH 键:调出菜单,设置脉宽触发。

④SOURCE 键:调出菜单,设置触发源。

⑤TRIG MODE/HOLD OFF 键:调出菜单,选择触发模式。按动作触发菜单上的 MODE 键之后,再按 SHIFT 键。

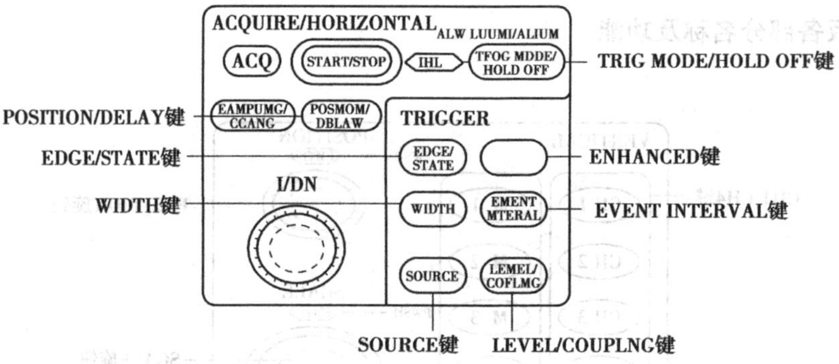

图 6.39　触发

⑥ENHANCED 键:调出菜单,设置 TV 触发和串行总线触发。

⑦EVENT INTERVAL 键:调出菜单,设置事件触发。

⑧LEVEL/COUPLING 键:调出菜单,设置触发耦合、高频抑制和窗口比较器等。

3. 示波器的操作流程

①准备测量:安装示波器仪器、连接电源、连接探、打开/关闭电源开关。

②显示波形:初始化设置、执行自动设置。

③波形显示条件:垂直轴、水平(时间)轴、触发、波形采集(包括 GO/NO-GO 判定)、波形显示和信息显示。

④运算、分析和搜索波形:波形运算、分析和搜索波形、搜索波形。

⑤打印和保存波形:打印屏幕图形、保存数据。

4. 示波器的作用

①广泛的电子测量仪器。

②测量电信号的波形(电压与时间关系)测量幅度、周期、频率和相位等参数。

③配合传感器,测量一切可以转化为电压的参量(如电流、电阻、温度磁强等)。

【任务实施】

示波器使用时,掌握示波器的结构特点、使用方法、示波器的操作流程及作用。

【效果评价】

评价表

项目名称	城市轨道交通车辆检修的常用工器具及使用	学生姓名	
任务名称	任务 11　示波器的使用方法及应用	分　数	
项　目		分　值	考核得分
1. 示波器相关知识、图片的搜集、整理		10	
2. 是否有小组计划		5	
3. 示波器的结构形式基本要求认知情况		20	
4. 示波器的使用方法基本要求认知情况		20	
5. 示波器的操作流程要求认知情况		20	

续表

项　目	分　值	考核得分
6. 示波器的作用要求认知情况	15	
7. 编制学习汇报报告情况	5	
8. 基本素养考核情况	5	
教师简要评语： 教师签名：		

任务12　测漏仪的使用方法及应用

【活动场景】

在城轨车辆生产车间或检修现场教学，或用多媒体展示城市轨道交通车辆的侧漏仪的使用。

【任务要求】

1. 了解、掌握侧漏仪的结构、功能。
2. 正确使用测漏仪对漏液点进行查找。
3. 在实际工作中使用测漏仪应注意的事项。
4. 熟练掌握测漏仪的使用方法及维护保养。

【知识准备】

卤素检漏仪是指用含有卤素（氟、氯、溴、碘）气体作为示漏气体的检漏。是利用卤族元素探索气体存在时，使赤热铂电极发射正离子量增加的原理来制作的检漏仪。该类仪器分两类：其一为传感器（即探头）与被检件相连接的称为固定式（也称内探头式）检漏仪；其二为传感器（即吸枪）在被检件外部搜索的称为便携式（也称外探头式）检漏仪。本次以 TIFXP-1A 型检卤素检测仪为例介绍。

1. 测漏仪的构造

①TIFXP-1A 型检卤素检测仪是最近强档推出的新一代全自动智慧型检漏仪（见图6.40），是一款最稳定、最灵敏的检漏仪。主要由探头、探头防护罩、电源开关、电池测试键、复位键、音频渐变键、增强灵敏度键、降低灵敏度键、发光二极管指示、柔性探杆灯组成。

②其中 LED 灯还有两项重要功能：

a. 显示电池电量，最左边的灯是常亮的，绿色表示电量充足，橙色表示不足，红色表示立即更换。

b. 显示泄漏的大小和强弱，显示绿色表明泄漏较小，橙色表明泄漏一般，红色表示泄漏很大，如图 6.41 所示。

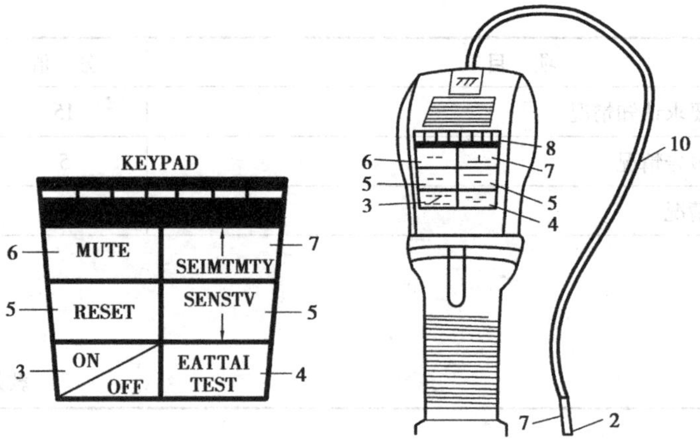

图 6.40　卤素测量仪

1—探头;2—探头防护罩;3—电源开关;4—电池测试键、5—复位键;6—音频渐变键;7—增加灵敏度键;8—降低灵敏度键;9—发光二极管指示;10—柔性探杆

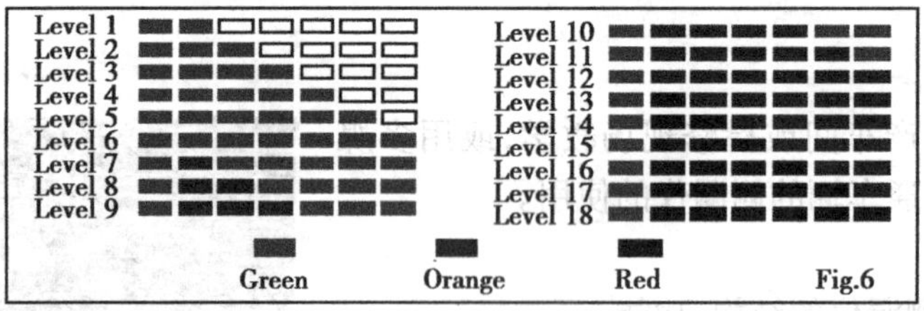

Green:绿色　　Orange:橙色　　Red:红色

图 6.41　显示泄漏

2. 侧漏仪的使用

①打开电池开关,发光二极管将显示复位指示 2 s(左灯绿色,其他灯橙色)。

②通过观察发光二极管核对电池电力。

③开机时,本产品默认为灵敏度 5 级,此时可听到间隔稳定的“嘟嘟”声,如果需要可通过灵敏度调整键改变灵敏度。

④开始检漏时,当泄漏的气体被发现,“嘟嘟”声将变得急促,发光管也将根据浓度的变化改变发光方式。

⑤灵敏度可在操作中的任何时候进行调整,且不影响检测。

⑥如泄漏源被定位之前,已达到最高警示(发光二极管 1 绿 6 红)。应按复位键复位到零参考水平。

⑦为保证仪器测量准确可靠,可经常进行复位操作。

3. 卤素检测仪适用范围

TIFXP-1A 型检卤素检测仪也可用于:

①其他系统和存储/恢复容器的检漏。

②检测医院消毒设备的已乙烯氧化物泄漏(检测携带有卤素的气体)。

③在高压电路断路器中检测 SF-6。

④检测绝大部分含有氯、氟和溴的气体(卤素气体)。

⑤检测用于干洗设备的清洁剂,例如四氯化碳。

⑥检测用于灭火系统中的卤素气体。

4. 卤素检测仪的注意事项

①当泄漏不能被测出时,才调高灵敏度。当复位不能使仪器"复位"时,才调低灵敏度。

②在被严重污染的区域,应及时复位仪器以消除环境对仪器的影响。复位时不要移动探头。本仪器可根据需要任意次复位。

③有风的区域,即使大的泄漏也难发现。在这种情况下,最好遮挡住潜在泄漏区域。

④若探头接触到湿气或溶剂时可能报警,因此,检查泄漏时避免接触到它们。

5. 卤素检测仪维护保养

①更换探头前务必关闭电源。

②检查完毕后将防护罩罩在探头上,防止灰尘、水汽、油脂阻塞探头。

③定期对探头的防护罩进行清洁。

④如果探头本身也脏,可浸入像酒精等温和清洗剂几秒钟,然后用压缩空气或工业毛巾清洁。

【任务实施】

测漏仪使用时,掌握测漏仪的结构特点、使用方法、使用范围及测漏仪的维护保养。

【效果评价】

评价表

项目名称	城市轨道交通车辆检修的常用工器具及使用	学生姓名	
任务名称	任务12　测漏仪的使用方法及应用	分　数	
项　目		分　值	考核得分
1. 测漏仪相关知识、图片的搜集、整理		10	
2. 是否有小组计划		5	
3. 测漏仪的结构形式基本要求认知情况		20	
4. 测漏仪的使用方法基本要求认知情况		20	
5. 测漏仪的使用范围要求认知情况		20	
6. 示波器的维护保养要求认知情况		15	
7. 编制学习汇报报告情况		5	
8. 基本素养考核情况		5	
教师简要评语: 教师签名:			

任务13　相序表的使用方法及应用

【活动场景】

在城轨车辆生产车间或检修现场教学，或用多媒体展示城市轨道交通车辆的相序表的使用。

【任务要求】

1. 了解、掌握相序表的结构、特点。
2. 了解、掌握相序表的工作原理、适用范围。
3. 在实际工作中使用相序表应注意的事项。
4. 熟练掌握相序表的使用方法。

【知识准备】

相序表是用来判定三相电的相序及缺项情况，本次以TG2型相序表为例进行介绍。

1. 相序表的构造

TG2型相序表由大鳄夹、测量导线、绝缘外壳、观察指示灯、铝盘观察孔、检测开关等组成(见图6.42)。

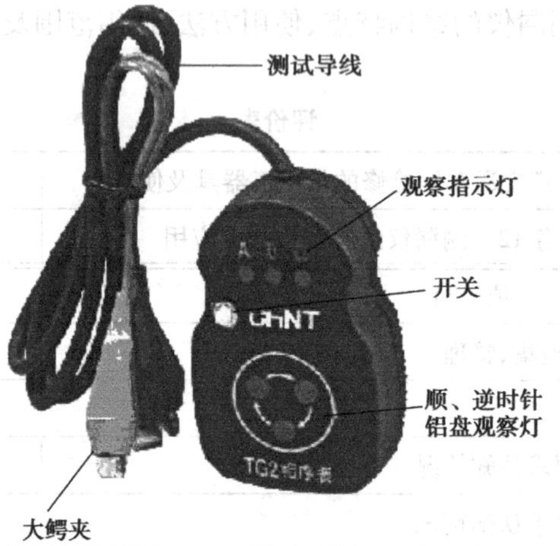

图6.42　TG2相序表

2. 相序表的特点

①一表多用：该表不仅能作三相交流电的相序测定，还可以用来坚持是否断相。

②大型鳄鱼夹：可方便地夹住开关端子。

③测量范围大：可以检查100 V至500 V以内的三相交流电源的相序，并且操作过程非常简单。

④携带方便：体积小，质量轻。

⑤安全实用:整机无金属件外露。工程塑料制作的外壳能杜绝漏电的危险。

3. 相序表工作原理及适用范围

TG2 型相序表的结构有 3 个星形联结的线圈,在 3 个线圈上面用轴支持着一个能自由转动的轻铝盘。3 个线圈接入三相交流电源后即产生旋转磁场。类似异步电机工作原理,该铝盘在旋转磁场驱动下转动。而转动磁场的转向则取决于接入仪表的三相电流电源的相序。因而观察铝盘转向可判断三相交流电源的相序。同时也使用于电压为 100 V 到 500 V 的三相正弦交流电网,电源频率范围适用于 40 Hz 到 60 Hz 之间。

4. 相序表的使用

①将电缆连接的接线夹接入被测三相电路中。

②按下白色按钮,观察指示灯。如果 ABC 灯全部点亮,则说明三相电源完好。如果 ABC 灯中有任何一个不亮,则对应的 ABC(黄、绿、红)的相线已开路。按钮的按压时间长短在标准时间范围内(在电压为 500 V 时为 30 s,电压为 220 V 时为 300 s,电压为 110 V 及以下时为 600 s)。

③通过观察孔观察铝盘转向。如果铝盘按箭头所示方向顺时针转动,则三相电源相序接线夹所示相序相同为顺相序。反之则为逆相序。

④检查结束即松开按钮。

【任务实施】

相序表使用时,掌握相序表的结构特点、工作原理、使用范围及使用。

【效果评价】

评价表

项目名称	城市轨道交通车辆检修的常用工器具及使用	学生姓名	
任务名称	任务 13　相序表的使用方法及应用	分　数	
项　目		分　值	考核得分
1. 相序表相关知识、图片的搜集、整理		10	
2. 是否有小组计划		5	
3. 相序表的结构特点基本要求认知情况		20	
4. 相序表的工作原理基本要求认知情况		20	
5. 相序表的使用范围要求认知情况		20	
6. 相序表的使用要求认知情况		15	
7. 编制学习汇报报告情况		5	
8. 基本素养考核情况		5	
教师简要评语: 教师签名:			

项目小结

通过本章学习，对我国城市轨道交通车辆检修的常用工器具结构特性、使用方法及维护保养进行了阐述，使城轨车辆检修的初学者在常用工器具的学习中了解了车辆检修常用工器具使用方法及对应的检修对象。

思考练习

1. 简述游标卡尺的结构及使用前的注意事项有哪些?
2. 简述第四种检查器的使用方法。
3. 简述多功能万用表的用途及使用方法。
4. 简述钩高尺如何进行维护保养?

项目 7 城市轨道交通车辆检修模式的未来发展

【项目描述】

当车辆运行一定里程、时间或者车辆部件失效后，就要按照检修工艺的要求对其部件进行检查、维护或者修理，这就是城轨车辆检修模式。车辆维修制度的合理化是地铁运营的社会经济效益高低的主要因素之一，是车辆安全运行的重要保证。

【学习目标】

通过本模块的学习要求掌握以下基本知识：

1. 了解现行主流地铁车辆维修模式的特点。
2. 了解均衡修的含义。

【技能目标】

会分析维修模式的发展趋势。

1. 地铁车辆现行维修模式

检修模式的确立来源于长期的经验总结。车辆检修的目的是确保运营的安全性，尽可能延长车辆的使用寿命，降低车辆故障对运营的影响，从而达到降低运营成本和提高经济效益的目的。

目前城市轨道交通车辆的检修制度基本沿用了国铁的经验，采用按照运营里程和运营时间进行预防性"定期维修"和列车发生故障后的事后"故障维修"。西安地铁车辆现有的维修模式是参照兄弟城市地铁的维修模式，具体的维修内容是参照供货商的维修手册而形成的，具体维修制度见表 7.1。

表 7.1　西安地铁修程表

修程	时间间隔	里程/km	停时	维修时机
日检	1 d	400～500	1 h	晚上运营结束后
双周检	15 d±3 d	6 000～8 000	5 h	早高峰车回库
月检	30 d±5 d	1.2～1.6 万	1 d	按计划扣车
年检	365 d±30 d	14～18 万	11 d	按计划扣车

定期维修是指按事先规定的修理计划和技术要求,在规定的时间内执行的预防性维修活动,具有周期性特点,它是以车辆运行时间或者运行里程作为维修基准,只要运行时间或者里程达到标准,不管技术状态如何,都要进行规定内容的维修工作。

(1)国内其他城市地铁的检修制度

1)上海地铁

上海地铁1号线20世纪90年代开通后,基本上也是参照国铁的维修模式,按照定点(在车辆段)、定时(按运用时限或公里数)、定量(不论车组技术状况如何,一律按检修规程进行分解、检查、修理、组装、试车、竣工交验)的方式进行。具体检修制度见表7.2。

表7.2　上海地铁检修制度

修程	时间间隔	里程/km	停时	维修时机
日检	当日运用列车回库检查			
双周检	2周	4 000	0.5 d	高峰回库车
双月检	2月	2万	2 d	扣修
定修	1年	10万	8 d	
架修	5年	40万	19 d	
大修	10年	100万	34 d	

2)南京地铁

从表7.3可以看出,国内城市地铁在开通运营初期均采用按照运营里程和运营时间的定期维修模式。

表7.3　南京地铁修程表

修程	时间间隔	里程/km	停时	维修时机
日检	1 d	400～500	1 h	晚上运营结束后
双周检	15 d±3 d	5 000～6 000	1 d	早高峰车回库
三月检	90 d±5 d	3～4万	3 d	按计划扣车
年检	365 d±30 d	14～18万	15 d	按计划扣车

(2)计划性"定期"维修的特点

1)计划性"定期"维修的优点

这种维修模式计划性强,修理范围一旦确定也是固定的,其修理所需设备和工装也相对固定,无需作大的变更,全年的任务是可以计算出来的,可以提前准备检修所需的材料、备件、设备及人力。计划维修的可操作性较高。采用计划维修时,检修部门可以根据供车需求、车辆数量以及运营时间来安排检修计划,检修计划可以分为周计划、月计划和年计划,根据检修计划可以确定相应的人员、材料及作业场地,作业条件及人员均可以提前安排好。

计划维修的外观检查作业较多,需要作业员工对车辆部件的外观进行查看以及使用尺寸进行测量,与运用限度进行对比从而确定车辆状态,对检修人员素质要求相对较低。

2）计划性“定期”维修的缺点

计划修是按照固定的时间进行维修。当计划维修的周期接近车辆发生故障的实际周期时，这种维修计划才是最有效的；当计划维修的周期短于车辆发生故障的实际周期时，将产生过量维修，造成不必要的浪费；当计划维修的周期过长于车辆发生故障的实际周期时，将使得车辆维修不足，影响车辆的运用和安全。为了保证车辆运用的安全，对车辆可靠度不了解，实际运行中车辆检修内容一再增加，造成大量的过剩修，浪费了大量的人力成本。同时缺乏对车辆备件寿命的系统研究，目前故障状态表现得非均衡性突出，这一现象主要表现在不同车辆同一系统的故障率以及损坏程度不均衡，实际上不管损坏与否均进行更换，增加了大量的备件成本。

随着车辆部件可靠性的提高以及部件故障诊断技术的发展，降低维修作业量，提高部件的安全使用时间、提高运营经济效益成为未来的发展趋势。

2. 国内外地铁检修体制的发展

检修部门在长时间检修过程中对车辆零件磨损及故障规律的统计和分析，对车辆的检修模式在不断优化，使得车辆维修模式从整车计划维修朝着部件均衡计划维修模式过渡，均衡计划维修体制是未来的发展趋势。

(1) 国内外检修体制的发展

1）国内地铁

香港地铁车辆维修主要分为一线维修和二线维修，见表7.4。一线维修以车辆走行公里为单位，以系统检查、清洁为主。二线维修以车辆运行年限为单位，是在专门的维修车间用专用的设备作分解检修，其维修级别根据车辆的运用时间而定。其一线维修没有专门的检修车，车辆的检修是利用“维修窗”时间完成。二线维修每次检修的内容是不一致的，一般按照“小型维修—中性维修—大型维修”重复交替完成。

表7.4　香港地铁修程表

修程	里程/km	维修内容
H检	7 400	检查安全部件（走行部、制动）
L检	14 500	关键系统一定周期不同时间内的检修
S检	117 000	牵引、供电等部件的检修

深圳地铁3号线和南京地铁在运营稳定后，在对车辆部件的可靠性进行深入研究的基础上，最终确定最小修程为“双日检”，减少了维修人员。西安地铁在运营一年后，将三月检取消，将三月检的部分内容调整到月检中，将月检分为月检 * A，月检 * B、月检 * C，减少了车辆的停时。上海地铁运营时间较长，现在正在推行均衡修制度，通过调整列车检修修程来创造合适的维修条件，缩短列车的维修停运时间，提高列车利用率。

2）国外地铁

日本地铁车辆采用修理厂和检修段。两者实行独立管理，它们的作业分工是：修理厂承担车辆的重要部位检查和全面检查，主要是车辆重要部位进行分解后作详细检查，并根据需要对其进行更换或者修理。全面检查是对车辆所有部位进行分解后作详细检查，并根据需要对其进行更换或者修理。检修段承担车辆的日检、月检、停放和运行管理。车辆检修采用互换秀为主,现车修为辅的作业方式,作业效率高,停修时间短,车辆周转快。

汉堡地铁车辆的维修体制现在实行日常均衡维修体制,即以车辆系统和部件为重点的计划性均衡修维修制度来代替对列车进行全面维修的定期检制度。日常均衡修大部分在停车场和车辆段的一般维修车间进行,少量则在停车点进行,其他部件修程则根据工作量分别在停车场和车辆段的一般维修车间和大修车间进行。在车辆段的专门车间对部件进行集中维修,有些部件则委托社会专业机构维修。

(2)均衡修的基础是对关键部件的可靠性的掌握

均衡计划维修是建立在充分掌握列车可靠度和零部件故障周期基础上的一种修程制度,它通过调整列车检修修程来创造合适的维修条件,在管理上发挥最大效能,从而缩短列车维修停运时间、提高列车的利用率和运行可靠性。

计划修将若干小时数的维修工作以每天 24 h 计,集中在几天内完成,车辆需停运数日。而均衡修则将若干小时数的维修工作分布在较长时间内完成,每天仅需数小时并不是全天,这给列车上线运营和下线维修提供了更大的调整空间。怎样保证车辆的可靠性又不需停运集中维修,是均衡修策略的核心内容。

均衡修强调对车辆零部件故障信息的统计分析,掌握车辆零部件的寿命周期和维修周期,对于短周期的零部件维修可把维修作业内容分解成小作业包,在运营窗口时间实施完成;对于长周期的零部件维修也可适当分解,减少列车的停库时间,从而达到提高列车可靠性及投运率的目的。均衡修是建立在可靠性理论与技术基础之上的维修体制,特别适用于技术性能和零部件质量状态稳定,且已被掌握的轨道交通车辆的维护、维修。

实施均衡修应以部件为维修单元,车辆部件具有不同的使用寿命和维修周期,可采用化整为零的模式,根据每个系统和零部件的状况和检修标准,增加以部件为重点检修内容的修程,延长对车辆进行全面大修的周期。这种计划性均衡修模式可以使车辆维护成本、效率、质量最优化。当某零部件故障统计特征呈正态分布时,在故障明显升高前应进行检查维修,故障明显升高点为均衡修维修周期。如 30 个月时故障率最高,20 个月时故障已经明显升高,可把该零部件的检修周期定为 20 个月。

在非运营时间和非运营高峰时间来做列车维修可以确保车辆的技术状态良好以及正常运营。

(3)均衡修的特点

地铁车辆的检修周期是依据车辆各零部件设计的使用寿命和磨耗情况,再结合车辆的实际运用和检修经验确定的。地铁车辆的检修周期一般以车辆供应商、制造厂提供的维修手册等技术资料并参照同类车辆运用维修经验制订的,检修周期制订偏保守,与实际运营情况不相符合。由于车辆性能、人员水平、磨耗擦伤程度不一,因而常常发生下列情况:有些控制装置正处于磨合后的良好状态,也要下车拆检;架修时车轮踏面、轮缘还有富余,但又怕用不到下一个周期,因此不得不切削下一个等级修的厚度,致使材料、人工都造成一定的浪费。在修程制订方面强调以零部件寿命周期为依据。列车上不同部位、工作强度不同的零部件及不同零部件供货商生产的零部件,寿命周期应区别对待;该寿命周期是在实际运营中统计出来的,即寿命周期应实时修正。

随着新技术、新材料的使用,以及车辆制造技术、监控手段和检修水平的提高,使地铁车辆检修周期延长成为可能，可以在车辆制造商提供的资料基础上，按照过去长期的实践经验，根据对车辆零件的磨耗规律的掌握、车辆故障数据积累、统计、分析，以调查统计资料为依据，进行科学分析、计算，再制订合理的检修周期。比如新造或厂修后的车辆，技术状态良好，此时可适量延长其后第一个定修和架修的时间，提高车辆使用效率。

对定修以下修程如月检、双周检、日检采用均衡修的模式完成。首先，对列车的设计理念和列车部件的故障率进行研究和统筹，把以列车作为检修对象转换为以车辆设备、零部件作为检修对象，列举出影响运营的关键部件和关键性功能，月检中有针对性维护、保养，避免不必要的预防性检查作业，缩短车辆停修时间并降低成本；其次，城市轨道交通运营具有早、晚客流高峰时段特点，将车辆月检或必要的改造任务安排在非运营高峰时段进行，从而减少扣车数量，提高出车率。

充分利用可支配的车辆维修资源。计划检修前，采用信息化诊断设施，保障检修质量。加入状态修的故障诊断模式，利用专业检修设备，在年检、架修和大修开始之前，测试部分车辆零部件的参数，掌握列车的技术状态，为年检、架修和大修提供可靠的检修信息。实行车辆修理预检制度，大大提高了定修中的针对性和时效性。

3. 检修体制的未来发展趋势

(1)适当延长车辆的检修周期，优化检修修程

城市轨道交通车辆的维修由计划修逐步扩大到均衡修，其转变的前提条件就是能做到对车辆的技术参数进行检测、积累、分类统计和分析，充分研究和掌握车辆零部件的损伤规律，确定维修时机和维修项目。

运行初期可以根据车辆和部件制造商提供的维修手册等技术来制订维修规程，随着车辆运用经验的积累，必须对车辆故障进行统计分析，对零部件的损伤规律进行研究。因此，需要建立辅助维修的车辆故障信息数据库系统。根据数据库信息分析，车辆维修管理人员可以有理、有据地安排状态最好的列车投入运营，更加合理地安排检修，提高作业效率和检修台位的利用率，并可以追踪车辆维修后的质量状况。通过数据库信息，车辆技术人员可在查找疑难故障、惯性故障时，获得故障车的历史故障表现和故障处理信息，从而加快故障处理速度。

因此，以机械设备故障率曲线中的耗损故障起始点来确定修理周期仍然是选择维修模式的首要考虑因素。通过现场故障数据统计、专家评估、定量化建模等手段，在保证安全性和完好性的前提下，以最小的维修停机损失和最小的维修资源消耗为目标，优化系统的维修策略。以可靠性为中心的预防维修制度是在计划预防维修制的基础上发展起来的。

实践证明，设备的固有可靠性与安全性是由设计制造赋予的特性，有效的维修只能保持而不能提高它们。因此，想通过增加维修频数来提高这一固有水平的做法是不可取的，相反会因频繁拆卸而出现更多的故障。城市轨道交通车辆的维修思想应该建立在以可靠性为中心这个基本点上。应充分利用车辆的固有可靠性基础，利用先进的诊断技术和手段，以车辆的现行实际状态、走行公里数和使用年限等为依据，对可能出现的故障和故障后果进行分析，依此来确定需要进行何种形式的维修工作。

通过上述可靠性分析方法，对关键部件实行寿命管理，在其寿命周期末期加强检查，发现问题及时处理，一旦到达寿命周期，立即大修或更换。根据可靠度计算结果可以适当地调整检修内容，以延长城市轨道交通车辆的检修周期；应根据其技术状态、可靠性，对各级检修规

程的周期、内容进行调整;保证库内日常维修质量,对易损的零部件重点检查,最大限度地消除故障,将会极大减少正线故障的发生,提高车辆部件的使用寿命。

(2)对故障部件采用专业化集中修、换件修

车辆的检修以直接更换零部件修理为主,车辆零部件拆下以后运送至专业化维修工厂修理,修好以后作为完好备件再通过物流的模式运送到各车辆段。这样,在车辆段检修库内仅作一些检测和更换零部件的作业,可大大缩短检修的库停时间,提高检修效率。由于专业化维修工厂的设备、人员、管理专业化程度高,设备、场地、人力等资源利用效率大,它不仅能提供高于一般地铁车辆段的维修服务质量,而且其生产规模效益提高,生产成本、技术成本、管理成本均可比由分散的车辆段承担大架修体制大为降低。

对一些不重要的配件实行换件修和集中修,以减少在安全期内不必要的检修,以节省检修费用。在维修作业方面强调以换件修为主要模式,强调充分利用列车运营窗口时间,在库停时间及车库内完成维修作业。

城市轨道交通的运营面临高额的列车维护费用,只有合理优化车辆检修制度,制订出一系列符合自身运营和车辆状况的规章和制度(检修计划、检修类别、检修模式、检修等级、检修组织、检修考核指标体系等),才能保证城市轨道交通运营的安全可靠,实现城市轨道交通的效率和效益的最大化。实行计划修和状态修相结合的均衡计划维修模式,这样既保证了重点,又兼顾了全面。

项目小结

本项目介绍了目前国内城市主流的计划性定期维修体制,对检修体制的发展情况进行阐述,提出了未来的发展方向是均衡计划维修体制,通过延长维修周期,优化维修规程,对故障部件采用换件修和集中修,达到节省人力、材料,提高维修的经济性。

思考练习

1. 简述计划性定期维修的优点和缺点。
2. 简述检修体制的未来方向。

参考文献

[1] 何宗华,汪松滋,何其光.城市轨道交通车辆运行与维修[M].北京:中国建筑工业出版社,2007.
[2] 张振淼.城市轨道交通车辆[M].北京:中国铁道出版社,2007.
[3] 曾青中,韩增盛.城市轨道交通车辆[M].成都:西南交通大学出版社,2006.
[4] 李建国.城市轨道交通系统概论[M].北京:机械工业出版社,2009.
[5] 阳东,卢桂云.城市轨道交通车辆检修[M].北京:机械工业出版社,2010.